金融衍生品系列丛书

中国期货业协会 ◎ 编

DERIVATIVES

外汇期货

（第二版）

中国财经出版传媒集团
中国财政经济出版社

图书在版编目（CIP）数据

外汇期货 / 中国期货业协会编. --2版. --北京：中国财政经济出版社，2020.3（2022.1重印）
（金融衍生品系列丛书）
ISBN 978-7-5095-9597-8

Ⅰ.①外… Ⅱ.①中… Ⅲ.①外汇交易-期货交易-基本知识 Ⅳ.①F830.92

中国版本图书馆CIP数据核字（2020）第029192号

责任编辑：郁东敏　　　　责任校对：徐艳丽
封面设计：陈宇琰

中国财政经济出版社 出版
URL：http：//www.cfeph.cn
E-mail：cfeph@cfeph.cn

社址：北京市海淀区阜成路甲28号　邮政编码：100142
营销中心电话：010-88191537
北京时捷印刷有限公司印刷　各地新华书店经销
787×1092毫米　16开　17.25印张　332 000字
2020年4月第2版　2022年1月北京第2次印刷
定价：49.00元
ISBN 978-7-5095-9597-8

《金融衍生品系列丛书》
编 委 会

序

20世纪70年代初期，随着布雷顿森林体系解体，汇率、利率等基础金融要素价格的波动加剧，企业与金融机构面临的风险骤然增加，金融市场脆弱性暴露更加明显。为了更充分、更平稳、更持续地发挥金融市场的功能，降低金融脆弱性累积带来的负面影响，外汇期货、国债期货以及股指期货等一系列金融风险管理工具应运而生。

40多年的发展实践表明，外汇期货、利率期货、股指期货等金融期货产品已经成为管理金融风险最基础、最高效的市场化工具，不仅对化解金融风险、避免市场脆弱性的积累具有重要意义，在全球金融定价体系的重构中也发挥了巨大作用，有效增强了金融服务实体经济的能力和效率。目前，金融衍生品的风险管理功能已得到全球主要经济体的广泛认可，已成为全球多层次资本市场体系中不可缺少的重要组成部分。据统计，2018年，在全球场内衍生品总成交量中，金融期货与期权成交量占比达到80%。其中，股票指数类、个股类、利率类、外汇类衍生品分别占33.67%、19.89%、13.12%、11.24%。

近年来，随着我国资本市场规模不断扩大，基础制度建设稳步推进，各项法律法规日益完善，我国的衍生品市场结合中国实际，借鉴国际成熟市场经验，也在逐步起步发展，并努力做好“一个扩面、两个加深”工作。“一个扩面”，就是扩大期货和衍生品对基础资产的覆盖面，加大产品供给，让资产定价和风险缓释的市场功能惠及更多行业、更广领域。2010年4月，我国坚定推出沪深300股指期货，标志着我国资本市场改革发展又迈出了全新的一大步，对完善资本市场体系具有重要而深远的意义。此后，上证50股指期货、中证500股指期货、5年期国债期货、10年期国债期货、2年期国债期货陆续上市，产品体系不断完善。“两个加深”，一是深化发展产品类型，每一类基础资产，既要有期货，又要有期权，满足不同的投资交易和风险管理需求。2019年12月23日，我国第一只股指期权品种——沪深300股指期权在中国金融期货交易所上市，这是资本市场供给侧结构性改革的崭新成果，是金融衍生品市场创新发展的全新尝试。二是深化投资者参与。既要培育和发展国内的产业和机构投资者，也要吸引境外投资者广泛参与我国期货市场。2020 年 2 月 14 日，中国证监会与财政部、中国人民银行、中国银保监会联合发布公告，符合条件的试点商业银行和具备投资管理能力的保险机构，可按照依法合规、风险可控、商业可持续的原则，参与中国金融期货交易所国债期货交易。这不仅可以优化投资者结构，完善市场生态，还有利于通过交易者充分博弈完善价格形成机制，提升市场运行质量，促进市场稳定运行。

现阶段，我国衍生品市场运行秩序平稳、风控有效，服务现货市场的各项功能逐步发挥，积极作用日益显现。2019 年，我国金融期货市场总成交量 0.664 亿手，累计成交金额 69.62 万亿元，同比分别增长 144.12%和 166.54%，成交量和成交额占我国期货市场比重分别为 1.69%和 24.06%。

人才是行业发展的核心要素。与金融期货的发展前景和市场需求相比，我国急需培养金融衍生品方面的专业人才，也需要普及金融衍生品方面的专业知识。目前，不仅普通投资者对外汇期货、金融期权、场外衍生品、结构化产品这些专业知识比较陌生，期货业内的从业人员也缺少系统和全面的知识储备。同时，金融衍生品是一把“双刃剑”，它能促进国民经济发展，但是如果运用不当，也会反受其害。纵观世界各国，金融衍生品市场的建设与发展都不是一帆风顺的。我国金融衍生品市场应始终将风险防范放在第一位，从全面深化资本市场改革大局出发，扎实做好市场监管和风险防范工作。要大力开展投资者教育和宣传普及工作，帮助实体企业、金融机构以及各类投资者加深对金融期货及衍生品规则和风险的认识，引导他们理性、有序参与和正确利用金融衍生品市场，逐步培育成熟的市场参与者队伍。

基于此，中国期货业协会推出《金融衍生品系列丛书》，一方面为期货从业人员提供了一套成体系的衍生品知识工具书，为我国金融衍生品市场尽一份微薄之力；另一方面帮助广大普通投资者了解金融衍生品的应用，使他们理性参与市场。希望这套丛书在金融衍生品的功能宣传和投资者教育方面发挥积极作用。

中国期货业协会

2020 年 3 月

前　言

从全球发展历程来看，金融期货市场是市场经济发展到一定阶段的产物，是现代金融体系不可或缺的重要组成部分。从世界范围看，金融期货在整个期货市场占据重要位置。一般来讲，期货市场中90%都是金融期货，剩下的10%是商品期货。随着我国利率、汇率市场化改革的不断推进，股指期货、国债期货以及股指期货期权陆续推出，以金融期货为代表的金融衍生品市场在整个国民经济发展中的重要性日益凸显，为各类市场参与者提供了基础的风险管理工具，提升了现货市场运行效率和资源配置效率。

2013年，中国期货业协会组织编写了《金融衍生品系列丛书》，旨在普及金融衍生品方面的专业知识，为期货业内及相关领域从业人员提供专业的参考书，帮助中小投资者了解金融衍生品市场，树立风险意识，理性参与期货交易，同时为金融衍生品方面专业人才的培养做出了努力。作为期货市场上第一套全面介绍金融衍生品理论与实操的权威性书籍，《金融衍生品系列丛书》一经面世，便受到了业内的广泛好评。随着国内外金融衍生品市场的不断发展，金融期货期权品种不断丰富，金融法律法规环境发生变化，《金融衍生品系列丛书》的部分理论、实操案例、数据已比较陈旧，故中国期货业协会再次组织了丛书的修订工作，形成了新版丛书。概括起来，本套丛书的特点如下：

一是新版丛书体系更加完整。全套丛书以金融衍生品的产品大类为主线，分为七册，即《股指期货（第二版）》《国债期货（第二版）》《外汇期货（第二版）》《场外衍生品（第二版）》《金融期权（第二版）》《结构化产品（第二版）》和《金融衍生品习题集（第二版）》，基本上包括了当今国际金融衍生品市场的主要品种。为了帮助读者加深理解，学懂弄通，方便自己测试及检验，特更新了配套习题集。

二是通俗易懂，可读性强。新版丛书依然力图通俗易懂，在语言表达上力求清晰、准确、深入浅出，还辅以“小贴士”“延伸阅读”等内容以增加信息量、可读性和阅读趣味性，更利于读者扩展金融衍生品相关内容的知识面。

三是案例丰富，操作性强。新版丛书的编写更强调案例与习题的重要性，要求对基本原理与公式都通过案例加以说明，一些应用公式的推导、使用方法，也要通过对习题讲解和运算来使读者深刻领悟。在实务操作层面，丛书重点讲清楚了各类投资者及相关企业如何利用这些衍生工具，将金融衍生品知识与金融机构或实体企业的投资与经营相结合。与风险管理相结合是新版丛书的一个突出特点。

本次修订工作得益于中国期货业协会“期货投资者教育专项基金”的设立。自2009年这一公益性基金运作以来，中国期货业协会在出版、拍摄制作投资者教育产品和组织投资者教育活动方面得到了该基金的大力支持，一大批投资者教育产品投放市场，获得了业内和广大投资者的高度评价。新版《金融衍生品系列丛书》的修订工作和出版发行同样是在该基金的资助下完成的。在此，我们特别感谢中国证监会有关部门对中国期货业协会投资者教育工作及本套丛书的指导和支持。

最后，衷心希望新版《金融衍生品系列丛书》能够为金融衍生品市场的参与者了解金融衍生品市场、树立风险意识、理性参与交易提供有益帮助，也祝愿中国金融衍生品市场充分发挥功能作用，更好地服务于实体经济。

《金融衍生品系列丛书》编委会

2020年3月

目　录

第一章 外汇基础

一、什么是外汇？

随着我国经济的快速增长以及在全球贸易体系中重要性的增加，外汇越来越多地进入企业经营与公众的生活。那么，什么是外汇呢？简而言之，外汇是国际贸易清偿的支付手段。假如有两家公司，这两家公司的日常经营都使用一样的流通货币，比如人民币，外汇就没有存在的必要；如果是一家中国公司和一家美国公司，并分别使用不同的货币，如人民币和美元，那么中国公司向美国出口商品收到的美元并不能直接在国内使用，需要将美元兑换成人民币，而兑换出去的美元就构成了我国的外汇。

外汇并不仅仅局限于现钞。根据国家外汇管理局的定义，外汇是指下列以外币表示的可以用作国际清偿的支付手段和资产：

（1）外币现钞，包括纸币、铸币；

（2）外币支付凭证或者支付工具，包括票据、银行存款凭证、银行卡等；

（3）外币有价证券，包括债券、股票等；

（4）特别提款权；

（5）其他外汇资产。

狭义的外汇指的是以外国货币表示的能用于国际结算的支付手段，尤其是外币存款。广义的外汇，则是一国所拥有的以外币计价的全部资产。人们通常所说的外汇，是指狭义的外汇。

按照兑换的自由程度，可将外汇分为自由兑换外汇、有限自由兑换外汇和记账外汇。自由兑换外汇，指的是在国际结算和国际金融市场中可以自由使用和买卖的外汇。有限自由兑换外汇，指的是不能自由兑换成其他货币或对第三国进行支付的外汇。世界上有许多货币属于这一类，包括人民币。记账外汇，又叫“清算外汇”或者“双边外汇”，是指在双方指定银行账户记账的外汇，不能兑换成其他货币，也不能对第三国进行支付。

本国居民在国内用于流通支付的主要手段是本国央行发行的信用货币，比如在中国就是中国人民银行发行的人民币，在美国就是由美联储发行的美元。在金本位制的货币体系下，黄金作为被各国人民普遍接受的一般等价物用于国际支付；而在信用货币的体系下，由于各国央行发行的流通货币本身并不具有价值，一般只在本国范围内具有支付手段的功能，而在国际贸易中未必能被交易对方认可。一国的货币在国际上被接受的程度与该国的综合国力有关。此外，该货币还要能够自由兑换。目前世界上被接受程度最高的货币是美元，其次是欧元、日元、英镑等货币。我国目前正在推动人民币国际化进程，努力提升人民币的国际地位。

对投资者来说，需要关注的主要是外汇市场上可以自由兑换的交易量较大的货币品种。2019 年通用的交易代码及活跃程度的品种见表 1 - 1。

表 1 - 1　2019 年全球各主要货币交易情况

货币	代码	交易量占比（%）
美元	USD	88.30
欧元	EUR	32.28
日元	JPY	16.81
英镑	GBP	12.79
澳元	AUD	6.77
加元	CAD	5.03
瑞士法郎	CHF	4.96
人民币	CNY	4.32
港元	HKD	3.53
新西兰元	NZD	2.07
瑞典克朗	SEK	2.03
韩元	KRW	2.00
新加坡元	SGD	1.81
挪威克朗	NOK	1.80
墨西哥比索	MXN	1.72
印度卢比	INR	1.72
俄罗斯卢布	RUB	1.09
南非兰特	ZAR	1.09
新土耳其里拉	TRY	1.08
其他		8.77
合计*		200.00

资料来源：国际清算银行。

注：因为每种货币都涉及一个货币对，因此合计为 200%。

从交易的角度来说，通常将外汇市场上交易量较大的货币分为以下几类：

1. 商品货币，主要包括澳元和加元。因为这两种货币所属国家有大量的资源以供出口，货币的价格同大宗商品特别是所属国主要出口资源的价格紧密相关。

2. 投机货币，主要是指英镑和日元。因为这两种货币的交易量和波动性都较大。与欧元和美元相比，这两种货币的短期波动中有较多的人为因素。

3. 避险货币，包括美元和瑞士法郎。美元得益于美国强大的军事和经济实力，而瑞士是传统的中立国。在政治经济动荡时期，避险资金的流入常能推高这两种货币的价格。

4. 欧系货币。由欧洲国家发行的货币统称为“欧系货币”。因为欧洲各国经济环境和经济政策相互影响，欧系货币之间具有一定的联动性。

5. 美系货币，主要指和美国经济往来密切的国家发行的货币。这些国家的货币易受美元价格的影响。

需要注意的是，上面这种划分并不是绝对的，比如加元和澳元，既是商品货币，又是美系货币，它们的价格同时受商品价格和美元价值的影响。

二、什么是汇率?

与外汇相关的一个重要概念是“汇率”。汇率也称为“外汇行市”或者“汇价”，是某一个国家的货币兑换成另外一个国家货币的比率，也是用一种货币表示另外一种货币的价格。汇率使得一国货币与他国货币的正常兑换有了依据。比如美元兑人民币的汇率为6，就意味着1美元的价格是6元人民币，也就是说用6元人民币可以买到1美元，因为所有的货币都在一定范围内作为支付手段，那些需要人民币的人可以用1/6美元换到1元人民币。

以上所说的汇率是理论上的汇率，无论是个人还是机构，如果去商业银行将手中的外汇兑换成本国货币，或者将本国货币兑换成外汇，兑换者会发现兑换后的货币都要比理论上能够兑换的金额要少一点，主要原因就是商业银行作为做市商的外汇买入价比外汇卖出价要高，买入汇率与卖出汇率相差的幅度一般在1‰~5‰，各国不尽相同。两者之间的差额，即商业银行买卖外汇的利润。买入汇率与卖出汇率相加，除以2，则为中间汇率。

需要特别注意的是现汇和现钞的区别。现钞和现汇都是我国居民持有的两种不同形式的外汇资产。现汇是一种外汇结算凭证，银行可以通过电子结算直接入账，它包括从国外银行汇到国内的外汇存款，以及外币汇票、本票、旅行支票等。而现钞指的是国内居民手持的外汇钞票。由于银行买进外币现钞相对于买进现汇有利息损失，故在银行的外汇报价中，现钞买入价一般低于现汇买入价。而对于现钞卖出与现汇卖出来说，银行没有利息损失，因此，现钞卖出价与现汇卖出价是一致的。相关资料见表1－2。

表1－2　2013年2月3日中国银行外汇牌价

货币名称	现汇买入价	现钞买入价	现汇卖出价	现钞卖出价	中国银行折算价	发布日期	发布时间
英镑	856.67	830.05	862.98	866.8	867.67	2020年5月17日	05：30：00
港元	91.44	90.71	91.8	91.8	91.51	2020年5月17日	05：30：00
美元	708.81	703.05	711.82	711.82	709.36	2020年5月17日	05：30：00
瑞士法郎	728.12	705.65	733.24	736.38	728.99	2020年5月17日	05：30：00
新加坡币	495.74	480.44	499.22	501.71	498.56	2020年5月17日	05：30：00
瑞典克朗	71.72	69.51	72.3	72.64	72.39	2020年5月17日	05：30：00
丹麦克朗	102.65	99.48	103.47	103.97	102.8	2020年5月17日	05：30：00
挪威克朗	69.11	66.98	69.67	70	69.88	2020年5月17日	05：30：00
日元	6.6059	6.4006	6.6544	6.6647	6.6117	2020年5月17日	05：30：00
加元	501.5	485.67	505.2	507.43	505.43	2020年5月17日	05：30：00
澳元	454.21	440.09	457.55	459.57	458.84	2020年5月17日	05：30：00
欧元	765.79	742	771.44	773.92	766.58	2020年5月17日	05：30：00
澳门元	88.88	85.9	89.23	92.2	88.89	2020年5月17日	05：30：00
菲律宾比索	13.94	13.46	14.1	14.73	14.04	2020年5月17日	05：30：00
泰铢	22.06	21.38	22.24	22.94	22.1	2020年5月17日	05：30：00
新西兰元	419.93	406.97	422.87	428.69	426.17	2020年5月17日	05：30：00
韩币	0.5736	0.5533	0.5781	0.5993	0.5778	2020年5月17日	05：30：00
卢比	9.62	9.03	9.7	10.07	9.66	2020年5月17日	05：30：00

资料来源：中国银行网站。

三、汇率是如何报价的?

由于汇率就是用某种货币表示的另一种货币的价格，因此首先要确定在一对货币中以哪个国家的货币为标准。确定的标准不同，会产生几种不同的外汇汇率标价方法。常用的标价方法包括直接标价法、间接标价法、美元标价法。

（一）直接标价法

直接标价法，即需要以多少单位的本国货币来购买一单位的外国货币。在国际外汇市场上，日元、瑞士法郎、加元等绝大多数货币均采用直接标价法标价。直接标价法下，固定数额的外国货币，若其折算得到的本国货币数额减少，则说明本国货币在升值，外国货币在贬值；若其折算得到的本国货币增加，说明本国货币在贬值，外国货币在升值。如表 1－2 所示，2020 年 5 月 17 日，中国银行美元兑人民币中间价为 709.36，对人民币来说，这就是直接标价法，意味着 100 美元的人民币价格为 709.36 元人民币。

（二）间接标价法

间接标价法是指需要以多少单位的外国货币来购买一单位的本国货币。在国际外汇市场上，欧元、英镑、澳元等均为间接标价法。在间接标价法条件下，固定数额的本国货币，若其折算所得的外国货币多，则说明本国货币在升值，外国货币在贬值；若其折算所得的外国货币少，说明本国货币在贬值，外国货币在升值。

需要注意的是，直接标价法和间接标价法下的报价是可以相互推导的。例如直接标价法下美元兑人民币的报价为 7.0936，那么间接标价法下美元兑人民币的价格为 1/7.0936＝0.1410，意味着 1 元人民币可以兑换 0.1410 美元。

（三）美元标价法

除了直接标价法和间接标价法之外，还有美元标价法，主要用于外汇市场上交易行情表。在美元标价法下，各国均以美元为基准来衡量各国货币的价值，即以一定单位的美元为标准来计算应该汇兑多少他国货币；而非美元外汇买卖时，则是根据各自对美元的比率套算出买卖双方货币的汇价。目前除英镑、欧元、澳元和纽元外，美元标价法基本已在国际外汇市场上通行。

例如，已经知道美元兑日元的报价是 92.60，美元兑人民币的报价为 6.2293，我们就可以美元为中介计算出日元兑人民币的报价，因为 6.2293 元人民币与 92.60 日元能够兑换相同的美元价值，因此在直接标价法下，日元兑人民币的汇率为 6.2293/92.6＝0.0673，即 1 日元可以购买 0.0673 元人民币。

从表 1－3 我们可以看出，除了日元外，世界主要交易的货币报价一般都是由小数点前一位加上小数点后四位构成的。在外汇交易中，我们通常会听到“点”这个概念。所谓“点”是指汇率变动的最小单位。例如欧元兑美元的汇率由 1.3626 上升至 1.3627，我们就说欧元上涨了 1 个点。某种货币报价变动 1 个点的价值称为“点值”。目前外汇市场上汇率的报价大多采用美元报价法，因此点值一般以美元为单位。点值可以简单理解为价值 1 美元的货币汇率每变动 1 个点，相对应变动的美元价值。

表 1－3　　外汇行情

货币对	最新价
欧元/美元	1.3626
英镑/美元	1.5703
美元/日元	92.6000
澳元/美元	1.0426
美元/加元	0.9973
美元/瑞郎	0.9082
纽元/美元	0.8461
美元/人民币	6.2293
美元/港币	7.7553
美元/坡元	1.2393

资料来源：外汇宝网站（www.fx168.com）。

以美元报价法和非美元报价法的货币点值的计算方式不同。

非美元报价法报价的货币（主要是欧元、英镑、澳元和纽元）的点值 = 汇率报价的最小变动单位 × 汇率

美元报价法报价的货币的点值 = 汇率报价的最小变动单位/汇率

【案例 1－1】

以美元兑日元为例，假设汇率为 92.60，因为采用的是美元标价法，汇率变动 1 个点，表示美元的日元价格变动了 0.01 日元，此时点值就是 0.01/92.60 = 0.000108 美元。

外汇现货市场和期货市场均是以“手”为基本合约单位进行交易的，现货市场中 1 个标准手的合约价值是 100 000 美元。如果投资者手中持有 1 手美元兑日元的多单，当汇率由 92.60 上升 1 个点至 92.61 时，则：

该多单盈利金额 = 合约的价值 × 点值 = 100 000 × 0.000108 = 10.8（美元）

四、外汇交易的交易时间有何特点?

外汇市场是 24 小时不停止交易的市场，这是外汇市场区别于其他交易市场（如股票市场和期货市场）的特点之一。全球外汇交易市场以其所在的城市为中心，辐射周边其他国家和地区。由于所处的时区不同，各外汇市场在营业时间上相互错开，当一个市场结束后，往往就为下一个市场的开盘定下了基础。如果以北京时间为标准，

每天凌晨的时候，从新西兰的惠灵顿开始，直到凌晨的美国西海岸市场的闭市，澳洲、亚洲、北美洲各大市场开盘时间首尾衔接，这些市场通过先进的通讯设备和计算机网络连成一体，市场的参与者可以在世界各地进行交易，由此形成了全球一体化运作、全天候交易的国际外汇市场。

为了方便投资者了解，我们将外汇交易时间列表（见表1-4），供投资者参考。

表1-4 全球外汇交易市场交易时间*

外汇交易市场	开盘时间	收盘时间
悉尼	7：00	15：00
东京	8：00	16：00
香港	9：00	17：00
新加坡	9：00	17：00
巴林	14：00	22：00
法兰克福	16：00	0：00
苏黎世	16：00	0：00
巴黎	17：00	1：00
伦敦	18：00	2：00
纽约	20：00	4：00
洛杉矶	21：00	5：00

资料来源：交易所网站。

* 表中时间为北京时间。

交易市场的流动性和波动性越大，就越适合投资者进行交易。在外汇交易市场中，北京时间20：30～24：00（夏令时）是英国伦敦市场和美国纽约市场的重叠交易时段，是各国银行外汇交易的密集区，也是大宗交易最多的时段，此时的市场波动较大，称为外汇市场交易的黄金时段。另外，本地货币会在本地市场的交易时段内比较活跃。比如，亚洲市场开市时的澳元、日元比较活跃，欧洲市场开市时的欧元、英镑、瑞士法郎比较活跃，美洲市场开市时的美元、加元比较活跃。

需要提醒投资者注意的是，尽管外汇市场在节假日照常交易，但交易量较小，流动性不足，投资者在此时交易会产生较大的滑点和冲击成本，应尽量避免。

五、参与外汇交易主要有哪些群体？

直接参与外汇交易的群体可以分为以下三个部分：

（一）外汇银行

外汇银行是有各国中央银行或者货币当局指定授权经营外汇业务的银行。外汇银行大致可以分为三类：专营或兼营外汇业务的本国商业银行、在本国的外国商业银行分行及本国与外国的合资银行、经营外汇业务的其他金融机构。中国的外汇指定银行包括了四大国有商业银行和交通银行等全国性的股份制商业银行，以及具有外汇经营资格的外资银行在华分支机构。

外汇银行参与外汇交易的目的是通过为需要换汇的客户提供服务来赚取利润，主要以买卖点差的形式获得。外汇业务的客户主要包括两大类：一是有外汇需要的各类企业，因生产经营和国际贸易的需要而产生了外汇的需求和供给，是中国外汇银行的主要客户；二是有零星外汇需求的个人，如国际旅游者、留学生等。随着中国的对外开放和人们收入的普遍提高，个人在外汇交易中的地位开始变得越来越重要。

（二）中央银行

与外汇银行不同，中央银行参与外汇市场不以营利为目的，主要承担维系本国货币币值稳定的责任，利用本国的外汇储备直接参与外汇市场买卖，调整外汇市场资金的供求关系，将汇率维系或限制在一定水平上。

在外汇市场上，各国中央银行是本国货币最重要的参与者，在一定程度上控制着本国货币的价格走势。

（三）外汇投机者

对外汇银行及其客户来说，外汇只是一种工具，持有外汇的目的只是为了将其作为支付手段使用，外汇的波动对他们来说是一种负面风险。对于外汇投机者来说，外汇交易的目的是利用外汇市场的波动直接获取价差收益，是外汇风险的主动承担者，为外汇市场提供足够的流动性。除了对货币走势单边下注的投机者外，在这里还包括了外汇市场上的套利套汇的交易者，在利润的驱使下，他们能够在第一时间发现货币的不合理定价，通过套利活动使之回归正常，从而引导资源进行有效配置。

六、什么是外汇现货和外汇期货？

外汇期货是以汇率为标的的期货合约，与目前中国金融期货交易所上市的股指期货同属金融期货大家族。目前，国际上交易的外汇期货合约都是以美元标价。主要的外汇期货市场有：芝加哥商业交易所、纽约商品交易所、悉尼期货市场、新加坡期货市场、伦敦期货市场。不同外汇期货合约的价值不同，以在芝加哥商业交易所交易的外汇期货合约为例。

【案例 1-2】

英镑期货合约价值为 62 500 英镑，欧元期货合约价值为 125 000 欧元，日元期货合约价值为 12 500 000 日元，瑞士法郎期货合约价值为 125 000 瑞士法郎，澳元期货合约价值为 100 000 澳元，加元期货合约价值为100 000加元，纽元期货合约价值为 100 000 纽元。可以发现，每种外汇期货合约价值都在 100 000 美元左右。

因为外汇期货合约的价格都是用一个外币等于多少美元来表示，因此除了采用间接标价法表示汇率的英镑和欧元等货币外，外汇汇率和期货价格成倒数关系。例如，3 月到期的日元期货价格为 0. 010665，折算成美元兑日元汇率为 93. 76。若投资者手中持有 1 手日元期货合约，日元期货价格每上升 1 个最小变动点，则投资者可盈利为：

该投资者盈利 = 合约价值 × 最小变动点 = 12 500 000 × 0. 000001 = 12. 5（美元）

按照国际惯例，外汇期货的交割期均为每一年中的 3 月、6 月、9 月、12 月的第 3 个星期的星期三，如遇法定假日，则顺延一天。

与外汇期货不同的是，外汇现货交易没有到期日，不存在到期交割的限制。外汇现货交易包括现货合约交易（虚盘交易）和现货交易（实盘交易）。

外汇现货合约交易又称“外汇保证金交易”“虚盘交易”，指投资者与专门从事外汇买卖的金融公司签订委托买卖外汇的合约，缴付一定比率的交易保证金后即可按一定杠杆比率进行外汇的交易。因此，这种合约形式的买卖只是对某种外汇的某个价格作出书面或口头的承诺，然后等待价格出现上升或下跌时，再进行统一结算，从变化的价差中获取利润。这当然也承担了亏损的风险。和外汇期货不同，外汇现货合约交易涉及利息的结算，当投资者买入高息货币或者卖出低息货币时收到利息，反之则支付利息，利息的金额按照合约价值计算。但需要注意的是，目前我国未批准从事外汇保证金业务，也没有监管体制存在，现在市场上所谓的外汇交易公司都属于体制外的存在。

外汇现货交易，是指个人委托银行，参照国际外汇市场实时汇率，把一种外币买卖成另一种外币的交易行为。由于投资者必须持有足额的外币才能进行交易，较国际上流行的外汇保证金交易缺少卖空机制和融资杠杆机制，因此也被称为实盘交易。自从 1993 年 12 月上海工商银行开始代理个人外汇买卖业务以来，随着我国居民个人外汇存款的大幅增长、新交易方式的引进和投资环境的变化，个人外汇买卖业务迅速发展，已成为我国除股票以外最大的投资市场。截至目前，中国工商银行、中国农业银行、中国银行、中国建设银行、交通银行、招商银行、中国光大银行等多家银行都开展了个人外汇买卖业务。预计银行关于个人外汇买卖业务的竞争会更加激烈，服务也会更加完善，外汇投资者将享受到更优质的服务。国内的投资者凭手中的外汇，到上述任何一家银行办理开户手续，存入资金，即可通过互联网、电话或柜台方式进行外汇买卖。

七、外汇衍生品有哪些?

外汇衍生品就是以外汇为标的物的金融衍生产品。主要包括以下几种产品：

（一）外汇远期

外汇远期是指买卖双方签订合同，在未来某个时间按照约定的汇率交换一定数量的货币。外汇远期优点是比较自由，交割的时间、方式、数量、汇率等各条款都可以由双方商定；缺点是违约风险较大。

（二）外汇期货

外汇期货可以看成是标准化的外汇远期合约，合约价值、交割时间等条款由交易所制定。和外汇远期相比，外汇期货的流动性较大，投资者可以以较小的成本进出。同时，所有外汇期货合约的投资者都以交易所为中介，信用风险较小。

（三）外汇期权

外汇期权指合约的购买方在向出售方支付一定的费用后所获得的未来按规定的汇率买进或卖出一定数量外汇的权利。和外汇期货不同，外汇期权的权利义务不对等，外汇期权的购买方在支付权利金之后承担有限的损失，而盈利空间都很大。

（四）外汇掉期与货币互换

外汇互换指交易双方交换不同币种，但期限相同、金额相等的现金流。互换的需求源于不同的借款人在不同的货币条件下的借款能力不同，双方各取所需，有利于节约资金成本。

【案例 1－3】

一家欧洲企业 A 需要借入一笔美元贷款，A 借入欧元的资金成本为 5%，借入美元的资金成本为 3%；而另一家美国企业 B 需要一笔欧元贷款，B 借入欧元的资金成本为 5.5%，借入美元的资金成本为 2.5%。

现操作如下：A 企业借入欧元，B 企业借入美元，之后两家公司将这两笔贷款互换，即 A 企业使用 B 企业借入的美元本金，并负责偿还美元利息，到期支付美元本金；同样，B 企业使用 A 企业借入的欧元本金，偿还欧元利息，并到期支付欧元本金。通过互换操作，A 企业美元的资金成本由3%降低至2.5%，B 企业的欧元资金成本由5.5%降低至5%。值得注意的是，和外汇远期类似，互换是由交易双方在场外签订的，因此交易者面临着一定的违约风险。

八、我国的外汇管理制度是如何演变的?

总的来说，我国外汇体制改革的过程可分为四个阶段。

(一) 1953~1978 年，计划经济体制下统收统支、高度集中的外汇管理阶段

从新中国成立到改革开放之前，我国生产力相对落后，商品出口能力较弱，加之资本主义国家对我国的经济封锁，造成我国外汇资金缺口很大，在组织进口物资及参与国际交往等方面都显得支付力量不足，对外投资更是无从谈起。

在这种背景下，为保证有限外汇资金的重点使用，我国实行高度集中的计划经济外汇管理体制，对外汇的收支进行集中管理、统一经营。国务院授权中国人民银行行使外汇管理职责，中国银行是国家唯一的外贸外汇专业银行。简言之，企业所有的外汇收入，都必须卖给国家，需要使用外汇时，再由国家统一分配。同时，限制对外借款和外商来华直接投资。国家每年制订外汇收支计划，“以收定支，以出定进”，以指令性计划和行政手段维护外汇收支平衡，并且实行固定汇率制，严格盯住汇率安排。

(二) 1979~1993 年，改革开放后经济转型时期的外汇管理阶段

在改革开放后的 15 年里，作为市场经济体制改革的有机组成部分，我国逐步在外汇分配领域引入市场机制，实行计划分配与市场调节并存的双轨制原则，在保留原有的计划收支制度的基础上，引入市场分配机制。1979 年 3 月，国务院批转中国人民银行《关于改革中国银行体制的请示报告》，决定成立国家外汇管理总局。在汇率上，国家实行官方汇率和外汇调剂市场汇率并存的双重汇率制度，为调剂汇率逐步发挥作用提供了基础条件。1981 年 1 月 1 日，我国贸易内部结算价为 1 美元兑 2.80 元人民币，而官方牌价为 1 美元兑 1.53 元人民币。实际上，按照当时的官方牌价很难买到美元，造成了“有价无市”的局面。此后，随着美元不断升值，官方汇率不断贬值，直到 1984 年 12 月，官方牌价才逐渐追平了贸易内部结算价。1985 年 1 月 1 日，贸易内部结算价被取消。同时，为鼓励企业出口创汇，国家实行外汇留成制度，即外汇由国家集中管理、统一平衡，同时留给创汇企业一定比例的外汇，以解决进口物资所需的资金。在此基础上，国家开始建立有形的外汇调剂市场。如果企业留成的外汇有多余，

可通过这个市场卖给需要用汇的企业。至此，市场机制开始被引入外汇分配领域。至1993年底，全国进出口收付汇中的80%已采用外汇调剂市场价格结算。

在这一阶段，国家放松了银行外汇业务的准入，允许办理外汇结算业务的银行从原来的中国银行一家扩大到中国工商银行、中国农业银行等其他商业银行。在引进外资方面，国家制定并且执行鼓励利用外资政策，放宽对外资使用的限制，鼓励外资进入中国，对进入中国的外资企业根据有关政策分别实行免税、低税、退税等一系列优惠政策。同时，允许境内居民个人持有外汇，允许其在银行开立外汇储蓄账户，并且发行了外汇兑换券。

（三）1994~2001年，社会主义市场经济体制初步建立时期的外汇管理阶段

1993年11月，中国共产党第十四届三中全会通过了《关于建立社会主义市场经济体制若干问题的决定》，要求改革外汇管理体制，建立以市场供求为基础的、有管理的浮动汇率制度和统一规范的外汇市场，逐步使人民币成为可兑换货币。相应的，中国人民银行于1994年进行了一系列外汇管理体制改革。取消外汇上缴和留成，实行银行结售汇制度；汇率并轨，实行以市场供求为基础的、单一的、有管理的浮动汇率；建立全国统一规范的银行间外汇市场；放宽人民币经常项目的限制，为实行人民币经常项目有条件可兑换创造条件；继续重申禁止境内外币计价、结算和流通，停止发行外汇兑换券并逐步退出流通。1997年亚洲金融危机后，在亚洲国家的货币竞相贬值、金融形势动荡不安的情况下，我国作出人民币不贬值的决定，从而稳定了亚洲国家的信心，提升了中国的国际形象，提高了人民币的国际地位。随后，中国采取一系列稳定汇率的金融措施，人民币汇率一直稳定在1美元兑8.3元人民币的水平上。

（四）2002年以来，社会主义市场经济调节机制进一步完善时期的外汇管理阶段

一方面，我国在2001年加入世界贸易组织之后，贸易顺差急剧扩大，外资大量流入，国际收支大额顺差，外汇储备迅速增加，对央行发行货币造成较大压力。另一方面，我国经济发展状况良好，经济实力增强，国际影响扩大。为适应社会主义市场改革发展的需要，中央决定再次进行外汇体制改革。2005年7月21日，我国再次宣布进行人民币汇率形成机制改革，从单一盯住美元改为实行以市场供求为基础，参考一篮子货币进行调节、有管理的浮动汇率制度，货币兑换起始水平从8.2765元人民币/美元调整为8.11元人民币/美元。同时，实施一系列配套外汇管理政策，为改革开放后新时期的企业、银行逐步适应市场汇率波动的变化创造了条件。

第二章　外汇期货及其交易特点

一、外汇期货与外汇远期有什么异同？

远期合约是交易双方约定在未来某一时刻以约定价格买入（或卖出）某一特定产品的合约。在远期合约中，约定买入某一产品的一方称为“多头”，而约定卖出某一产品的一方称为“空头”。

期货合约与远期合约相似，两者都是交易双方约定在未来的某一时刻买入或卖出某一产品交易合约，但是两者在许多方面存在差异（见表2－1）。远期合约是买卖双方私下拟定的未来交易合约，双方可以就合约价格、合约标的物的数量、合约期限、交割时间和交割方式等进行商讨。由于上述种种特性，远期合约的交易一般在场外市场（OTC 市场）进行。与远期合约不同的是，期货合约是交易所设计的，是在交易所场内交易的标准化合约。在交易所规定的交易时间内，期货合约采取公开竞价的交易方式进行，具有较强的竞争性和公开性。对于同一种标的物的期货合约，通常有多个不同到期日的期货合约同时交易，为市场提供了多期限的投资工具。买卖双方通过交易所和期货结算机构进行交易，并不知道也不关心交易对方是谁。同时，交易所为了保证期货合约能够在市场上正常交易，为期货合约设定了一系列交易规则和交易制度。

表 2－1　　远期（Forward）与期货（Futures）

	远期合约	期货合约
交易场所	场外市场交易	交易所场内交易的标准化合约，由专门的结算机构负责双方结算
合约细节	买卖双方商议的合约	标准化合约
交易方式	缴纳定金	保证金交易
到期日	通常只有一个到期日	有多个到期日

续表

	远期合约	期货合约
结算时间	到期日结算	每日结算
合约结束方式	通常是交割或者现金结算	通常以对冲平仓
流动性	低	高

期货结算机构

期货结算机构（Clearing House）是负责期货交易所内保证金管理、统一结算和交易风险控制的独立结构。主要职能包括：担保交易履约，结算交易盈亏和控制市场风险。

（一）担保交易履约

在期货交易成交后，买卖双方缴纳一定的保证金，结算机构就承担起保证每笔交易按期履约的责任，成为所有合约卖方的买方和所有合约买方的卖方。如果交易者一方违约，结算机构将先代替其承担履约责任，由此可以大大降低交易中产生的信用风险。也正因此，结算会员及其客户才可以随时对冲合约而不必征得原始对手的同意，使得期货交易的对冲平仓方式得以实施。

（二）结算交易盈亏

结算交易盈亏是指每一交易日结算后，期货结算机构对会员的盈亏进行计算。计算完成后，为会员提供当日盈亏的数据，会员以此作为对客户结算的依据。

（三）控制市场风险

结算机构通过对会员保证金的结算和动态监控来实现对交易双方履约的担保。在此过程中，尽管市场状况一直是不断变化的，但结算机构要求会员保证金一直处于规定的水平以上。当市场价格不利变动导致亏损使会员保证金不能达到规定水平时，结算机构会向会员发出追加保证金的通知（Margin Call）。会员收到通知后必须在下一个交易日的规定时间内将保证金缴齐，否则结算机构有权对其持仓进行强行平仓。结算机构通过对会员保证金的管理有效控制市场风险，以保证期货市场平稳运行。

外汇期货是世界上第一个出现的金融期货品种。1972 年，为了应对布雷顿森林体系崩溃后市场上出现的汇率风险，芝加哥商业交易所推出了 7 个币种的外汇期货合约，为市场提供了规避风险的工具。世界上众多交易所都有外汇期货合约的产品，如芝加哥商业交易所、纽交所伦敦国际金融期货交易所和东京金融交易所都推出了多种币种、多种期限的外汇期货合约。

布雷顿森林体系协定

布雷顿森林体系协定（Bretton Woods Agreement），也称“联合国货币金融会议”，是一次在国际经济事务中占有重要地位的联合国货币金融会议。会议于1944年7月1日在美国新罕布什尔州的布雷顿森林（Bretton Woods）举行。参加会议的是以美国为首的44个国家，其间英国、苏联、法国发挥了重要作用。会议主要讨论了第二次世界大战后资本主义世界金融关系，最后通过了《联合国货币金融会议最后决议书》，以及由美国提出的设立“国际货币基金组织”和“国际复兴开发银行”的《国际货币基金协定》《国际复兴开发银行协定》两个附件。这三个文件统称为“布雷顿森林协定”。该协定规定了第二次世界大战后以美元为中心的资本主义世界货币体系的基本内容，即美元与黄金挂钩，从而确定了美元在世界货币中的地位。

二、外汇期货有什么特点？

（一）标准化合约

期货合约是由交易所统一制定的。在期货合约中，标的物的数量、规格、交割时间和地点都是既定的，唯一的变量是价格，而价格是在交易所场内以公开竞价方式达成。期货合约交易使交易双方节省了成本，提高了交易的效率和市场的流动性，为期货交易带来极大的便利。

芝加哥商业交易所（CME）欧元兑美元外汇期货合约相关内容见表2-2。

表2-2　　欧元兑美元外汇期货合约

合约月份	6个连续的季度月
交易单位	125 000欧元
最小变动价位	0.0001，每合约12.50美元；价差套利最小变动价位减半
每日价格波动限制	不设价格波动限制
交易时间	周一至周五：上午7：20至下午2：00，场内公开叫价 周一至周四：下午5：00至次日下午4：00，全球电子交易系统 （周五下午4：00收市，周日下午5：00重新开市） 周日：下午5：00至次日下午4：00，全球电子交易系统
最后交易日	交割日前第二个营业日（通常为周一）的上午9：16
交割日	合约交割月份的第3个星期三
交割地点	结算所指定的各货币发行国银行
初始保证金	2 475美元（约为合约大小的2%）

在芝加哥商业交易所的欧元兑美元外汇期货合约中，对合约月份、标的交易单位、最小变动价位和每日价格波动限制等都有明确规定。交易者对此标准化的合约进行交易，不需要进行私下繁琐的合约细则的谈判，提高了交易效率，也使市场交易增加了流动性。

（二）场内集中竞价交易

期货交易实行场内交易，所有买卖指令必须在交易所内集中竞价成交。只有交易所会员才能进场交易，其他交易者只能委托交易所会员由其代理进行期货交易。在我国期货市场中，投资者一般通过期货公司在各大交易所交易。

值得注意的是，期货合约的价格与远期合约一样，表示着在交割现货时所需要支付（或收取）的价格。除了保证交割的保证金外，在期货合约开仓（签订合约）时并不需要为这份合约支付费用。随着市场上期货合约价格的变化，期货合约存在正的或负的市场价值，但这并不影响最终的交割价格。一般我们所说的买入或卖出期货合约，不是真正地买入这份期货合约，而是与对手方签订一份期货合约，在到期时买入或卖出现货。

【案例 2－1】

假定存在一份欧元兑美元期货合约，合约价值是 125 000 欧元，交割时间是 2 个月后。假设合约今天的价格是 1.3108 美元/欧元，交易者进行买入开仓操作，约定在 2 个月后用 1.3108 美元/欧元的价格买入 125 000 欧元。2 个月后，欧元兑美元现货价格为 1.3120 美元/欧元，因为交易者拥有的合约允许他以 1.3108 美元/欧元的价格买入欧元，因此：

合约价值 $=(1.3120-1.3108)\times 125\,000=150$（美元）

但是，交易者选择持有合约到期进行交割，那么交易者并不是以 1.3120 美元/欧元的市场价格进行交割，而是以开仓时的价格 1.3108 美元/欧元进行交割。

（三）保证金交易

期货合约与现货和远期合约最大的区别在于期货交易实行保证金交易制度，并且在交易过程中始终要维持一个最低保证金水平。交易者在买卖期货合约时只需按照所买卖合约的价值缴纳一定比例保证金作为履约保证，即可拥有此合约。这种合约价值等于数倍保证金的交易也被称为“杠杆交易”，从而使期货交易具有“以小搏大”的高收益和高风险的特点。保证金比率越低，杠杆的效应就越大，高收益和高风险的特征就越明显。

（四）双向交易

期货交易采用双向交易的方式。交易者可以买入建仓，即通过买入期货合约开始交易；也可以卖出建仓，即通过卖出合约开始交易。前者被称为“做多”；后者被称为“做空”。

双向交易带给市场参与者双向的交易机会。当市场价格上升时，可以通过低买高卖获利；当市场价格下降时，可以通过高卖低买获利。

（五）对冲平仓

交易者在进行买入建仓或卖出建仓后，大部分交易都不是通过交割来结束交易，而是通过反向对冲操作了结。如在买入建仓后，可以通过卖出同等数量的同一期货合约来解除履约责任；在卖出建仓后，可以通过买入同等数量的同一期货合约来解除履约责任。

（六）当日无负债结算制度

期货交易实行当日无负债结算制度来控制交易双方的违约风险。当日无负债结算制度也被称为“逐日盯市制度”（Marking - to - Market）。结算部门在每日交易结束后，按照当天的结算价[①]对交易者结算所有持仓合约的盈亏、交易保证金及手续费、税金等费用。对应收/应付的款项实行净额一次划转，并相应增加或减少保证金。如果交易者的保证金低于维持保证金的标准，需要追加保证金，做到“当日无负债”；否则，将会被强行平仓。当日无负债制度可以有效防止交易双方的违约风险，保证期货市场的正常运转。

【案例2-2】当日无负债制度案例

假设交易者李某在2019年1月1日卖空了1张CME集团推出的6月份到期的欧元兑美元外汇期货合约，价格为1.3354（即1.3354美元=1欧元）。合约规模为125 000欧元，初始保证金为3 480美元，维持保证金为2 600美元。

在第二个交易日，结算价从1.3354上升到1.3432时：

李某损失额=（1.3432-1.3354）×125 000=975（美元）

因为本来李某可以在6月以125 000欧元换取166 925美元（1.3354×125 000），但是在1月2日同等数量的欧元却能换取167 900美元（1.3432×125 000），因此李某损失了975美元。这次损失使其保证金余额降为2 505美元，低于维持保证金标准

① 结算价，指当天交易结束后，对未平仓合约进行当日交易保证金及当日盈亏结算的基准价，通常为当日某时间段内价格的加权平均。

(2 600美元)，因此李某需要追加保证金975 美元至初始保证金额 3 480 美元。往后的交易日情况类似，即当保证金余额低于维持保证金时，李某需要追加保证金至初始保证金额，否则并不需要操作。

1 月 16 日，李某以 1.3265 的价格平仓，他在此时期内的交易盈亏如下表所示：

每日保证金变动

（单位：美元）

日期	结算价	当日盈亏	累计盈亏	无追加保证金的保证金余额	追加保证金	保证金余额
2013.1.1	1.3354					3 480
2013.1.2	1.3432	-975	-975	2 505	975	3 480
2013.1.3	1.3513	-1 012.5	-1 987.5	2 467.5	1 012.5	3 480
2013.1.4	1.3385	1 600	-387.5	5 080		5 080
2013.1.7	1.3555	-2 125	-2 512.5	2 955		2 955
2013.1.8	1.3655	-1 250	-3 762.5	1 705	1775	3 480
2013.1.9	1.3600	687.5	-3 075	4 167.5		4 167.5
2013.1.10	1.3584	200	-2 875	4 367.5		4 367.5
2013.1.11	1.3516	850	-2 025	5 217.5		5 217.5
2013.1.14	1.3402	1 425	-600	6 642.5		6 642.5
2013.1.15	1.3341	762.5	162.5	7 405		7 405
2013.1.16	1.3265	950	1 112.5	8 355		8 355

总资金变动

（单位：美元）

初始保证金	累计追加保证金	累计投入资金	期末保证金余额	累计盈亏
3 480	3 762.5	7 242.5	8 355	1 112.5

三、怎么计算外汇期货的理论价格?

假设一份投资资产 S 在时间 0 的价格是 S_0，投资者手上恰好有 S_0 的现金，这样在时间 0 到时间 T 内，投资者有两种投资选择机会：

一是把 S_0 投入无风险资产，获得无风险利率 r 回报，在 T 时刻拥有资产为 S_0e^{rT}（假设连续复利）；

二是购入投资资产，在时间 T 时刻，拥有的资产为 S_T，即资产 S 在时间 T 的远期价格是 S_T（见图 2-1）。

对于一个风险中性的投资者，两种投资方法在时间 T 所得到资产价值应该具有相同的吸引力，即投资者对两者并没有特别的偏好。换句话而言，两种投资方法在时间 T 的资产价值应该是相等的，即：

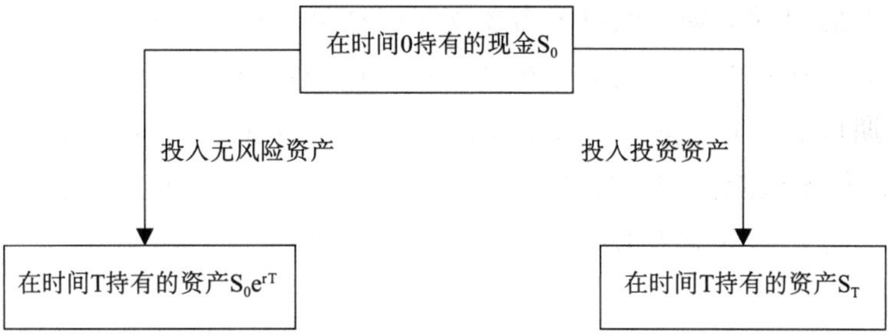

图 2－1　两种不同的投资组合

$S_T = S_0e^{rT}$

但是在时间 0 时刻，S_T 的价格是未知的，在风险中性的假设下，任意风险资产的期望值应等于无风险资产的期望值，上式更准确的表示为：

$E(S_T) = S_0e^{rT}$

即，S_T 的期望值等于 S_0 投入无风险资产后在 T 时刻的价格。

连续复利

在利息的计算方法中，一般分为单利、复利和连续复利三种。

单利，一般指的是利息在再投资中不记入本金。假如当前年利率是 5%，那么在年初存入 100 美元，则：

1 年后收到的金额 $= 100 \times (1 + 0.05) = 105$（美元）

2 年后收到的金额 $= 100 \times (1 + 0.05 + 0.05) = 100 \times (1 + 0.05 \times 2)$

$= 110$（美元）

T 年后收到的金额 $= 100 \times (1 + 0.05 \times T) = 100 + 5T$

复利，一般指的是在再投资中利息也作为本金产生新的利息。假如当前年利率为 5%，如果半年复利一次，那么半年的利率为 2.5%，在年初存入 100 美元，则：

1 年后收到的金额 $= 100 \times (1 + 0.05/2)^2 = 105.06$（美元）

2 年后收到的金额 $= 100 \times (1 + 0.05/2)^4 = 110.38$（美元）

T 年后收到的金额 $= 100 \times (1 + 0.05/2)^{2T}$

当计息频率为 m 时，T 年后收到的金额 $= 100 \times (1 + 0.05/m)^{mT}$（美元）

连续复利，是指复利中计息频率趋于无穷的情况：

$\lim\limits_{m \to \infty} (1 + r/m)^m = e^r$

因此，假如当前年利率是 5%，年初存入 100 美元，那么在 T 年后收到的金额为 $100e^{0.05T}$ 美元。

可以看到，在相同的利息率水平下，得到的利息为：连续复利 > 复利 > 单利。

下面我们考虑期货市场。假设不需要支付保证金的情况，一个期货市场的投机者，在时间轴上打算在0时点买入期货合约，并在T时点把交割后得到现货卖出获利。假定在0时点，期货价格为F_0e^{-rT}，为了保证在T时点拥有F_0的资金交割现货，他用在0时点的资金进行无风险投资。在T时点，现货的价格是$E(S_T)$，交易者交割收到现货后马上变卖，得到的资金为$E(S_T)$。现金流如图2－2。

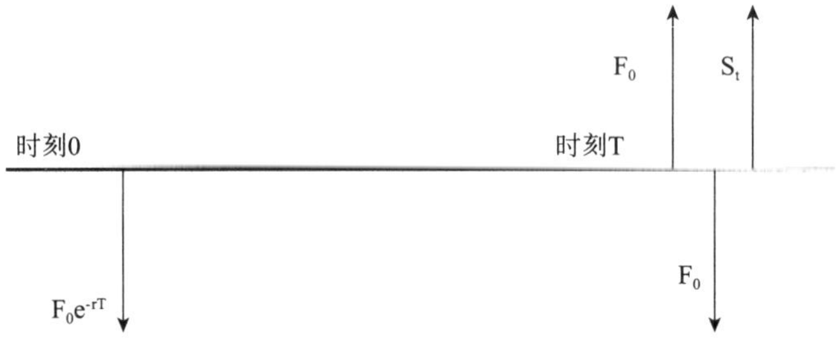

图2－2　某投机者的现金流

根据无套利假设①，折现后的现值应该与期货的现值相等，假设投机者对此投资的投资收益率（这里的投资指的是对期货标的物现货的投资）为k，也就是说折现率为k，我们有：

$$-F_0e^{-rT}+E(S_T)e^{-kT}=0$$

即：

$$F_0=E(S_T)e^{(r-k)T}$$

在风险中性假设②中，投资者的预期投资回报率应该与无风险利率相等，也就是说上式中的k应设定为r，因此我们有：

$$F_0=E(S_T)=S_0e^{rT}$$

现在我们考虑外汇期货市场。我们考虑一种本币，它的外汇标价是直接标价法，在时间0报价为：1外币＝S_0本币。假设在时间0我们持有1 000单位的外币，我们有两种投资方法：第一种在时间0换成本币，投资本国无风险市场；第二种是在时间0以价格买入期货合约，并同时把1 000单位外币投资外国无风险市场，时间T交割期货合约换成本币。假定本国无风险利率为r，外国无风险利率为r_f（见图2－3）。

同样，根据无套利假设，两者在时间T得到的资金应该相等的，因此我们有：

$$1\,000e^{r_fT}F_0=1\,000S_0e^{rT}$$

即：

$$F_0=S_0e^{(r-r_f)T}$$

在外汇交易中，因为汇率是两种货币之间交换的比率，其本身并不会产生价值，

① 无套利假设：假设市场不存在套利空间。

② 风险中性假设：投资者持有无风险资产和有风险资产的收益率相等。

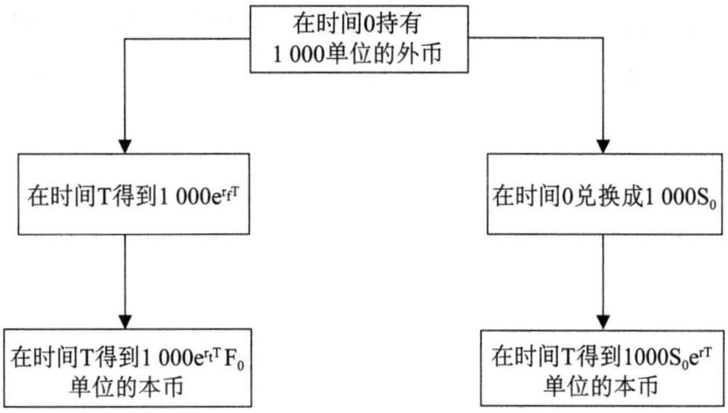

图 2－3 外汇市场中两种不同的投资组合

因此未来汇率的期望值与即期汇率的值是相等的，为 $E(S_T)$。两国利率对外汇期货的价格影响见表 2－3。

表 2－3　　外汇期货价格与即期汇率

两国无风险利率的关系	外汇期货价格与即期汇率的关系
$r_f = r$	$F_0 = S_0$
$r_f > r$	$F_0 < S_0$
$r_f < r$	$F_0 > S_0$

【案例 2－3】

假定英镑和美元 2 年期无风险利率分别是 2% 和 3%，英镑兑美元的即期汇率为 1.5669，即 1 英镑＝1.5669 美元，那么 2 年后到期的英镑兑美元期货合约的理论价格（F_0）为：

$$F_0 = S_0e^{(r-r_f)T} = 1.5669e^{(0.03-0.02)\times 2} = 1.5985$$

假定澳元和美元 3 年期的无风险利率分别是 4% 和 3.5%，澳元兑美元的即期汇率为 1.0325，即 1 澳元＝1.0325 美元，那么 3 年后到期的澳元兑美元期货合约的理论价格（F_0）为：

$$F_0 = S_0e^{(r-r_f)T} = 1.0325e^{(0.035-0.04)\times 3} = 1.0171$$

案例 2－3 表明，外汇期货的价格是即期价格加上持有本国货币的收益（即本国的无风险利率），减去持有本国货币的成本（不换成外币的机会成本，即外币的无风险利率）。事实上，所有的期货合约价格都适用于这个例子，即期货价格是即期价格加上持有现金的收益减去持有期货标的现货的收益（即持有现金的成本）。假定无风险利率为 r，现货资产回报率是 q，那么对于期货合约而言，期货价格（F_0）为：

$$F_0 = S_0e^{(r-q)T}$$

从公式可以看出，随着期货到期时间的推进，期货价格会与现货价格趋于一致，这是由期货的交割制度所决定的（见图2-4）。

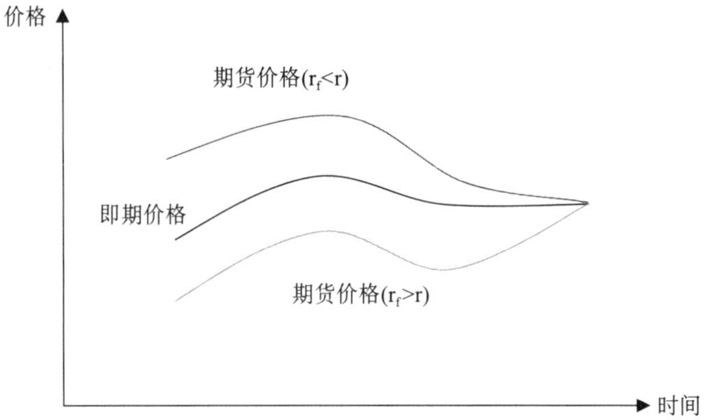

图2-4 期货价格与即期价格的收敛性

在期货合约接近到期日时，期货合约的价格波动率会变小。同时，因为大部分交易者都通过对冲平仓来了结仓位，因此期货合约的持仓量会变小，流动性也会降低，市场焦点转向远月份合约。

四、外汇现货交易与外汇期货交易有什么异同？

（一）实盘交易和保证金交易

在比较外汇现货与外汇期货之前，我们必须先了解外汇现货中的实盘交易和保证金交易（虚盘交易）。

实盘交易，指的是持有货币或货币等价物（如现金和旅行支票）的双方进行的交换。如用持有人民币去银行换取外币，就是实盘交易的一种。

机构间的实盘交易，主要是在银行之间或者银行代理的大客户之间的实盘交易，一般在买卖成交后2个营业日内完成资金的交割。

外汇宝是国内银行推出的、面向个人投资者的实盘交易。个人投资者参照国际实时汇率，通过外汇宝把一种货币买卖成另外一种货币。由于实盘交易缺少国际上通用的保证金机制和融资杠杆机制，大部分实盘交易的参与者大都是有外币持有需求的银行和贸易商等，而投机需求的参与者比较少。

外汇保证金交易（又称“虚盘交易”）是从期货的保证金交易衍生而来的，指的是交易者在专门从事外汇保证金交易的公司（如银行、外汇交易商或经纪商），签订委托买卖外汇的合同，并缴付按合同金额一定比率的保证金（一般不超过10%），可以按数十倍的融资倍数买卖外汇。外汇保证金交易的具体操作与期货保证金交易相似，以合约的形式作出买卖外汇的承诺，并在汇率波动之间获取合约带来的利润或承担亏损，通过价差进行现金差额了结。外汇保证金交易并不要求交易者拥有货币现钞，其双向交易、高杠杆高收益的特征吸引了众多投资者。

（二）外汇现货交易与外汇期货交易的区别

既然外汇保证金交易和外汇期货交易都是以保证金机制和买卖合约进行的外汇交易，那么两者的区别在哪呢？

第一，外汇期货交易是对外汇某一远期汇率进行的价格交易，因此与外汇现货标的即期汇率相比，外汇期货的价格是市场预计汇率远期的价格。

第二，外汇期货是一种有期限的合约；而外汇保证金交易没有到期的期限限制。在期货交易中，交易者必须在合约到期前通过对冲了结，或者在合约到期时以交割现货的方式结束合约。如果交易者在合约到期时想继续持有期货头寸，则需要展期，即将到期的合约平仓同时开仓远月份合约。在期货合约接近到期时，会出现成交量减少和价格向现货价格收敛（价格波动同时降低）的情形，因此进行展期时会面临额外的风险。在外汇保证金交易中，只要交易者维持一定比例的保证金，其所拥有的头寸可以长期持有。

第三，外汇期货是交易所设计并在交易所内（场内）进行交易的合约。所有的交易者，无论是追求利润的投机者还是规避风险的投机者，都必须通过交易所会员参与交易。交易所通过收取一定的手续费的形式，为买卖双方进行撮合成交①，而交易所本身并不参与交易的任意一方。为了保证交易双方的履约，交易所会成立独立的中央结算中心，为交易双方的盈亏进行每日结算。同时，各国政府会成立相应的监管部门，对期货交易所和期货交易进行监管。

在外汇现货保证金交易中，实行的是场外的做市商②机制，即交易者进行交易时的对手方是做市商而不是其他交易者。市场上存在着大大小小的做市商，规模较大的如 JP 摩根、花旗等大银行，规模较小的如专门从事外汇保证金交易的交易商和经纪商。小做市商在交易者手中得到头寸时，会把部分头寸拿给大做市商进行交易，以规避风险。交易者在交易时并不需要支付手续费，做市商为交易者报一个买价和一个卖价，而买卖价格之间的价差就是做市商收入的来源。

由表 2－4 可以看出，外汇现货保证金交易和外汇期货交易最大的区别在于交易场所不同。对于外汇现货保证金交易而言，交易者需要寻找一个合适的做市商进行交易。然而，市场上大大小小的外汇交易商成千上万，单凭有限信息交易者很难找到一个合

---

① 撮合成交：计算机交易系统对交易双方指令进行自动配对并产生双方同意的成交价格，全球交易所皆采用这种成交方式。

② 做市商：为市场某一产品同时提供买价和卖价的公司。

表 2-4　　外汇现货保证金交易与外汇期货交易

项目	外汇现货保证金交易	外汇期货交易
交易场所	场外市场交易，做市商制度	交易所市场交易，中央结算机构负责双方结算
合约细节	标准化合约，但交易商允许交易非整数手数	标准化合约
交易方式	保证金交易	保证金交易
到期日	无到期日	有多个到期日
结算时间	每日结算	每日结算
合约结束方式	现金结算	通常以对冲平仓
交易币种	任何国家的币种	少数主要币种
交易时间	工作日 24 小时	交易所的营业时间

适的做市商。同时，监管部门难以监管数目众多的交易商，只能采取最低净资产等门槛准入制度进行控制，对于交易中产生的交易商欺诈客户、私自挪动保证金等问题难以有效监管。

值得注意的是，在做市商制度中，做市商自营报价并自负盈亏，与客户进行对赌协议。换句话说，就是客户的对手方永远都是做市商，客户的亏损就是做市商的盈利，而客户的盈利就是做市商的亏损。做市商主要是靠买卖报价的点差来实现盈利。因此，做市商可能会让客户处于不利的位置。这种方式存在很大的风险，如果交易商无法偿还客户的盈利或由于自身经营问题而破产倒闭时，交易者则有可能无法拿回放置在交易商处的资金。

瑞富的倒闭

瑞富（Refco）是一家成立于 1969 年、总部坐落在纽约的全球知名期货经纪商，主要经营期货、证券和外汇零售业务（即外汇现货业务）。截止到 2005 年 10 月，瑞富公司在全球约有 20 万个账户，客户总资金高达 40 亿美元，是当年世界上众多外汇交易者的首选。

2005 年 10 月，瑞富公司爆出丑闻，其董事长 Phillip Bennett 通过第三方公司，运用瑞富自有资金购买本公司的坏账，共隐瞒坏账高达 4.3 亿美元。同月，瑞富公司宣布破产。

瑞富公司宣布破产后，法院冻结了瑞富的所有资金，其中包括外汇客户的资金。客户需要提交申请并登记，才能有索赔的权利。根据各国政府的监管力度不同，投资者得到的赔偿也不同。在美国瑞富开户的投资者获得的赔偿要远远高于在瑞富各国子公司开户的投资者，许多中国的投资者虽然登记了破产索偿，但因为种种原因却赔偿不了。

五、外汇期货如何进行交割?

交割（Delivery）是指期货合约到期时，按照期货交易所的规则和程序，交易双方通过该合约所载标的物所有权的转移，或者按照结算价进行现金差价结算，了结到期未平仓合约的过程。其中，以标的物所有权转移方式进行的交割称为“实物交割”；按结算价进行现金差价结算的交割方式称为“现金交割”。

期货交割制度是促使期货价格和现货价格趋向一致的保证。因为期货在交割日的价格与现货是相等的，所以当交割日前市场的期货价格和现货价格出现严重偏离时，交易者就会在期货、现货两个市场进行套利交易：当期货价格过高而现货价格过低时，交易者卖出期货合约，同时买入现货商品，使现货需求增多，价格上升，期现价格下降，期现价差缩小；当期货价格过低而现货价格过高时，交易者则买入期货合约，卖出现货商品，使期现价差趋于正常水平。通过交割制度，期货、现货两个市场得到相互联动，使期货市场发挥出“价格晴雨表”的作用。

在外汇期货合约中，实物交割和现金交割各分天下。其中，主要的外汇期货交易所芝加哥商业交易所的大部分合约采取实物交割方式，只有小部分合约采取现金交割方式。如芝加哥商业交易所（CME）中的巴西货币雷亚尔（Brazilian real）期货合约和纽交所伦敦国际金融期货交易所（NYSE－Liffe）的欧元期货合约就是采取现金交割制度；而芝加哥商业交易所中的欧元、日元、澳元的外汇期货合约都是采用实物交割制度。

实物交割与现金交割

实物交割和现金交割是期货交割方式中两种不同的方法。实物交割占领了期货合约中的很大部分。尽管如此，大部分期货合约最终都会在交割前采取对冲平仓的方式了结合约，而真正采取实物交割的交易者只占很少的比例（少于1%）。既然如此，那么对于外汇期货和利率期货等金融期货，为何不把实物交割方式换成现金交割呢？两者都有什么特点呢？

期货是从远期发展起来的。在期货发展初期，农产品期货是唯一的期货品种，为农产主提供了套期保值的工具。因此，实物交割是农产品期货套期保值的必要制度。但是，随着期货市场的发展，随着越来越多的投机者进入期货市场和金融期货的出现，大部分市场参与者并不需要现货实物，而只需要赚取期货价格波动带来的差价。因此，现金交割制度应运而生，在保证套期保值功能的同时，节约了交易成本，为市场参与者带来了便利。

不仅如此，在流动性较差或存在垄断机会的现货市场，采用实物交割可能会给持有期货头寸的交易者留下操纵现货市场价格、在期货市场牟取利润的机会。例如买方可以囤积现货，推高现货价格，迫使期货空头以较高的价格从现货市场买入现货用于交割，我们一般称之为“逼仓”。在2006年，美国期货监管机构商品期货交易委员会（CFTC）就曾指控BP公司囤积丙烷，推高丙烷价格，造成实物交割的空头巨大损失。

采用现金交割，会有效避免“逼仓”的发生。因为现金交割在计算交割时的结算价时，会参考一段时间内或多个源头的价格，以加权等方法计算出交割时间段内的平均价格，以防止各方通过短时间内操纵市场导致结算价异常。

尽管如此，现金交割在外汇市场并不是主流。首先，期货合约出现的重要目的就是为市场提供套期保值的工具。很多银行和跨国贸易商都采取外汇期货来获取商业运作中所需要的外汇，这是外汇期货最主要的功能。对于投机者而言，往往可以通过对冲了结的方式获取差价，而不需要等到现金交割的发生。因此，实物交割的存在是对外汇期货套期保值功能的保证。其次，外汇现货市场属于场外做市商制度，不同做市商的报价可能会有所区别。如果采取现金交割，必须拟定一套详细的结算价计算方法，在全球不同做市商的报价中计算选取一个公正的价格。如果选用实物交割方法，则不会产生报价公正性的问题。最后，外汇现货市场是一个成交量大、流动性强的成熟市场，并不存在某一机构垄断市场的情况，因此“逼仓”的事件在外汇期货市场发生的概率较小，不需要利用现金交割制度来防范“逼仓”的发生。

实物交割包括集中交割和滚动交割。集中交割是指所有到期合约在交割月份最后交易日过后一次性集中交割的交割方式。滚动交割是指在合约进入交割月以后，在交割月第一个交易日至交割月最后交易日前一交易日直接进行交割的交割方式。在外汇期货的实物交割中，采取的是集中交割。

下面，通过芝加哥商业交易所外汇期货实物交割规则来详细了解实物交割的过程。

（1）交易所。芝加哥商业交易所允许结算会员参与最终交割，非会员必须通过结算会员参与结算交割。外汇期货实物交割需要在芝加哥商业交易所允许的美国本土银行和另一家外币所在国的本地银行之间进行。同时，芝加哥商业交易所通过其在美国代理银行中建立两个账户用于买卖方之间的中转：一个是美元账户；另一个是代理银行在外币所在国当地分支的外币账户（或通过代理银行在外币所在国的联系银行的外币账户进行）。

（2）买方交易者。在最后交易日前，买方必须安排准备汇入美元的银行和准备接受外币的外币所在国当地银行，并把相应的账户信息通知芝加哥商业交易所的结算中心。

在最后交易日前两个交易日，结算会员必须把准备用于交割的现货头寸上报给结算中心。

最后交易日当天，结算会员代表其会员提交买方交割协议。协议应详细说明交割合约的数量、用于支付美元的账户信息和用于接收外币所在国当地的银行账户信息。

最后交易日后的第一个交易日，买方向结算中心在美国代理银行的美元账户汇入美元，结算中心把美元汇入卖方用于接收的银行账户，同时买方在外币所在国的当地银行账户收入卖方通过结算中心代理银行所支付的外币。

（3）卖方交易者。在最后交易日前，卖方必须安排好准备汇入外币的外币所在国当地银行和准备接受美元的美国当地银行，并把相应的账户信息通知芝加哥商业交易所的结算中心。

在最后交易日前两个交易日，结算会员必须把准备用于交割的现货头寸上报结算中心。

最后交易日当天，结算会员代表其会员提交卖方交割协议。协议应详细说明交割合约的数量、用于支付外币的账户信息、用于接收美元的美国当地银行账户信息。

最后交易日后的第一个交易日，卖方向结算中心代理银行在外币所在国的当地分支的外币账户汇入外币，结算中心把外币汇入买方用于接收的银行账户，同时卖方的美国当地银行账户收入买方通过结算中心代理银行所支付的美元。

对于现金交割的外汇期货，步骤则简单得多。交易所只需要按照规则计算出结算价，并根据结算价对买卖方的保证金进行相应增减。

第三章 外汇及衍生品交易市场

一、美元指数是什么?

美元指数（US Dollar Index，USDX），又称“美汇指数”，是衡量美元在国际外汇市场汇率变化的一项综合指标，由美元对六个主要国际货币（欧元、日元、英镑、加拿大元、瑞典克朗和瑞士法郎）的汇率经过加权几何平均计算获得，用来衡量美元的强弱程度，从而间接反映美国的出口竞争能力和进口成本的变动情况（见图 3-1）。

USDX 是参照 1973 年 3 月十几种主要货币对美元汇率变化的加权几何平均值来计算的，并以 100.00 点为基准来衡量其价值。如 105.50 点的报价，是指从 1973 年 3 月以来其价值上升了 5.50%。1973 年 3 月被选作参照点，是因为当时是外汇市场转折的历史性时刻，从那时起主要的贸易国允许本国货币自由地与另一国货币进行浮动报价。在 1999 年 1 月 1 日欧元推出后，美元指数进行了调整，参考币种从 10 个减少为 6 个，欧元也一跃成为最重要、权重最大的货币，其所占权重达到 57.60%，因此欧

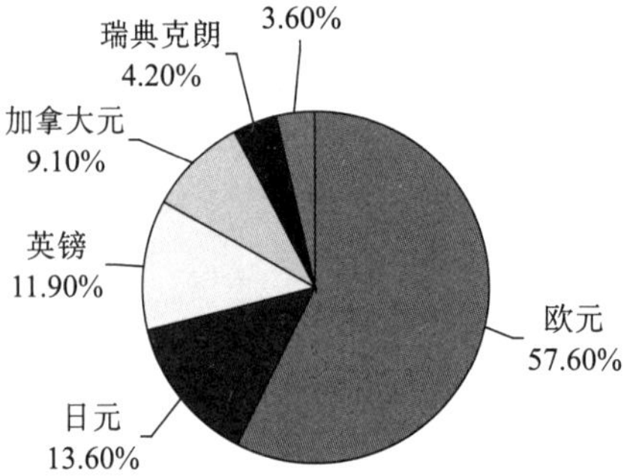

图 3-1 币别指数权重

元的波动对 USDX 的影响较大。

美元指数的计算公式：

$$USDX = 50.14348112 \times (EUR/USD)^{-0.576} \times (USD/JPY)^{0.136} \times (GBP/USD)^{-0.119} \times (USD/CAD)^{0.091} \times (USD/SEK)^{0.042} \times (USD/CHF)^{0.036}$$

美元指数的产生背景

1944 年，经过激烈的争论后英美两国达成共识，美国于当年 5 月邀请参加筹建联合国的 44 国政府代表在美国布雷顿森林的华盛顿山大旅社举行会议，签订了“布雷顿森林协定”，建立了金本位制崩溃后的第二个国际货币体系——布雷顿森林体系。这一体系的核心是“双挂钩”制度，即美元与黄金挂钩、各国货币与美元挂钩。美元处于中心地位，发挥世界货币的功能，而美国则承担以官价兑换黄金的义务。这实际是一种新的金汇兑本位制。在布雷顿货币体制中，黄金在流通和国际储备方面的作用都有所降低，而美元成为这一体系中的主角。因为黄金是稳定这一货币体系的最后屏障，所以黄金的价格及流动仍受到较严格的控制，各国禁止居民自由买卖黄金，这导致市场机制难以有效发挥作用。

布雷顿森林货币体系是否能顺利运转与美元的信誉和地位密切相关。20 世纪 60 ~ 70 年代，美国深陷越南战争的泥潭，财政赤字巨大，国际收入情况恶化，美元的信誉受到极大的冲击，爆发了多次美元危机。大量资本出逃，各国纷纷抛售自己手中的美元，抢购黄金，使美国黄金储备急剧减少，金价暴涨。

20 世纪 60 年代后期，美国进一步扩大了侵越战争，国际收支进一步恶化，美元危机再度爆发，美国再也没有维持黄金官价的能力。经与黄金总库（Gold Pool）成员协商后，美国宣布不再按每盎司 35 美元官价向市场供应黄金，市场金价自由浮动，但各国政府或中央银行仍按官价结算，从此开始了市价和官价并存的黄金双价制阶段。但双价制也仅维持了 3 年的时间。欧洲国家采取了“请君入瓮”的策略，既然美国拒不提高黄金价格，让美元贬值，它们就以手中的美元兑换美国的储备黄金。

当 1971 年 8 月传出法国等西欧国家要以美元大量兑换黄金的消息后，美国于 1971 年 8 月 15 日不得不宣布停止履行对外国政府或中央银行以美元向美国兑换黄金的义务。1971 年 12 月以《史密森协定》为标志，美元对黄金贬值，同时美联储拒绝向国外中央银行出售黄金。至此，美元与黄金挂钩的体制名存实亡。1973 年 3 月因美元贬值，再次引发了欧洲抛售美元、抢购黄金的风潮。西欧和日本外汇市场不得不关闭了 17 天。经过磋商，最后达成协议，西方国家放弃固定汇率制，实行浮动汇率制。至此，布雷顿森林货币体系完全崩溃。

布雷顿森林货币体系崩溃后，浮动汇率制取代了固定汇率制。从此，外汇交易进入市场化阶段，进而外汇市场发展成为全球最大而且最活跃的金融市场，也是当今世界上流动性最强的市场。美元是当今所有货币中最强的强势货币，各国外汇储备中最主要的外汇是美元。在国际市场上，绝大多数商品是以美元标价的。因此，美元的动向和涨跌是所有交易者最关心的事项。这时就需要一个反映美元在外汇市场上整体强弱的指标，即美元指数。

美元指数并非来自芝加哥期货交易所（CBOT）或是芝加哥商业交易所，而是出自纽约棉花交易所（NYCE）。纽约棉花交易所建立于1870年，初期由一群棉花商人及中介商组成，是纽约最古老的商品交易所，也是全球最重要的棉花期货与期权交易所。在1985年，纽约棉花交易所成立了金融部门，正式进军全球金融商品市场，首先推出的便是美元指数期货。1986年，又推出了美元指数期货期权。尽管比外汇期货晚了13年，但由于迎合了市场需要，获得了成功，并使美元指数成为投资者十分关注的一个重要经济指标。

美元指数根本上来讲是一系列汇率的加权指数，所以最终还是反映了美国与其主要贸易货币的自由兑换货币的强弱。美元指数上涨，说明美元与其他货币的比价上涨，也就是说美元升值，由于国际上主要的商品都是以美元计价，那么所对应的商品价格将会下跌。美元升值对美国的整体经济有好处，会提升本国货币的价值，增加购买力。但对一些行业也有冲击，比如出口行业，美元升值会提高美国出口商品的价格，从而削弱美国商品在国际市场上的竞争力。若美元指数下跌，则相反。

美元指数走势受多种因素影响，如美国联邦基准利率、美国经济数据、美国股市、黄金等。

（1）美国联邦基准利率。一般情况下，美国利率下跌，美元走势疲软；美国利率上升，美元走势偏好。如果一国的利率水平高于其他国家，就会吸引大量的资本流入，本国资金流出减少，导致国际市场上抢购这种货币；同时，资本账户收支得到改善，本国货币汇价提高。反之，如果一国利率水平低于其他国家，则会造成资本流出，外国资本流入减少，资本账户收支恶化；同时，外汇交易市场上就会抛售这种货币，引起汇率下跌。20世纪80年代前半期，在美国存在大量贸易逆差和巨额财政赤字的情况下，美元依然坚挺，就是美国实行高利率政策从而促使大量资本从日本和西欧流入美国的结果。

（2）美国经济数据。美元指数走势还受美国重要经济数据的影响。美国公布的经济数据中，最为重要的包括：劳动力报告（薪酬水平、失业率和平均小时收入）、CPI（Consumer Price Index，消费者价格指数）、PPI（Producer Price Index，生产者物价指数）、GDP（Gross Domestic Product，国内生产总值）、国际贸易水平、工业生产、房屋开工、房屋许可和消费信心等。

（3）美国股市。美元指数走势还与美国股市走势紧密相关。三种主要的股票指数为：Dow（Dow Jones Industrials Index，道琼斯工业指数）、S&P 500（标准普尔500种指数）和NASDAQ（纳斯达克指数）。其中，道琼斯工业指数对美元汇率影响最大。

从20世纪90年代中期以来，道琼斯工业指数和美元汇率有着极大的正关联性。影响道琼斯工业指数的三个主要因素为：公司收入，包括预期和实际收入；利率水平预期；全球政治与经济状况。

（4）黄金。一般而言，美元指数跌的时候黄金在涨，而黄金跌的时候美元指数则往上涨。为何美元指数与黄金价格整体会呈现负相关呢？首先，美元是当前国际货币体系的柱石，美元和黄金同为最重要的储备资产，美元的坚挺和稳定削弱了黄金作为储备资产和保值功能的地位；反之亦然。其次，美国对外贸易总额位居全球首位，世界经济深受其影响；而黄金价格一般与世界经济好坏成反相关关系。最后，世界黄金市场一般都以美元标价，这样美元贬值势必导致金价上涨。比如，20世纪末金价走入低谷，人们纷纷抛出黄金，就与美国经济连续100个月保持增长、美元坚挺关系密切。

美元指数历史走势

1973~2002年，美元共经历了两个弱势周期和两个强势周期，其中弱势周期延续的时间长于强势周期（见表3-1）。自2002年开始，美元进入第三个弱势周期。研究表明，近30年来爆发的经济危机、能源危机和债务危机对美元指数走势并不构成方向性的实质影响，说明了美国自身的经济状况和货币政策才是决定中长期美元走势的决定性因素。

表3-1　　美元指数和宏观环境关系对照

时间及事件	全球经济	美国经济	货币政策	财政政策	美元表现
1973~1979年石油危机	高停滞与高通胀并存	滞涨	宽松货币政策	财政赤字占GDP比重上升	弱势美元周期
1980~1985年里根政府“经济刺激”政策	经济低速发展稳定增长	经济强劲增长	紧缩货币政策	扩张财政，巨额的财政赤字	强势美元周期
1985~1994年日本金融危机	全球经济陷入长期衰退	经济陷入严重不景气状态	大幅下调利率	财政赤字政策	弱势美元周期
1995~2002年新经济，互联网泡沫	亚洲各国资产价格泡沫破灭	经济强劲增长	强势美元政策	实现财政盈余	强势美元周期
2002年至今网络科技泡沫破灭，次贷危机爆发，主权债务危机爆发	新兴经济体高速发展	美国经济地位逐步下降	维持极低的基准利率	财政赤字不断刷新纪录	弱势美元周期

二、什么是欧洲美元?

欧洲美元（Eurodollar）是存放在美国以外银行的不受美国政府法令限制的美元存款，或是从这些银行借到的美元贷款。由于这种境外存款、借贷业务开始于欧洲，因此称为欧洲美元。它与美国境内流通的美元是同样的货币，并具有同样的价值。

欧洲美元早在20世纪50年代初就出现了。当时美国政府在朝鲜战争中冻结了中国存放在美国银行的资金，苏联和东欧各国为了防止它们在美国的美元存款也被冻结，就将它们的美元资金转存于苏联设在巴黎和伦敦的银行以及其他国际商业银行。后来，某些持有美元的美国和其他国家的银行、公司等为了避免它们的“账外资产”被暴露，引起外汇管理当局和税务当局的追查，也不愿公开和直接把美元存放在美国，而愿意间接存放在西欧各家银行，这即是欧洲美元最初的由来。

因欧洲美元具有供应充裕、运用灵活、存放及借贷不受任何国家管汇法令的干预和限制等特点，为各国政府或大企业提供了巨额资金，对第二次世界大战后西欧各国的经济恢复和发展起了积极的推动作用。欧洲美元的清算中心在英国伦敦。自20世纪60年代以来，随着美元地位日益衰落，欧洲美元迅速增长，存贷款活动日益发展，欧洲美元市场成为最重要的国际金融市场之一。欧洲美元供应充裕、应用灵活，存放以及借贷不受任何国家外汇管理法令的限制，可为各国政府和大企业解决巨额资金的急需，有利于世界经济的发展。但由于它的流动性太强，不受约束，因而也是造成国际金融市场动荡不定的主要因素。

欧洲美元的历史

在第二次世界大战之后，由于美国援助欧洲的马歇尔计划，及其后美国成为重建后欧洲的最大出口市场，大量的美元存款流向欧洲。在冷战期间，尤其是1956年苏联入侵匈牙利之后，苏联政府担心美国会冻结其在北美银行的美元存款。此时一家英国银行向苏联政府表示他们可以在美国境外接收其美元存款，之后他们再将其存入美国银行，这样美国就不可能冻结其账户。此时的存款属于英国银行，而不属于苏联政府。这次操作被认为是“欧洲美元”一词的首次使用，之后由于美国持续的贸易逆差，欧洲美元逐渐扩散到全世界。

在欧洲美元市场取得持续发展的情况下，作为管理欧洲美元利率风险工具的欧洲美元期货的成功，也就不足为奇了。1993年，欧洲美元期货的年成交量就已经达到6 400万手；2004年，这一数字进一步增加到2.76亿手，发展势头极为迅猛。

三、欧元是如何诞生的？

欧元的产生是欧洲国家在政治、经济联盟发展过程中的必然产物。欧元的发展历程，可以追溯到20世纪50年代。1957年，比利时、荷兰、卢森堡、法国、德国、意大利六国在罗马签订了《欧洲经济共同体条约》和《欧洲原子能联营公约》，统称《罗马条约》，奠定了欧洲经济联合的基础。1958年，欧洲经济共同体的成立，确立了欧洲实现共同体内商品、劳动力和资金自由流动的目标。同时，使欧洲在经济联合的基础上加强了货币联合。1969年，欧洲经济共同体海牙会议提出建立欧洲货币联盟的构想。1979年3月，欧洲经济共同体建立欧洲货币体系。该体系的核心是创立了统一的记账单位——欧洲货币单位。欧元的产生，正是以欧洲货币单位为样板经过长期发展、完善而实现的，也是欧洲实施货币联盟的尝试。1989年4月，欧洲委员会提出的《欧洲共同体经济和货币联盟的报告》获得通过。报告中提出欧洲货币联盟必须如期实现所有成员国货币自由兑换、金融市场一体化、资本市场完全自由化和固定汇率。1991年12月10日欧洲经济共同体12国在荷兰马斯特里赫特召开首脑会议，通过了《马斯特里赫特条约》，即后来常说的《马约》。《马约》包括《政治联盟条约》和《经济与货币联盟条约》，正式确定了在欧洲货币联盟内统一中央银行、统一货币、统一货币政策的最终目标和欧元启动后由过渡期到正式进入流通领域的时间表。

欧元的诞生既有内在原因，也有外在原因。

一是欧元的诞生是欧盟发展的必然趋势。欧盟的宗旨是“通过建立无内部边界的空间，加强经济、社会的协调发展和建立最终实行统一货币的经济货币联盟，促进成员国经济和社会的均衡发展”。自1951年4月18日法国、意大利、德国、荷兰、比利时、卢森堡六国签订了为期50年的《关于建立欧洲煤钢共同体的条约》起，发展至今欧盟有27个成员，欧元的成立是必然的事件。

二是欧元的诞生促进了区域经济体的形成。欧元成立标志着内部各国实行固定汇率制度，这是一个关键。因为固定汇率制度减少了之前内部各国汇率不稳定造成的贸易不便，大大促进了内部区域贸易往来以及资金流动，也意味着各国需要成立外汇基金，稳住内部汇率。这样各国形成一个互相支持的局面，易于形成区域经济联盟，实现规模经济。

三是欧元可以抵挡美元对欧盟各国的冲击，避免或减轻国际货币制度动荡的影响。

四是欧元的诞生有利于欧盟的对外贸易。欧元的发展壮大意味着欧盟的进出口总额也将呈现增加的趋势，各国更多地使用欧元进行贸易结算便利了欧盟各国对外贸易往来，消除贸易中的汇率风险，同时便于偿还债务，无疑将促进欧盟区的贸易发展。

欧元区成员国有哪些?

欧元诞生之前欧洲主要货币见表 3－2。

表 3－2　　欧元诞生之前欧洲主要货币

国　　家	货　　币
奥地利	奥地利先令
比利时	比利时法郎
芬兰	芬兰马克
法国	法郎
德国	德国马克
爱尔兰	爱尔兰磅
意大利	里拉
卢森堡	卢森堡法郎
荷兰	荷兰盾
西班牙	比塞塔
葡萄牙	埃斯库多
希腊	德拉克马
斯洛文尼亚	托拉尔
塞浦路斯	塞浦路斯镑
马耳他	马磅
斯洛伐克	斯洛伐克克朗
爱沙尼亚	爱沙尼亚克朗

1999 年 1 月 1 日，欧盟当时 15 个成员中的 11 个成员：奥地利、比利时、芬兰、法国、德国、爱尔兰、意大利、卢森堡、荷兰、葡萄牙和西班牙，加入欧元区，欧元成为这 11 国的单一货币。2001 年 1 月 1 日，希腊加入了欧元区。2007 年 1 月 1 日，斯洛文尼亚加入欧元区。塞浦路斯于 2008 年 1 月 1 日零时与马耳他一起加入了欧元区。2011 年 1 月 1 日，爱沙尼亚加入了欧元区。欧元区成员国从最初的 11 个已增加至目前的 17 个，人口超过 3.3 亿。

要加入欧元区，欧盟成员国必须达到下列标准：第一，成员国年度政府财政赤字控制在国内生产总值的 3% 以下；第二，国债必须保持在国内生产总值的 60% 以下或正在快速接近这一水平；第三，在价格稳定方面，成员国通货膨胀率小于等于三个最佳成员国上年的通货膨胀率 +1.5%；第四，长期名义年利率（以长期政府债券利率衡量）不超过上述通胀表现最好的 3 个国家平均长期利率 2 个百分点；第五，该国货币至少在两年内必须维持在欧洲货币体系的正常波动幅度以内。欧盟对成员国加入欧元区的时间并没有固定的要求，每个成员国将根据自己国家的情况，按照自己的时间表加入。

四、影响欧元的因素有哪些?

欧元面世以来，欧元兑美元（EUR/USD）已经取代美元兑马克（USD/DEM）成为国际外汇市场上最重要的“货币对”。欧元兑美元的汇率波动已经成为外汇市场投资者十分关注的一个重要风向标，这两种世界重要货币之间的汇率波动受着什么因素牵制也成为市场关心的问题。

（一）欧洲中央银行动向

欧洲中央银行控制着欧元区的货币政策，其主要政策目标是保持价格稳定。欧洲中央银行的货币政策有两个支柱：第一个支柱是价格变化及其对价格稳定影响的展望；第二个支柱是以 M3 表示的货币增长率。欧洲中央银行对欧元汇率走势的评论或对外汇市场的干预，都会对欧元兑美元汇率产生一定的影响。

（二）短期利率走势

短期利率走势的影响主要应该从两方面来看：第一，再融资利率。欧洲中央银行的再融资利率是银行进行流动性管理的关键短期利率。再融资利率与美国联邦基金利率的差异是较好的判断欧元兑美元汇率的指标。第二，3 个月的欧元存款利率。在欧元区之外 3 个月的欧元存款利率是判别利率差异的有价值的基准，有助于对汇率进行评估。欧元存款利率相对于美元越高，欧元兑美元越有可能升值。

（三）10 年期政府债券收益率差异

影响欧元兑美元汇率的另一个重要因素是 10 年期政府债券收益率的差异。德国政府 10 年期债券通常作为欧元区的基准债券。由于德国 10 年期债券的收益率低于美国同期国债的收益率，收益差异的缩小（德国国债收益上升或者美国国债收益下降）一般认为有利于欧元兑美元汇率走高；而如果收益率差异扩大，则对欧元汇率走势会产生不利的影响。两个地区收益率差异数据通常比其绝对数值更重要。当然，利率差异通常与两个地区的经济增长前景相关，这也是影响欧元兑美元汇率的一个基本因素。

（四）重要经济数据的影响

由于德国是欧元区中最大的经济体，因此最重要的经济数据当然是德国的数据，整个欧元区的经济数据同样不可忽视。关键的经济数据通常是 GDP、通胀率、工业生产和失业方面的指标。

（五）交叉汇率效应

欧元兑美元汇率有时还要受非美元汇率的影响，如欧元兑日元。如果日本发布正面影响的新闻，由于欧元兑日元汇率下跌，欧元所出现的弱势自然也会导致欧元/美元汇率的下跌。

（六）3个月欧元期货合约的效应

期货合约反映了市场对3个月欧元区外的欧元存款利率的预期。3个月欧洲美元期货合约与欧元存款期货合约利率的差异是决定欧元兑美元预期的一个基本因素。

（七）其他因素

欧元兑美元汇率与美元兑瑞士法郎汇率之间存在较强的负相关，反映了欧元与瑞士法郎之间的关系。这是因为瑞士经济主要依赖于欧元区经济。在多数情况下，欧元兑美元汇率的上升会伴随欧元兑瑞士法郎的下跌；相反也是这样。有时候这种关系并不成立，当经济数据或者影响因素只对其中一种货币有影响时尤其如此。

（八）政治因素

还有一个不可忽视的因素是，欧元兑美元汇率容易受到政治不稳定的影响，如法国、德国或者意大利联合政府出现不稳定的趋势，受到的影响就更大。俄罗斯政治或者金融不稳定也会影响欧元兑美元汇率。

五、欧债危机是如何形成的？

欧债危机，全称“欧洲主权债务危机”，是指自2009年以来在欧洲部分国家爆发的主权债务危机。欧债危机是美国次贷危机的延续和深化，其本质原因是政府的债务负担超过了自身的承受范围，而引起的违约风险。

2009年10月20日，希腊政府宣布当年财政赤字占国内生产总值的比例将超过12%，远高于欧盟设定的3%上限。随后，全球三大评级公司相继下调希腊主权信用评级，欧洲主权债务危机率先在希腊爆发。2010年上半年，欧洲央行、国际货币基金组织（IMF）等一直致力于为希腊债务危机寻求解决办法，但分歧不断。欧元区成员国担心，无条件救助希腊可能助长欧元区内部“挥霍无度”并引发本国纳税人不满。同时，由于欧元区内部协调机制运作不畅，致使救助希腊的计划迟迟不能出台，导致危机持续恶化。葡萄牙、西班牙、爱尔兰、意大利等国接连爆出财政问题，德国与法国等欧元区主要国家也受拖累。

欧债危机的爆发既有内部原因，也有外部原因。

（一）欧债危机爆发的内部原因

1. 产业结构不平衡。实体经济空心化，经济发展脆弱。以旅游业和航运业为支柱产业的希腊经济难以抵御危机的冲击。在欧盟国家中，希腊经济发展水平相对较低，资源配置不合理。一方面，为了大力发展支柱产业并拉动经济快速发展，希腊对旅游业及其相关的房地产业加大了投资力度，其投资规模超过了自身能力，导致负债提高。2010 年服务业在其 GDP 中占比达到 52.57%，其中旅游业约占 20%，而工业占其 GDP 的比重仅有 14.62%，农业占其 GDP 的比重更少为 3.27%。加上 2004 年举办奥运会增加的 91 亿美元赤字，截至 2010 年希腊政府的债务总量达到 3 286 亿欧元，占 GDP 的 142.8%。另一方面，受金融危机影响，从 2008 年底开始希腊航运业进入周期低谷，景气度不断下滑，航运业的衰退对造船业形成了巨大冲击。由此看出，希腊的支柱产业属于典型依靠外需拉动的产业，这些产业过度依赖外部需求，在金融危机的冲击面前显得异常脆弱。

以出口加工制造业和房地产业拉动经济的意大利在危机面前也显得力不从心。意大利经济结构的最大特点是以出口加工为主的中小企业（创造国内生产总值的 70%）。2010 年意大利成为世界第七大出口大国（出口总额 4 131 亿欧元，占世界出口额比重 3.25%），主要依靠出口拉动的经济体极易受到外界环境的影响。金融危机的爆发对意大利的出口制造业和旅游业冲击非常大，2009 年其出口总量大幅下滑，之后有所回升，但是回升的状况主要依赖于各国的经济复苏进程。随着世界经济日益全球化和竞争加剧，意大利原有的竞争优势逐渐消失，近 10 年意大利的经济增长缓慢，低于欧盟的平均水平。

依靠房地产和建筑业投资拉动的西班牙和爱尔兰经济本身也存在致命缺陷。建筑业、汽车制造业与旅游服务业是西班牙的三大支柱产业。由于长期享受欧元区单一货币体系中的低利率，使得房地产业和建筑业成为西班牙近年经济增长的主要动力。1999 年到 2007 年，西班牙房地产价格翻了一番，房地产业的发展推动了西班牙失业率的下降。2007 年西班牙失业率从两位数下降到了 8.3%，然而在全球金融危机席卷下，房地产泡沫的破灭导致西班牙失业率又重新回到了 20% 以上。另外，西班牙的高失业率也存在体制性因素，就业政策不鼓励招收新人。海外游客的减少对西班牙的另一支柱性产业——旅游业造成了巨大的打击。爱尔兰一直被誉为欧元区的“明星”，因为其经济增速一直显著高于欧元区平均水平，人均 GDP 也比意大利、希腊、西班牙高出两成多，更是葡萄牙一倍左右。但在 2010 年底同样出现了流动性危机，究其原因主要是爱尔兰的经济主要靠房地产投资拉动。2005 年爱尔兰房地产业就已经开始浮现泡沫，且在市场推波助澜下愈吹愈大。2008 年爱尔兰房价已经超过所有经济合作与发展组织国（Organization for Economic Co - operation and Development，OECD）房价。在次贷危机的冲击下，爱尔兰房地产价格出现急速下跌，同时银行资产出现大规模的缩水，过度发达的金融业在房地产泡沫破裂后受到了巨大打击，爱尔兰高速运转的经济受到重创，从此陷入低迷。

工业基础薄弱，而主要依靠服务业推动经济发展的葡萄牙经济基础比较脆弱。葡萄牙在过去十几年中最为显著的一个特点是服务行业持续增长，这与其他几个欧元区国家极其相似，2010 年葡萄牙的农林牧渔业只创造了 2.38% 的增加值，工业创造了 23.5% 的增加值，而服务业创造的增加值达到了 74.12% 。近几年葡萄牙开始进行经济结构的转型（从传统的制造业向高新技术行业转型），汽车及其零部件、电子、能源和制药等高新技术行业得到了一定的发展。政府在扶持高科技企业上面投入了大量资金，而这些资金通常都是通过低息贷款来实现。美国金融危机的爆发，导致融资成本随之飙升，从而使葡萄牙企业受到冲击，影响整个国民经济。

总体看来，欧洲五国属于欧元区中相对落后的国家，他们的经济更多依赖于劳动密集型制造业出口和旅游业。随着全球贸易一体化的深入，新兴市场的劳动力成本优势吸引全球制造业逐步向新兴市场转移，南欧国家的劳动力优势不复存在，而这些国家又不能及时调整产业结构，使得经济在危机冲击下显得异常脆弱。

2. 人口结构不平衡，逐步进入老龄化。人口老龄化是社会人口结构中老年人口占总人口的比例不断上升的一种发展趋势。随着工业化和城市化步伐的加快，各种生活成本越来越高，生育率不断下降，老年人口在总人口中的占比不断上升。从 20 世纪末开始，欧洲大多数国家人口结构开始步入快速老龄化，主要体现在三个方面：长期低出生率和生育率、平均预期寿命延长、生育潮人口大规模步入老龄化。

3. 刚性的社会福利制度。对于欧盟内部来讲，既有神圣日耳曼罗马帝国（西欧地区）与拜占庭帝国（东欧地区）之间的问题（同属希腊罗马基督教文化，但政治制度不同导致经济发展道路不同），也存在南欧和北欧之间的问题。对于欧元区来讲，主要的矛盾体现在南北欧问题上。天主教在与百姓共同生活的 1 000 多年来，变得稍具灵活性。而新教是一个忠于圣经的严格教派，所以信仰新教的北欧人比南欧人更严谨有序，再加上地理和气候因素，把这两种文化的人群捆绑在同一个货币体系下，必然会带来以下南北欧格局：北欧制造，南欧消费；北欧储蓄，南欧借贷；北欧出口，南欧进口；北欧经常账户盈余，南欧赤字；北欧人追求财富，南欧人追求享受。

南欧消费格局得以维持必须有较高保障和福利为支撑。近几年来欧盟各国的社会福利占 GDP 的比重有趋同的趋势，许多南欧国家此占比由小于 20% 逐渐上升到 20% 以上，其中希腊和爱尔兰较为突出。2010 年希腊社会福利支出占 GDP 的比重为

20.6%，而社会福利在政府总支出中的占比更是高达41.6%。这在经济发展良好的时候并不会出现问题，但在外在冲击下，本国经济增长停滞时，就出现了问题。2008~2010年，爱尔兰和希腊GDP都出现了负增长，而西班牙近两年也出现了负增长，这些国家的社会福利支出并没有因此减少，导致其财政赤字猛增。2010年希腊财政赤字占GDP比重达到了10.4%，而爱尔兰这一比重更是高达32.4%。

（二）欧债危机爆发的外部原因

1. 金融危机中政府杠杆化使债务负担加重。金融危机使得各国政府纷纷推出刺激经济增长的宽松政策，高福利、低盈余的希腊无法通过公共财政盈余来支撑过度的举债消费。全球金融危机推动私人企业去杠杆化、政府增加杠杆。希腊政府的财政原本处于一种弱平衡的境地，由于国际宏观经济的冲击，恶化了其国家集群产业的盈利能力，公共财政现金流呈现出趋于枯竭的恶性循环，债务负担成为不能承受之重。

2. 评级机构下调主权评级。2011年7月末，标普已经将希腊主权评级从2009年底的A-下调到了CC级（垃圾级），意大利的评级展望也在2011年5月底被调整为负面，继而在9月和10月初标普和穆迪又一次下调了意大利的主权债务评级。葡萄牙和西班牙也遭遇了主权评级被频繁下调的风险。主权评级被下调使上述四国借入资金的利息变得相当高，也可成为危机向深度发展的直接性原因。

延伸阅读

欧洲央行如何应对欧债危机

欧洲债务危机爆发以来，国内外媒体经常提到“三驾马车”。欧洲“三驾马车”（The Troika）是应对欧债危机三方委员会（The Tripartite Committee）的代名词，成员包括欧盟委员会（European Commission）、欧洲中央银行（European Central Bank，ECB）和国际货币基金组织（International Monetary Fund，IMF），其职能是监控欧债危机，对解决危机提出政策建议，同时负责筹集解决危机所需的资金。

出于道德风险考虑，1992年签署的《马斯特里赫特条约》规定，欧盟不能强制动用其他成员国资源去救援某一成员国，欧洲央行不能直接出钱对成员国提供全面金融救助，欧盟成员国也没有义务协助一个债务危机国。不过随着欧债危机的不断深入，欧盟逐渐放弃了原先的主张，协同国际货币基金组织（IMF）和欧洲央行组成“三驾马车”，对危机国家采取多层次、多期限结构的援助机制。

到目前为止，欧洲央行已经动用了证券市场计划（SMP）、长期再融资操作（LTRO）、欧洲金融稳定基金（EFSF）、欧洲金融稳定机制（EFSM）以及欧洲稳定机制（ESM）来拯救深陷危机的欧元区国家。

1. 证券市场计划（SMP）。根据欧洲央行的定义，SMP是通过对公共及私人债券市场进行干预，确保出现经济失衡的国家拥有足够的流动性。其目的是恢复货币政策传导机制，从而能够实施以稳定价格为导向的货币政策。欧债危机爆发以后，欧洲央行在2010年5月启动了SMP，以购买政府债券。截至2012年7月6日，欧洲央行通过SMP购买了2 113亿欧元主要债务国的政府债券。从实施效果来看，SMP操作所产生的影响往往在计划实施的一个星期内被央行取消。这是由于欧洲央行为实现价格稳定的货币政策目标，往往在SMP实施后通过冲销手段来重新吸收之前释放出的流动性，消除这些干预措施的影响，从而不对其货币供应产生影响。ECB每周都会发行固定期限存款工具来对冲SMP所提供的流动性。

2. 长期再融资操作（LTRO）。长期再融资操作是欧洲央行的传统金融工具，旨在增加银行间流动性，维持欧洲银行业金融稳定性。根据1992年通过的《马斯特里赫特条约》，欧洲央行不能直接购买各国的国债。因此，欧洲央行以欧洲银行为中介，间接购买国债，迂回地救市。欧债危机爆发以来，欧洲央行实施了2轮3年期的LTRO（其余的LTRO期限较短）。第一轮LTRO于2011年12月21日拍卖，总量涉及523家欧洲银行4 890亿欧元贷款（其中仅2 100亿欧元是净流入投标银行的），贷款利率为1%。第二轮LTRO于2012年2月29日拍卖，800家银行竞拍，涉及5 295亿欧元。两轮LTRO使得欧洲央行向系统注入了1万亿欧元的3年期资金。LTRO在实施初期对降低西班牙等国的国债收益率有一定效果，帮助欧元区国家度过偿债高峰期，但整体上仍未完全达到欧洲央行的预期效果。

3. 欧洲金融稳定基金（EFSF）。欧洲金融稳定基金是2010年5月由欧元区17个成员共同决定，并在欧盟经济财政部长理事会的框架下创立的，旨在为希腊和其他欧元区国家借款提供资金支持。其主要任务是通过向欧元区国家提供融资以保持金融市场稳定，措施包括向出现危机的欧元区国家提供贷款，干预债券市场，以及向欧元区国家金融机构提供贷款等。截至2012年6月5日，由于EFSF实际援助爱尔兰、葡萄牙及希腊已经耗费可贷资金达2 233亿欧元（包括已拨付部分和已承诺但未拨付部分），目前EFSF剩余可贷资金约2 000多亿欧元。

4. 欧洲金融稳定机制（EFSM）。EFSM是2011年1月由欧盟与IMF联合成立的紧急救助基金，是以欧盟预算作为担保，通过欧盟委员会在金融市场筹资，并通过救助欧盟中出现经济困难的成员国来稳定金融市场。EFSM的贷款规模总共为600亿欧元。EFSM采用对欧元区国家发行债券或提供限额贷款的方式来筹款。和EFSF一样，EFSM发行的债券以5年期至10年期的基准债券为主。

5. 欧洲稳定机制（ESM）。为了将金融稳定机制长效化，2010年末欧洲理事会修改了《欧洲联盟运行条约》第136条，为设立永久性的危机应对机制提供了法律支持。欧洲稳定机制实质上是将EFSF长期化，在欧元区内形成具有IMF职能的长效机制，进而保障欧元区各国金融的稳定性。ESM 最大放贷上限只有5 000亿欧元，然而“欧洲”资产负债表上的总负债总计达到了3.4万亿欧元，仅靠5 000亿欧元的救助资金明显不够。2012年3月欧元集团将欧洲救助基金规模扩大至8 000亿欧元，这其中，除了ESM新进的5 000亿欧元外，其他3 000亿欧元主要来自于EFSM和EFSF。

六、《广场协议》是如何影响日元汇率和日本经济的？

1985年9月22日，美国、日本、联邦德国、英国和法国（即“G5集团”）财长以及中央银行行长，在美国纽约广场饭店举行会议，达成一揽子协议，史称《广场协议》（Plaza Accord），其内容包括抑制通货膨胀，扩大内需，减少贸易干预，协作干预外汇市场，使美元对主要货币有序下调。《广场协议》自开始实施，日元汇率一路上扬。1986年5月，美元对日元汇率突破160日元大关，到1987年达120日元，美元约贬值50%。为了防止美元过多过快地贬值，1987年2月22日，在法国巴黎的罗浮宫召开了七国财长会议，决定保持美元汇率在当时水平上基本稳定，史称《罗浮宫协议》（Louvre Accord）。但是，日元升值却一直持续到1988年末，进入1989年才开始有所回落。

1985年《广场协议》签订后的10年间，日元币值平均每年上升5%以上，无异于给国际资本投资日本的股市和房市一个稳赚不赔的保险。《广场协议》后近5年的时间里，股价每年以30%、地价每年以15%的幅度增长，而同期日本名义GDP（Gross Domestic Product，国内生产总值）的年增幅只有5%左右。虽然当时日本人均GNP（Gross National Product，国民生产总值）超过美国，但国内高昂的房价使得拥有自己的住房变成普通日本国民遥不可及的事情。1989年，日本政府开始施行紧缩的货币政策，虽然戳破了泡沫经济，但股价和地价短期内下跌50%左右，银行形成大量坏账，日本经济进入十几年的衰退期。

延伸阅读

《广场协议》

1978年，第二次石油危机爆发，美国能源价格大幅上升，美国消费者物价指数随之攀升，出现了比较严重的通货膨胀，通货膨胀率超过两位数。为治理严重的通货膨胀，美联储连续三次提高联邦基金利率（达到两位数），实施紧缩的货币政策。这一政策的结果使美国市场名义利率快速上升到20%左右的水平，短期实际利率（市场名义利率减通货膨胀率）从 1954～1978 年平均接近零的水平上升到 1980～1984 年 3%～5%。高利率吸引了大量的海外资金流入美国，导致美元大幅升值。从 1979 年底到 1984 年底这段时间内，美元汇率上涨了近 60%，美元对主要工业国家的汇率甚至超过了布雷顿森林体系崩溃前的水平。美元大幅度升值导致美国的贸易逆差快速扩大。1984 年，美国的经常项目赤字达到创历史纪录的 1 000 亿美元。正是在这样的历史背景下，西方主要工业国家决心共同对外汇市场进行干预。

1985 年 9 月，美国、日本、前联邦德国、法国和英国五个发达工业国家的财长和中央银行行长在纽约广场饭店（Plaza Hotel）举行会议，达成五国政府通过联合干预外汇市场，使美元对世界主要国家货币贬值的协议，这就是著名的《广场协议》。

《广场协议》签订后，五国联合干预外汇市场，各国开始抛售美元，继而形成市场投资者的抛售狂潮，导致美元持续大幅贬值。在 1985 年 9 月协议签署前，美元兑日元在 1 美元兑 250 日元上下波动，协议签订后的短短两年多时间内，美元兑日元汇率在 1987 年最低下降到 1 美元兑 120 日元的水平，在不到 3 年的时间里，美元兑日元贬值达 50%。也就是说，日元兑美元升值 1 倍。

《广场协议》对日本经济的损害是非常深远的。由于日本在 1985 年到 1987 年对外汇市场的人为干预需要回笼大量的基础货币（卖出美元，回笼日元）和流动性，并且日本基础货币发行的增长幅度从 1980 年起就一直处于低位，因此，日本央行为了避免货币供应的不足一直在调低再贷款的利率（日本基础货币发行的主渠道是央行再贷款）。

低利率政策使得日本基础货币的发行大幅增加。从 1986 年起，日本的基础货币发行增长率从之前的年平均增长不足 5% 迅速提高至年平均增长超过 10% 的水平，大量的货币发行（央行再贷款）流入效率不高的政府部门，摊薄了整个经济的投资收益率。与此同时，由于日元升值，也大幅降低了出口部门的利润水平，由于当时日本经济是一种典型的外向型经济，出口企业的产值占比很大，因此，私人经济的部门资产平均收益率大幅降低，大量国内生产外移，产业“空壳化”现象开始逐步显现。流动性不断提高和资产收益率不断降低对于日本资产市场的破坏是灾难性的，日本资产市场逐渐开始呈现价格泡沫化的迹象。此后，由于通货膨胀的持续走高，日本央行从 1989 年开始逐渐上调再贷款利率，使得日本央行的基础货币发行从 1990 年起大幅萎缩（1990 年基础货币发行增幅由上年的 12.63% 剧烈下降到 6.65% 的水平，而到 1991 年日本基础货币发行的增幅更是下降到 -2.81%）。由于流动性的大量减少，日本资产市场的价格泡沫最终于 1991 年破裂，从而使日本走上了长达 10 年的通货紧缩和经济萧条时期。

七、日本央行是如何干预日元汇率的？

1973 年以后，国际外汇市场中实行的浮动汇率制并不彻底，并不是完全由市场来决定汇率的价格。各国为了保护出口，会在本国货币持续坚挺时直接干预外汇市场。日本央行也采取了很多措施干预日元汇率。

中央银行干预外汇市场，可分成不改变货币政策和改变现有货币政策两种。

不改变货币政策的干预是指中央银行认为外汇价格的剧烈波动或偏离长期均衡是一种短期现象，希望在不改变现有货币供应量的条件下，改变现有的外汇价格。换言之，就是中央银行试图不改变国内的利率而改变本国货币的汇率。日本央行的干预大多采用这种办法。

在这种情况下，央行可以采取双管齐下的手段：央行在国际外汇市场上买入或卖出外汇，同时在国内的债券市场卖出或买入债券，使汇率变化而利率不变化。例如，2001 年下半年日本政府采取支持美元的政策，使日元汇率下跌。其在外汇市场上买美元卖日元。由于大量买入美元，美元成为日本央行的储备货币；而在央行以外，造成日元的流通增加，使日元供应量加大，而日本为了保持货币供应量，就要适当下调利率。同时，为了抵消外汇买卖对国内利率的影响，日本央行在国内市场上抛售债券，使日元储备增加，市场上流通的日元减少，抵消对利率的影响。

此外，政治因素也是日本央行需要考虑的。在浮动汇率下，如果一个国家的货币长期低于均衡价格，在一定的时期内肯定会刺激出口，导致贸易顺差，最终导致本国物价上涨，工资上涨，久而久之，就会导致通货膨胀。在经济理论中，如果出现通货膨胀，这个国家的经济增长可能会被抵消，形成虽然经济很繁荣、货币却贬值、工资虽然上涨可是相对购买力缩小和生活水平没有上涨的现象。这往往会被认为是当局对宏观经济管理不当，该国政府往往被指责，甚至在大选中失利。

八、英镑的霸主地位缘何衰落?

“货币天然不是金银，但金银天然就是货币。”英国“光荣革命”后，私营属性的“英格兰银行”成立，成为英国此后百年战争筹款的最大保障。1694 年英格兰银行开始发行纸币，英镑由此诞生。然而此时英镑还不能被称之为真正意义上的货币，不能取代黄金的作用。“金本位”制度的出现，使得英镑真正走向世界。1816 年，英国通过了《金本位制度法案》，以法律的形式承认了黄金作为货币的本位来发行纸币。1821 年，英国正式启用金本位制，英镑成为英国的标准货币单位，每 1 英镑含 7.32238 克纯金。

所谓金本位制，就是以黄金作为本位币的货币制度。在该制度下，各国政府以法律形式规定货币的含金量。这一制度的典型特点就是自由铸造、自由兑换及黄金自由输出和输入。各国之间不同的金铸币按各自含金量形成固定比较，建立比较稳定的国际货币联系，并允许黄金在国际自由流动。

金本位的确立，加上英国当时的经济实力、通过战争和殖民扩张确立的海上霸权和自由贸易政策，奠定了英镑的霸主地位，世界货币进入了英镑时代。20 世纪初，英镑一直是资本主义世界最重要的国际支付手段和储备货币。第一次世界大战后，各国纷纷停止了金币铸造和纸币与黄金之间的兑换，也禁止黄金输出和输入，这就从根本上破坏了金本位制赖以存在的基础，而战争也使得“日不落帝国”经济出现严重衰退，英镑的国际储备货币地位趋于衰落，并最终逐渐被美元所取代。

称霸世界一百年的英国人不愿意看到金本位制度的崩溃。第一次世界大战结束后，英国在 1925 年再次恢复金本位制度，并将英镑与其他国家汇率定于与战前相同的水平。将汇率恢复到战前水平，在一定程度上高估了英镑的币值，导致英国的工业产业竞争力下降，对美国和法国的进口大量增加，英国逆差不断累积，黄金储备加速外流。

1927 年 7 月，英国、法国以及美国的中央银行行长在纽约长岛达成了一项合作协议，试图稳定当时的国际货币体系。该协议的主要内容包括：美国主动调低利率，引导资金回流英国，维持英镑汇率稳定；增加美国产品出口，用低利率促进纽约金融中心地位的提高。

强撑衰落的英镑，让英国国力渐微，也导致英国难以再承担稳定金本位制度的职责。在债权人黄金兑换和抛售压力之下，英国黄金储备耗损严重，英镑节节贬值。1931 年，英国宣布停止英镑兑换黄金，金本位制度最终宣告结束，与之一同落幕的是大英帝国在全球的霸权地位。

促使英镑衰落的另一个重要因素是美国国民生产总值和经济规模不断增长。1894 年，美国工业产值跃居世界首位，相当于英国的两倍。第一次世界大战开始前的 1913 年，美国的 GDP 总量占全球比重约为 32%，工业制造占全球约为 40%。

第二次世界大战后，美国经济实力急剧增长，成为世界最大的债权国。美国的黄金储备从 1938 年的 145.1 亿美元增加到 1945 年的 200.8 亿美元，约占世界黄金储备的 59%。

然而直到 1943 年，英镑仍是世界主要储备货币之一，国际贸易 40% 左右用英镑结算。如何建立起有利于美国的新国际货币体系和世界经济格局，最终以美元取代英镑成为新的世界货币，成为当时美国总统罗斯福深思熟虑并要及时解决的问题。也就是在这样的背景下，美国精心设计的“布雷顿森林协定”出台。布雷顿森林协定的确立，标志着世界货币开始进入美元世纪。

九、中国经济高速发展给澳元带来何种影响？

澳元，是澳大利亚元（Australian Dollar，标准符号：AUD）的简称，是澳大利亚联邦的法定货币，由澳大利亚储备银行负责发行。

澳元又称为“商品货币”，世界商品价格特别是黄金价格对澳元汇率有着较为重要的影响。澳大利亚是一个以出口为主的国家，盛产黄金、铜、铝、羊毛等工业品和棉纺品，这些商品占澳大利亚总出口额的近2/3。因此，澳元走势的高低通常受这些商品价格趋势的较强影响。

中国对澳大利亚出口的主要产品为机械器具、电机、电气、音像设备、服装、针织物品、家具等，向澳大利亚进口的主要产品为矿产品、人造刚玉、氧化铝、氢氧化铝、羊毛、棉花等纺织原料。中国高速发展，使中国需要大量从澳大利亚进口原材料，有力地刺激了澳元的走强。

十、新兴经济体货币有哪些？

新兴经济体，是指某一国家或地区经济蓬勃发展，成为新兴的经济实体。目前并没有一个准确的定义。目前，世界范围内，比较公认的新兴经济体为中国、巴西、南非、印度和俄罗斯，也称“金砖五国”。

卢布（Russian Ruble，标准符号：RUB）是俄罗斯的本位货币单位。卢布最早为沙皇俄国的货币单位，1800年开始确立与黄金的比价；1897年卢布纸币的含金量为0.774234克；1922～1924年，苏联进行货币改革；1961年1月，再次实行货币改革，卢布的含金量定为0.987412克，对美元的汇价确定为1美元兑0.9卢布。此后30多年来这一汇率没有大的变化。1989年10月28日，苏联宣布实行双重汇率，1990年11月1日卢布官方汇率第一次大幅度贬值，由1美元兑0.6卢布贬到1美元兑1.80卢布。1991年12月25日苏联解体，卢布成为俄罗斯的本位货币单位。苏联的其他加盟共和国在独立后，有的发行了本国货币，有的仍采用卢布。1993年7月，俄罗斯政府宣布，1961～1992年发行的卢布纸币停止流通，同时发行新版卢布。1994年11月25日，卢布的官方汇率为1美元兑3 235卢布。在苏联时，卢布的币值曾高达2美元，但苏联解体后，通货膨胀非常迅速，卢布的币值急剧下降，最低时达1 400卢布兑换1美元。1994年俄罗斯开始发行新卢布，普京当选总统后，执行控制通货膨胀的政策。2006年7月1日，卢布成为可自由兑换货币。

印度卢比（Indian Rupee，标准符号：INR）是印度的法定货币。“卢比”一词意为“银币”。在19世纪，当时全球最强的经济体系以黄金作为标准，随着美国及欧洲殖民者发现大量银，银与金的相对价值也随之下跌，印度难以通过其标准货币从外界采购，印度卢比逐渐衰落。

历史上巴西的货币名称及面额变化较多，特别是近年来外债负担沉重及恶性通货膨胀，其货币变动更为频繁，是拉美国家货币贬值最大的国家之一。自巴西独立至今所采用的货币体系有：1833～1942年，1米雷斯等于1 000雷斯；1942～1967年，1克鲁塞罗等于100分；1967～1985年，1新克鲁塞罗等于1 000旧克鲁塞罗；1986～1989年，1克鲁扎多等于1 000新克鲁塞罗；1989～1990年，1新克鲁扎多等于1 000克鲁扎多；1990年3月16日，巴西再次发行克鲁塞罗，替代新克鲁扎多，兑换率为1∶1，本辅币进位制为1克鲁塞罗等于100分（Centavos）。至1991年12月31日，克鲁塞罗汇率买卖价分别为1 068.70及1 068.80兑1美元。1993年巴西发行新货币克鲁塞罗雷亚尔，1克鲁塞罗雷亚尔等于1 000克鲁塞罗。但克鲁塞罗雷亚尔只流通了1年半的时间，巴西在1994年7月1日采用新货币——雷亚尔（Brazilian Real，标准符号：BRL），1雷亚尔等于2 750克鲁塞罗雷亚尔。当时的汇率为1雷亚尔=1美元，最高曾经到过0.83雷亚尔=1美元，但随后贬值到3.5雷亚尔=1美元，之后又有所回升。

南非兰特（South African Rand，标准符号：ZAR）由南非储备银行（中央银行）发行。南非原为英国的自治领地，使用南非镑。1946年12月18日，初次规定南非镑含金量为3.58134克，与英镑等值。1949年9月18日，南非镑随英镑贬值30.5%，含金量减为2.48828克，官方汇率由1南非镑兑4.03美元贬为1南非镑兑2.80美元。1961年2月14日，南非进行货币改革，发行新货币——南非兰特，以2∶1的比率取代南非镑，新货币含金量为1.24414克，官方汇率为1兰特兑1.4美元，1兰特兑0.5英镑。1967年11月18日，英镑贬值14.3%，兰特不变，汇率改为1英镑兑1.71428兰特。1971年8月23日，兰特与英镑脱钩，转而盯住美元，兰特贬值，但保持1兰特兑1.4美元的汇率。同年12月21日，受美元贬值影响，兰特含金量降低12.28%，贬值后的南非兰特官方汇率为1兰特兑1.33美元。同时，兰特不再盯住美元，重新与英镑挂钩，1英镑兑1.954285兰特。1972年10月24日，兰特贬值，并重又盯住美元，含金量下降4.2%，新的官方汇率为1兰特兑1.22732美元。1973年2月，美元贬值，南非宣布兰特含金量不变，官方汇率改为1兰特兑1.4193美元。1973年6月5日，兰特含金量上升4.98%，1兰特兑1.49美元。1975年6月27日，南非当局实行固定汇率制，兰特贬值6.04%，1兰特兑1.4美元。9月22日，兰特再次贬值7.85%，1兰特兑1.15美元。1979年1月24日，南非实行双重汇率制，固定的官方汇率为1兰特兑1.15美元，以此为基础的浮动商业汇率适用于对外贸易，官方资本转移和经常项目支付。1983年2月7日，南非当局废止双重汇率制，兰特再次贬值。1985年9月2

日，南非重新建立双重汇率体系。

十一、其他成熟经济体的货币有哪些？

加拿大元（Canadian Dollar，货币代码：CAD），又称“加元”或“加币”，是加拿大的法定货币，自1858年起使用。与澳元一样，加拿大元也属于商品货币。加拿大是西方七国里最依赖出口的国家。同时，加元是非常典型的美元集团货币，加拿大80%的出口去向美国，其与美国的经济依存度极高，表现在汇率上就是加元对主要货币和美元对主要货币的走势基本一致。

瑞士法郎（Swiss franc，货币代码：CHF）是瑞士的法定货币，由瑞士的中央银行发行，也是列支敦士登（Liechtenstein）的法定货币。瑞士是传统的中立国，瑞士法郎也是传统的避险工具。政治或军事动荡时期，能吸引避险资金流入，能很快推升其汇率。瑞士法郎是一种硬通货，黄金价格的上涨也能带动瑞士法郎一定程度的上涨。瑞士的大部分邻国使用欧元。瑞士境内大量商铺、机构通行欧元，因此瑞士法郎基本跟随欧元的走势。

港元（俗称“港币”，货币代码：HKD）是中华人民共和国香港特别行政区的法定流通货币。香港的自治权包括自行发行货币的权力。港元的纸币绝大部分是在香港金融管理局监管下由三家发钞银行发行的，三家发钞行包括香港上海汇丰银行、渣打银行和中国银行（香港），另有少部分由香港金融管理局自行发行，硬币则由金融管理局负责发行。自1983年起，香港建立了港元发行与美元挂钩的联系汇率制度，发钞行在发行任何数量的港币时，必须按7.80港元兑1美元的兑换汇率向金融管理局交出美元，记入外汇基金账目，领取了负债证明书后才可印钞。这样，外汇基金所持的美元就为港元纸币的稳定提供支持。虽然港元只在香港有法定地位，在中国内地和澳门很多地方也接受港元。

十二、全球经济一体化对外汇市场造成什么影响？

在全球经济一体化、各国普遍实行浮动汇率制的今天，外汇已成为各国从事国际经济活动及其他事务不可缺少的媒介和工具，汇率因素已经成为全球经济最重要的影响因素之一。汇率波动对一国的国际收支、进出口贸易、资本流动、外汇储备、物价、投资、国内生产、利率、国民收入、劳动力的充分利用，甚至对经济发展都有重要的影响。

世界上没有任何国家与世隔绝，各国之间必有政治、经济、文化、科技、外交等方面的往来与联系，其中，经济往来最为基本，政治、文化往来均与经济有关。在国际经济关系中，包括贸易往来和非贸易往来，这些往来必然伴随着货币在国际运动。

随着全球经济一体化的不断发展，全球外汇市场也发生了重大变化。

（一）现代化的交易技术使全球外汇市场成为24小时连续运作的市场

每天凌晨，从惠灵顿、悉尼开始，直到美国西海岸市场闭市，澳洲、亚洲、北美各大市场均首尾衔接，在营业日的任何时刻，都可以到外汇市场进行交易。在无形市场中，交易时间并不受传统的开市、闭市时间限制，外汇交易商往往在一个市场闭市后，将交易指令转入下一个市场执行。

（二）银行机构国际化，资金流动自由化

20世纪80年代后期，以经济合作与发展组织（OECD）为主的国家撤除了绝大多数对资本流动和外汇管制的限制。在各国独自开放资本市场的同时，OECD制订了《OECD对资本流动和经常项目业务的自由化条例》，并与1989年5月做出修订。条例明确规定成员国对自由化担负的义务，大大推动了全球金融和外汇业务的一体化。

（三）在同一时间内，各外汇市场的汇率报价趋向一致，地点套汇的机会不复存在

地点套汇是利用两地或多个市场中报价不一致的机会，低买高卖，从中赚取利润。但是，由于通讯技术迅速发展，各市场报价一旦不一致，交易商甚至电脑自动交易程序会立即发现，随着大量资金的迅速转移，套汇机会转瞬即逝。

（四）在外汇市场的干预方面，各国中央银行往往协调管理，联合干预

随着经济一体化和全球金融一体化的发展，一国风险已经不仅仅存在于一国之内，各国政府为了共同的利益而经常协调管理外汇市场。如2012年日本地震之后，G7联合干预外汇市场，防止日元大幅升值。

十三、全球主要即期外汇交易市场有哪些？

世界外汇市场是由各国际金融中心的外汇市场构成的，是一个庞大的体系。目前世界上约有外汇市场30多个，其中最重要的有伦敦、纽约、巴黎、东京、瑞士、新加坡、香港等。它们各具特色并分别位于不同的国家和地区，并相互联系，形成了全球的统一外汇市场。

（一）伦敦外汇市场

伦敦外汇市场是一个典型的无形市场，没有固定的交易场所，只是通过电话、电传、电报完成外汇交易。伦敦外汇市场上，参与外汇交易的外汇银行机构约有600家，包括本国的清算银行、商人银行、其他商业银行、贴现公司和外国银行。这些外汇银行组成伦敦外汇银行公会，负责制定参加外汇市场交易的规则和收费标准。

在伦敦外汇市场上，约有250多个指定经营商。作为外汇经纪人，他们与外币存款经纪人共同组成外汇经纪人与外币存款经纪人协会。在英国实行外汇管制期间，外汇银行间的外汇交易一般都通过外汇经纪人进行。1979年10月英国取消外汇管制后，外汇银行间的外汇交易就不一定通过外汇经纪人了。

伦敦外汇市场的外汇交易分为即期交易和远期交易。汇率报价采用间接标价法，交易货币种类众多，最多时达80多种。伦敦外汇市场上外币套汇业务十分活跃，自从欧洲货币市场发展以来，伦敦外汇市场上的外汇买卖与“欧洲货币”的存放有着密切联系。欧洲投资银行积极在伦敦市场发行大量欧元债券，使伦敦外汇市场的国际性更加突出。

（二）纽约外汇市场

纽约外汇市场是重要的国际外汇市场之一，其日交易量仅次于伦敦。纽约外汇市场也是一个无形市场。外汇交易通过现代化通讯网络与电子计算机进行，其货币结算可通过纽约地区银行同业清算系统和联邦储备银行支付系统进行。

由于美国没有外汇管制，对经营外汇业务没有限制，政府也不指定专门的外汇银行，所以几乎所有的美国银行和金融机构都可以经营外汇业务。但纽约外汇市场的参加者以商业银行为主，包括50余家美国银行和200多家外国银行在纽约的分支机构、代理行及代表处。纽约外汇市场上的外汇交易分为三个层次：银行与客户间的外汇交易、本国银行间的外汇交易以及本国银行和外国银行间的外汇交易。其中，银行同业间的外汇买卖大都通过外汇经纪人办理。纽约外汇市场有8家经纪商，虽然有些专门从事某种外汇的买卖，但大部分还同时从事多种货币的交易。外汇经纪人的业务不受任何监督，对其安排的交易不承担任何经济责任，只是在每笔交易完成后向卖方收取佣金。

纽约外汇市场交易活跃，但和进出口贸易相关的外汇交易量较小。相当部分外汇交易和金融期货市场密切相关。美国企业除了进行金融期货交易而同外汇市场发生关系外，其他外汇业务较少。

纽约外汇市场是一个完全自由的外汇市场，汇率报价既采用直接标价法（指对英镑）又采用间接标价法（指对欧洲各国货币和其他国家货币），便于在世界范围内进行美元交易。交易货币主要是欧洲大陆、北美加拿大、中南美洲、远东日本等国的货币。

（三）巴黎外汇市场

巴黎外汇市场由有形市场和无形市场两部分组成。有形市场主要是指在巴黎交易所内进行的外汇交易，其交易方式和证券市场买卖一样，每天公布官方外汇牌价。但大量的外汇交易是在交易所外进行的，如交易双方通过电话直接进行买卖，或者是通过经纪人进行。

（四）东京外汇市场

东京外汇市场是一个无形市场，交易者通过现代化通讯设施联网进行交易。东京外汇市场的参加者有五类：一是外汇专业银行，即东京银行；二是外汇指定银行，指可以经营外汇业务的银行，共 340 多家，其中日本国内银行 243 家，外国银行 99 家；三是外汇经纪人 8 家；四是日本银行；五是非银行客户，主要是企业法人、进出口企业商社、人寿财产保险公司、投资信托公司、信托银行等。

东京外汇市场上，银行同业间的外汇交易可以通过外汇经纪人进行，也可以直接进行。日本国内的企业、个人进行外汇交易必须通过外汇指定银行进行。汇率有两种：一是挂牌汇率，包括了利率风险、手续费等的汇率。每个营业日上午 10 点左右，各家银行以银行间市场的实际汇率为基准各自挂牌，原则上同一营业日中不更改挂牌汇率；二是市场连动汇率，以银行间市场的实际汇率为基准标价。

（五）瑞士外汇市场

瑞士苏黎世外汇市场是一个有历史传统的外汇市场，在国际外汇交易中处于重要地位。这一方面是由于瑞士法郎是自由兑换货币；另一方面是由于第二次世界大战期间瑞士是中立国，外汇市场未受战争影响，一直坚持对外开放。其交易量原先居世界第四位，但近年来被新加坡外汇市场超过。

在苏黎世外汇市场上，外汇交易是由银行自己通过电话或电传进行的，并不依靠经纪人或中间商。瑞士法郎一直处于硬货币地位，汇率坚挺稳定，并且瑞士作为资金庇护地，对国际资金有很大的吸引力。瑞士银行能为客户资金严格保密，吸引了大量资金流入瑞士。所以苏黎世外汇市场上的外汇交易大部分是由于资金流动而产生的，只有小部分是出自对外贸易的需求。

（六）新加坡外汇市场

新加坡外汇市场是在 20 世纪 70 年代初亚洲美元市场成立后，才成为国际外汇市场。

新加坡地处欧洲、亚洲、非洲三洲交通要道，时区优越，上午可与香港、东京、悉尼等市场交易，下午可与伦敦、苏黎世、法兰克福等欧洲市场交易，中午还可同中东的巴林市场交易，晚上同纽约市场交易。根据交易需要，一天24小时都同世界各地区进行外汇买卖。新加坡外汇市场除了保持现代化通讯网络外，还直接同纽约的CHIPS系统和欧洲的SWIFT（环球银行金融电信协会）系统连接，货币结算十分方便。

新加坡外汇市场的参加者由经营外汇业务的本国银行、经批准可经营外汇业务的外国银行和外汇经纪商组成。其中，外资银行的资产、存放款业务和净收益都远远超过本国银行。新加坡外汇市场是一个无形市场，大部分交易由外汇经纪人办理，并通过他们把新加坡和世界各金融中心联系起来。交易以美元为主，约占交易总额的85%左右。大部分交易都是即期交易，掉期交易及远期交易合计占交易总额的1/3。汇率均以美元报价，非美元货币间的汇率通过套算求得。

（七）香港外汇市场

香港外汇市场是20世纪70年代以后发展起来的国际性外汇市场。自1973年香港取消外汇管制后，国际资本大量流入，经营外汇业务的金融机构不断增加，外汇市场越来越活跃，发展成为国际性的外汇市场。

香港外汇市场是一个无形市场，没有固定的交易场所，交易者通过各种现代化的通讯设施和电脑网络进行外汇交易。香港地理位置和时区条件与新加坡相似，可以十分方便地与其他国际外汇市场进行交易。

香港外汇市场的参加者主要是商业银行和财务公司。该市场的外汇经纪人有三类：当地经纪人，其业务仅限于香港本地；国际经纪人，是20世纪70年代后将其业务扩展到香港的其他外汇市场的经纪人；香港本地成长起来的国际经纪人，即业务已扩展到其他外汇市场的香港经纪人。

20世纪70年代以前，香港外汇市场的交易以港币和英镑的兑换为主。70年代后，随着该市场的国际化及港币与英镑脱钩与美元挂钩，美元成为市场上交易的主要外币。香港外汇市场上的交易可以划分为两大类：一类是港币和外币的兑换，其中以和美元兑换为主；另一类是美元兑换其他外币的交易。

十四、芝加哥商业交易所主要交易的外汇品种有哪些？

芝加哥商业交易所（Chicago Mercantile Exchange，CME）提供全球最大的受监管外汇交易市场，也称为“FX”或“Forex交易”。CME是全球第二大外汇电子交易中心。客户可利用超过20个不同国家的货币（含人民币在内）进行54种期货与31种期权交易。每日交易的名义价值流通金额超过 1 000 亿美元（表 3－3、表 3－4 为 CME 主要外汇期货产品合约规格）。

表 3－3　CME 主要外汇期货产品列表

产品	合约单位	清算	最小变动价位	合约代码	合约月份	最后交易日	交易时间（美国中部时间）
澳元兑美元	100 000 澳元	实物交割	0.0001 美元兑澳元增幅	GLOBEX6A PITAD	3 月份季度周期（3 月、6 月、9 月、12 月）的 6 个月份	紧接合约月第三个星期三前的第二个交易日（通常是星期一）（中部时间上午 9：16）	PIT 星期一至星期五上午 7：20 ~ 下午 2：00；GLOBEX 星期日下午 5：00～次日下午4：00，但星期五收盘时间为下午4：00，星期日重新开盘时间为下午 5：00
加元兑美元	100 000 加元	实物交割	0.0001 美元兑加元增幅	GLOBEX6C PITCD	3 月份季度周期（3 月、6 月、9 月、12 月）的 6 个月份	紧接合约月第三个星期三前的第二个交易日（通常是星期一）（中部时间上午 9：16）	PIT 星期一至星期五上午 7：20 ~ 下午 2：00；GLOBEX 星期日下午 5：00～次日下午4：00，但星期五收盘时间为下午4：00，星期日重新开盘时间为下午 5：00
瑞郎兑美元	125 000 瑞郎	实物交割	0.0001 美元兑瑞郎增幅	GLOBEX6S PITSF	3 月份季度周期（3 月、6 月、9 月、12 月）的 6 个月份	紧接合约月第三个星期三前的第二个交易日（通常是星期一）（中部时间上午 9：16）	PIT 星期一至星期五上午 7：20 ~ 下午 2：00；GLOBEX 星期日下午 5：00～次日下午4：00，但星期五收盘时间为下午4：00，星期日重新开盘时间为下午 5：00
欧元兑美元	125 000 欧元	实物交割	0.0001 美元兑欧元增幅	GLOBEX6E PITEC	3 月份季度周期（3 月、6 月、9 月、12 月）的 6 个月份	紧接合约月第三个星期三前的第二个交易日（通常是星期一）（中部时间上午 9：16）	PIT 星期一至星期五上午 7：20 ~ 下午 2：00；GLOBEX 星期日下午 5：00～次日下午4：00，但星期五收盘时间为下午4：00，星期日重新开盘时间为下午 5：00
英镑兑美元	62 500 英镑	实物交割	0.0001 美元兑英镑增幅	GLOBEX6B PITBP	3 月份季度周期（3 月、6 月、9 月、12 月）的 6 个月份	紧接合约月第三个星期三前的第二个交易日（通常是星期一）（中部时间上午 9：16）	PIT 星期一至星期五上午 7：20 ~ 下午 2：00；GLOBEX 星期日下午 5：00～次日下午4：00，但星期五收盘时间为下午4：00，星期日重新开盘时间为下午 5：00
日元兑美元	12 500 000 日元	实物交割	0.000001 美元兑日元增幅	GLOBEX6J PITJY	3 月份季度周期（3 月、6 月、9 月、12 月）的 6 个月份	紧接合约月第三个星期三前的第二个交易日（通常是星期一）（中部时间上午 9：16）	PIT 星期一至星期五上午 7：20 ~ 下午 2：00；GLOBEX 星期日下午 5：00～次日下午4：00，但星期五收盘时间为下午4：00，星期日重新开盘时间为下午 5：00

表 3－4　CME 主要 E－Micro 外汇期货产品列表

产品	合约单位	清算	最小变动价位	合约代码	合约月份	最后交易日	交易时间（美国中部时间）
澳元兑美元	10 000 澳元	现金结算	0.0001 美元兑澳元增幅	GLOBEXM6A	3 月份季度周期（3 月、6 月、9 月、12 月）的 2 个月份	紧接合约月第三个星期三前的第二个交易日（通常是星期一）（中部时间上午 9：16）	GLOBEX 星期日下午 5：00 ~ 次日下午 4：00，但星期五收盘时间为下午 4：00，星期日重新开盘时间为下午 5：00
加元兑美元	10 000 美元	现金结算	0.0001 加元兑美元加元增幅	GLOBEXM6C	3 月份季度周期（3 月、6 月、9 月、12 月）的 2 个月份	紧接合约月第三个星期三前的第二个交易日（通常是星期一）（中部时间上午 9：16）	GLOBEX 星期日下午 5：00 ~ 次日下午 4：00，但星期五收盘时间为下午 4：00，星期日重新开盘时间为下午 5：00
瑞郎兑美元	10 000 美元	现金结算	0.0001 瑞郎兑美元增幅	GLOBEXM6S	3 月份季度周期（3 月、6 月、9 月、12 月）的 2 个月份	紧接合约月第三个星期三前的第二个交易日（通常是星期一）（中部时间上午 9：16）	GLOBEX 星期日下午 5：00 ~ 次日下午 4：00，但星期五收盘时间为下午 4：00，星期日重新开盘时间为下午 5：00
欧元兑美元	12 500 欧元	现金结算	0.0001 美元兑欧元增幅	GLOBEXM6E	3 月份季度周期（3 月、6 月、9 月、12 月）的 2 个月份	紧接合约月第三个星期三前的第二个交易日（通常是星期一）（中部时间上午 9：16）	GLOBEX 星期日下午 5：00 ~ 次日下午 4：00，但星期五收盘时间为下午 4：00，星期日重新开盘时间为下午 5：00
英镑兑美元	6 250 英镑	现金结算	0.0001 美元兑英镑增幅	GLOBEXM6B	3 月份季度周期（3 月、6 月、9 月、12 月）的 2 个月份	紧接合约月第三个星期三前的第二个交易日（通常是星期一）（中部时间上午 9：16）	GLOBEX 星期日下午 5：00 ~ 次日下午 4：00，但星期五收盘时间为下午 4：00，星期日重新开盘时间为下午 5：00
日元兑美元	10 000 美元	现金结算	0.01 日元兑美元增幅	GLOBEXM6J	3 月份季度周期（3 月、6 月、9 月、12 月）的 2 个月份	紧接合约月第三个星期三前的第二个交易日（通常是星期一）（中部时间上午 9：16）	GLOBEX 星期日下午 5：00 ~ 次日下午 4：00，但星期五收盘时间为下午 4：00，星期日重新开盘时间为下午 5：00

十五、美国洲际交易所主要交易的外汇品种有哪些？

美国洲际交易所（Intercontinental Exchange，ICE）的历史可以回溯到1997年，当时公司创始人杰弗里·斯普雷彻（Jeffrey Sprecher）收购了Continental Power Exchange, Inc.（CPEX）。斯普雷彻目前担任洲际交易所董事长兼执行长。ICE成立于2000年5月，总部位于美国乔治亚州亚特兰大，投资者来自7家商品批发商；下半年6家天然气及电力公司收购了该公司的股权。2001年，该公司在伦敦收购了国际石油交易所；2007年与纽约期货交易所合并；2010年与气候交易所合并。

洲际交易所的电子平台，提供原油及相关提炼品、天然气、电力、碳排放量等期货合约交易。软式原物料方面，则有可可、咖啡、棉花、乙醇、柳橙汁、纸浆和糖等。此外，汇率和指数期货及选择权也都在业务范围内，ICE目前经营有美元指数期货。

十六、香港主要交易的外汇品种有哪些？

2012年9月17日，人民币期货（美元兑人民币期货）在香港交易所登录交易。根据香港交易所在官方网站上公布的人民币合约相关细则（见表3-5），人民币期货合约以美元兑人民币汇价为参考；每张合约价值10万美元，只需支付1.24%的保证金，即每张合约保证金约为8 000元人民币；合约的保证金、结算交易费用均会以人民币计价。

表3-5 香港交易所人民币期货合约细则

合约金额	100 000美元
合约月份	现月、下三个月及之后的三个季月（即3月、6月、9月及12月）。
报价	每美元兑人民币（如1美元兑人民币为6.2486元）
最低波幅	人民币0.0001元（四个小数位）
价位值	人民币10元
立约成价	由结算所登记的美元兑人民币（香港）期货合约价格
立约价值	立约成价乘以合约金额（如人民币6.2486元×100 000）
交易时间	上午9时至下午4时15分（香港时间）圣诞节前夕、新年前夕及农历新年前夕交易时段不会超越正午12时 该三天的交易时间为上午9时至正午12时（香港时间）
最后交易日交易时间	上午9时至11时（香港时间）
交易系统	本交易所的自动电子交易系统（HKATS电子交易系统）

续表

持仓限额	每名交易所参与者就其本身账户而言，直至最后交易日（包括该日）的5个香港营业日内，所有合约月份合约净额8 000张，及现货月未平仓合约不超过2 000张；就每名客户而言，直至最后交易日（包括该日）的5个香港营业日内，所有合约月份合约净额共8 000张，及现货月合约未平仓合约不超过2 000张
大额未平仓合约	于任何一个合约月份，每名交易所参与者就其本身账户而言为500张未平仓合约；及于任何一个合约月份，每名客户为500张未平仓合约
结算方式	按照货币期货合约买卖规则及结算所规则内所载的机制及条款，由卖方缴付合约指定的美元金额，而买方则缴付以最后结算价计算的人民币金额
最后结算价值	合约金额乘以最后结算价
最后结算日	合约月份的第三个星期三。如当日并不是香港营业日，最后结算日将为之后一个营业日
最后交易日	合约最后交易日为最后结算日之前两个香港营业日
最后结算价	最后交易日上午11：15由财资市场公会公布的美元兑人民币（香港）即期汇率定盘
交易费	（每张合约单边计算）期交所费用（人民币）人民币8.00元以上金额不时可予更改
征费（每张合约单边计算）	投资者赔偿征费须按《证券及期货条例》不时规定的收费率或金额缴付
佣金	商议

截至2020年5月17日，香港交易所宣布人民币期货的做市商有5加，分别是星展银行、工银国际期货有限公司、美林国际、香港上海汇丰银行及West Coast Ltd.（中金汇理旗下公司）。

人民币期货合约的推出是人民币国际化迈出的重要一步，增加了外贸企业规避汇率风险的手段，该美元兑人民币期货合约成为全球首只人民币可交割货币期货合约。香港交易所推出的人民币期货能让离岸持有者更好地管理预期汇率变化，进一步活跃人民币在国际上的使用，在促进人民币的国际化进程中起到重要的推动作用：

1. 人民币期货正式推出后，包括离岸和国内在内的人民币汇率都将在人民币期货走势中获得体现，人民币国际化进展将迈出重要一步。

2. 该产品也可让海外投资者更愿意持有人民币资产。

3. 人民币期货有利于巩固香港作为国际人民币结算中心的地位。

4. 人民币期货的上线，意味着市场将迎来对冲汇率波动的利器，对于外贸企业而言，人民币期货意义重大。人民币期货推出之后，有助于外贸企业提前锁定人民币与国际货币美元间的汇兑成本，大幅提高外贸企业的抗风险能力。

5. 人民币货币期货交易的价格发现功能，将对国内远期人民币汇率形成引导，市场力量在人民币汇率形成过程中将发挥更大影响力。

6. 离岸人民币期货推出后，将取代不可交割人民币远期合约，成为离岸人民币定价的最权威工具。由于香港是世界重要的金融市场中心，又是人民币国际化的桥头堡，香港推出人民币期货显然可以通过人民币期货市场的价格来影响内地人民币汇率的走势。也就是说，未来市场人民币汇率的走向以后可以从期货市场的价格来预示。

十七、我国外汇衍生品是如何发展的?

中国外汇衍生品最早开始于 1997 年。但当时汇率较为稳定，所以市场发展不是很活跃。我国真正汇率衍生品的发展是从 2005 年 7 月 21 日开始的。2005 年 7 月 21 日，我国开始实施以市场供求为基础、参考一篮子货币进行调节、有管理的浮动汇率制度。人民币不再单一盯准美元，而实行富有弹性的人民币汇率机制。这些使中国市场与世界市场的联系日益紧密，也使中国市场成为世界市场的一部分。随后，人民币汇率制度经过密集、频繁的酝酿和准备，适时推出了一系列的改革措施，积极发展外汇衍生品市场，放宽汇价管理，新会计准则在 2007 年 1 月 1 日起在上市公司执行，其中对外汇衍生的确认和核算都做了相关的规定，我国的汇率衍生品也取得了很大的发展。主要体现在以下几个方面：

（一）即期外汇市场的逐步完善

1. 增加外汇交易市场主体。2005 年 8 月 8 日，国家外汇管理局允许更多符合条件的非银行金融机构和非金融类企业按照实需原则进入银行间即期外汇市场。这意味着从政策上来说外汇交易中心已不再是“银行间”外汇市场，而是真正意义的即期交易外汇市场。根据中国国币协会资料，截至 2019 年 5 月，即期外汇市场市商已达 30 家。

2. 丰富交易方式，提高交易灵活性。为完善外汇市场交易方式，提高金融机构自主定价能力，我国引入国际外汇市场的基本交易制度，即在银行间即期外汇市场上引入询价交易，同时引入美元做市商制度。银行间外汇市场交易主体既可选择集中授信、集中竞价的方式交易，也可选择双边授信、双边清算的方式进行询价交易。

3. 增加了外汇交易品种。为了完善人民币汇率形成机制，推动人民币衍生品发展，在银行间市场推出了人民币远期外汇交易和人民币对外币掉期交易；在银行对客户零售市场，扩大了银行对客户的零售市场，以满足各市场主体管理人民币汇率风险需求。

2011 年 4 月 1 日，我国银行间外汇市场正式开展人民币对外汇期权交易，标志着我国人民币对外汇期权交易正式进入实质性操作阶段。截至 2019 年 12 月，中国已有 68 家机构获得期权交易资格。尽管期权在国际上已经是一个相对成熟的产品，但在国内还属于新兴业务，多数企业对期权了解有限，认知度和接受度都较低。期权属于衍生品，风险比传统产品大，国内企业在心理上尚需一个接受过程。但是从长期来看，这为人民币国际化提供了先导条件，为人民币最终成为符合中国世界地位的重要国际储备货币奠定了基础。外汇期权是继远期结售汇、人民币外汇掉期和货币掉期三类人民币外汇衍生品之后，中国外汇交易中心在进一步丰富外汇交易品种、为企业和银行提供更多汇率避险保值工具方面的又一重大举措。

（二）客户办理远期结售汇业务的主体及业务范围不断扩大

远期结售汇业务在我国始于1997年。1997年1月，国家外汇管理局发布了《中国人民银行远期结售汇业务暂行管理办法》后，1997年4月1日，中国人民银行允许中国银行首家试点办理远期结售汇业务。当时仅有美元1个币种，最长期限为4个月。随后，在2003年4月和2004年10月，远期结售汇业务分别经历了两次扩大试点，有4家国有商业银行和3家股份制商业银行获准开办此项业务。2005年8月，将银行对客户的远期结售汇业务从7家中资银行扩大至具有即期结售汇业务和衍生品交易业务资格的所有银行。根据中国外汇管理局相关数据，截至2019年12月，我国共有518家中外资银行获准即期结售汇业务经营资格。

截至目前，国内银行远期结售汇报价币种包括英镑、美元、法郎、新加坡元、日元、加元、澳元、欧元、哈萨克斯坦坚戈、韩元、卢布、港币和新西兰元13种，期限涵盖一周、二十天、一个月、两个月、三个月、四个月、五个月、六个月、七个月、八个月、九个月、十个月、十一个月、十二个月。

为了加快外汇市场发展，推动市场对外开放，2015年12月国家外汇管理局宣布进一步引入合格境外主体。符合一定条件的人民购售业务境外参加行经向中国外汇交易中心申请成为银行间外汇市场会员后，可以进入银行间外汇市场，通过中国外汇交易中心交易系统参与全部挂牌的交易品种。人民币购售业务交易品种包括即期、远期、掉期和期权，境外主体应在人民币购售业务项下依法合规参与银行间外汇市场交易。截至2020年4月30日，人民币合格境外机构投资者（RQFII）227家，批准投资额度总计7 130.92亿元。

（三）银行对客户开办掉期业务

2005年8月8日起，凡获准办理远期结售汇业务6个月以上的银行，向国家外汇管理局备案后即可参与银行间即期与远期、远期与远期相结合的不涉及利率的人民币与外币间的掉期业务。2006年4月，银行间外汇市场正式推出人民币外汇掉期业务。根据《中国货币政策执行报告》（2020年第一季度）数据，截至2020年3月末，人民币外汇掉期会员有243家，人民币外汇货币掉期会员有201家。2020年第一季度，人民币外汇掉期交易累计成交金额折合3.3万亿美元。

十八、人民币无本金交割远期（NDF）是什么？

无本金交割远期（Non - Deliverable Forward，NDF），又称“无本金交割远期外汇交易”，主要用于实行外汇管制国家的货币，是企业规避汇率风险的金融衍生工具。相对于由本地银行即可操作的普通远期外汇交易，NDF 一般只能由海外银行承做。NDF 的核心观念在于交易双方对某一汇率的预期不同。NDF 为面对汇率风险的企业和投资者提供了一个对冲及投资的渠道。

无本金交割远期作为一种离岸金融衍生产品，由银行充当中介机构，交易双方基于对汇率的不同看法，签订非交割远期交易合约，确定远期汇率、期限和金额，合约到期时只需将远期汇率与实际汇率的差额进行交割清算，结算的货币是自由兑换货币（一般为美元），无需对 NDF 的本金（受限制货币）进行交割，与本金金额、实际收支毫无关联。

在 NDF 中充当本金的货币主要是有外汇管制的国家或地区的货币（如人民币）。我国周边的一些国家及地区，如马来西亚、新加坡和我国的台湾地区都开展了人民币无本金交割远期外汇交易（人民币 NDF）。人民币 NDF，是指以人民币汇价为计价标准的远期外汇合约，按照远期外汇合约本金金额以及远期合约约定的定价日中国外汇交易中心人民币即期挂牌价（美元兑人民币即期汇率）与合约汇率之间的差额，计算该笔远期交易的盈亏金额，并按照定价日人民币即期挂牌价将合约盈亏金额换算为美元后，以美元进行交割，契约本金无须交割，交易双方亦无须持人民币进行结算。

NDF 交易从 1996 年左右开始出现，新加坡和香港人民币 NDF 市场是亚洲最主要的离岸人民币远期交易市场，市场的行情反映了国际社会对于人民币汇率变化的预期。人民币 NDF 市场的主要参与者是欧美等地的大银行和投资机构，他们的客户主要是在中国有大量人民币收入的跨国公司，也包括总部设在香港的中国内地企业。人民币 NDF 市场之所以出现是因为随着中国经济的发展，中国成为世界上最大的资本输入国之一，数量众多的跨国公司需要一种工具来规避人民币的汇率风险，而中国内地又缺少真正意义上的外汇远期市场。与人民币的实际汇率相比，人民币 NDF 报价波动较大。如 1998 年 1 月，香港人民币一年期 NDF 溢价最高达 17500 点（相当于预期一年后美元兑人民币贬值为 9.7500），而到 2002 年 11 月变为贴水 380 点。1998 ~ 2000 年，一年期人民币 NDF 报价震荡剧烈，但总的趋势是升水逐渐降低（人民币贬值预期减弱），贴水幅度逐渐增加。例如，2005 年 5 月 31 日，1 年期不可交割远期贴水为 4420 点（即预期 1 年后美元兑人民币汇率为 7.83，预计人民币一年后大约会有 5.3% 的升值幅度）。

在香港，国际热钱往往直接买入远期 NDF，赌人民币在 1 年内升值。由于 NDF 市场的交易量相比期货和股票市场的规模要小得多，较少的买盘就能够达到明显的效果，因此国际游资往往通过拉高 NDF 的美元兑人民币的贴水水平来引发股票和期货市场的联动，从而达到获利的目的。

目前一些跨国集团公司可以利用在中国内地质押人民币借入美元同时在香港（境外）作 NDF 来进行套利，这种套利的公式为：

总利润 = 境外 NDF 与即期汇率的差额 + 境内人民币定期存款收益 - 境内外币贷款利息支出 - 付汇手续费等小额费用

这样企业就形成了境内公司亏损、境外公司盈利、总体盈利大于亏损的情况。如果企业有 1% ~2% 的盈利空间，这对于贸易公司来说收益丰厚，甚至比贸易盈利点数还要高，这样操作前提就要求企业在大陆和香港同时设立公司。

早在 2006 年，国家外汇管理局就发布通告规定，未经国家外汇管理局批准，境内机构和个人不得以任何形式参与境外人民币对外汇衍生交易。远期结售汇履约应以约定远期交易价格的合约本金全额交割，不得进行差额交割。我国人民币对外汇衍生市场正处于发展初期，现阶段外汇交易应以风险防范为主，不鼓励利用衍生工具从事投机性交易。

虽然我国政府明令禁止境内中资和外资企业从事 NDF 交易，但是操作 NDF 交易并不涉及人民币和外汇的跨境流动，企业交给银行的外汇担保无须汇到境外，只是作为这些银行通知其境外分行进行 NDF 交易的一种凭证，赚取的利润也只需存到境外银行的账户中即可。因此，国家外汇管理局在执行监控过程中的难度较大，实际上 NDF 受到的管制较小，仍然有不少企业利用 NDF 进行套利。

例如，某 QFII 为了达到投机人民币的目的，可以将美元结汇为人民币，再用人民币购买国债，如果人民币值升值，QFII 赚取两重利润：一是国债上涨带来的价差收益；二是换回美元时得到的汇差收益。但这样做会存在较大的利率风险，如果我国调高利率，那么会造成国债价格下跌，从而抵消人民币升值的好处。为此，QFII 再到 NDF 市场买入一个与所购国债数量、期限相当的人民币外汇远期合约，就可以较好地对冲利率风险。如果此时人民币加息，那么会造成人民币升值压力加大，NDF 市场人民币汇率贴水扩大，通过反向对冲或提前交割等方式带来 NDF 交易上收益的增加，从而一定程度上对冲了人民币加息的风险。

无本金交割远期外汇交易与远期外汇交易的差别在于：NDF 交易不用备有本金的收付，只就到期日以市场汇率价格与合约协定价格的差价进行交割清算，本金实际上只是用于汇差的计算，无需实际收支，对未来现金流量不会造成影响；远期外汇交易到期后需现汇交割。

【案例 3-1】

甲公司为进口商，目前美元兑人民币即期汇率为 7.2760，为规避 3 个月后的汇率风险，向银行预购 3 个月期的远期美元 1 000 000 元，成交价格为 7.2660。假设 3 个月后，美元兑人民币的汇率变成 7.2810，若甲公司当初是以交割远期外汇（DF）方式承作，则在契约到期当日，甲公司必须以人民币 7 266 000 元向银行购入美元 1 000 000 元，这就是所谓“全额交割”；若以 NDF 方式承作，则因为甲公司已于 3 个月前锁住美元在 7.2660 水准，如今美元已涨至 7.2810，甲公司的 NDF 头寸已产生利润，银行应付给甲公司 1 811.37 美元：

$$\frac{(7.2810-7.2660)\times 1\ 000\ 000}{7.2810}=1\ 811.37\text{（美元）}$$

第四章 汇率影响因素

一、影响汇率变动有哪些因素?

产生外汇风险的根源是各国货币之间的汇率变动。因此，在讲述各类外汇风险之前，有必要先分析影响汇率变动的主要因素。在浮动汇率的条件下，不同国家货币之间的汇率是由供求关系决定的：增加一种货币的供给，这种货币的价格就会下降；减少一种货币的供给，其价格就会上升。因此，凡能影响外汇供求的因素，就是影响汇率变动的因素。

（一）国际收支状况

国际收支差额是一国汇率的基础。当差额是顺差时，外汇供给大于外汇需求，外币贬值，即本国货币对外币升值；反之，若出现国际收支逆差，外汇需求大于外汇供给，则外汇升值，即本国货币对外币贬值。国际收支差额也由许多因素决定，如本国的物价水平很高或是存在较高的通货膨胀等，出口产品将缺乏竞争力，对国际收支差额也会产生不利影响。

（二）两国通货膨胀的对比

在纸币流通的条件下，两国货币之间的汇率决定于这两种货币的国内购买力之比，而国内购买力则分别由其国内的物价水平决定。因此，两国物价上涨幅度不同，汇率也将受到影响而发生相应变动。一般来说，物价上涨幅度较大的国家，其货币的对外价值将下跌；而物价上涨幅度较小的国家，其货币的对外价值将上升。

（三）利率差异引起的资本流动

国际的利率差异将导致资本的国际流动，特别是短期资本的流动，这里所谓的利率是指实际利率，即名义利率减去通货膨胀率。

投资者都力图将其资本投向利率较高的国家。因此，只要存在国际的利率差异，资本就将从利率较低的国家流向利率较高国家。这种资本流动将改变国际收支中资本项目的收支状况，最终对国际收支差额产生影响，从而影响汇率的变动。一般而言，资本流入使一国货币的需求增加，从而导致升值；而资本流出则使一国货币的供给增加，从而造成对外贬值。

（四）市场预期的心理影响

所谓市场预期，是指人们根据一国的某些重要经济指标和重大政治事件对该国货币价值的变动方向作出的预测，这种预测将影响人们在外汇市场上对该国货币的买卖决策，从而影响该国货币汇率。若人们普遍预期某国货币的汇率将下跌，则在外汇市场上纷纷抛售该国货币，这种抛售行为必然引起该国货币汇率的大幅下跌；反之亦然。由此可见，市场预期是影响汇率的重要因素，并且由它引起的汇率变动往往是大涨大落，墨西哥金融危机与东南亚金融危机中货币汇率的剧烈波动就是明显的例证。

（五）政府政策的影响和中央银行的直接干预

政府对外汇市场的影响是重要的。财政政策和货币政策的改变将通过货币供应量和利率的变动引起汇率的变化。假如一国实行扩张性的财政与货币政策，即增加货币供应量，降低利率，加大财政开支提高社会有效需求，会导致国内物价水平上升，低利率又使资本流出增加，流入减少，从而使本国货币对外价值降低；反之亦然。而对外贸易政策，包括关税、限额等变化将使进出口差额发生变化，进而影响汇率。另外，中央银行出于自身的需要，会在外汇市场上大量买进或卖出本国货币，直接干预汇率的高低。

二、什么是绝对购买力平价理论？

购买力平价理论的基础是一价定律。所谓“一价定律”，简单来讲，就是完全相同的两种商品，在不同地方的买卖价格应该相同。严格的一价定律成立的前提是不同地方的商品是同质的，并且在国际自由流动的成本可以忽略不计。驱动一价定律成立的基础是套利者的逐利行为。

【案例 4－1】

假设某个商品在美国的价格是 1 美元，同样的商品在日本是 100 日元，而外汇市场上的汇率是 90 日元兑 1 美元，该商品在日本的价格要高于美国，那么套利者就会在美国购入商品并在日本出售获取利润。套利行为会使该商品在美国的需求增加和在日本的供给增加，导致美元升值的同时日元贬值，直到该商品在美国的价格按照市场汇率折算成日元之后与在日本的价格相同。此时无套利空间，达到均衡状态。

【案例 4－2】

假如中国的黄金价格为 1 000 美元/盎司，而黄金从中国运到美国的运输费用是 1 美元/盎司，假设该笔交易的交易成本仅限于运输费用，那么美国黄金价格的价格区间应当维持在 999 美元/盎司 ~1 001 美元/盎司之间，当美国与中国的金价差异超过运输成本时，套利行为会使两地的金价差异回到运输成本允许的范围之内。

黄金是套利者最喜欢的套利商品之一，因为黄金的品质完全相同，而且运输较为方便。而现实生活中大部分的商品只能有限流动。最极端的情况是无法跨区域流动的商品，比如不动产和劳务，以及国家禁止贸易的商品。在这种情况下一价定律成立的条件就更加有限了。我们将流动性较好的商品称为“可贸易品”；而将那些套利者无法进行套利交易的商品称为“不可贸易品”。实际上可贸易品与不可贸易品之间并没有明显的分界线，某种商品的可贸易性主要受以下几个因素的影响：

（1）运输成本。它是构成贸易的天然阻碍，单位价值商品的运输成本越高，不可贸易性越高。

（2）不同国家的贸易保护政策。关税、配额等边境保护手段会使物品跨国流动受到阻碍。人为贸易限制程度越高，物品可贸易程度越低。

（3）对劳动力流动的移民和对外国公民在本国工作的限制措施。绝对购买力的理论基础是一价定律，而一价定律的成立又依赖于商品在国际上的自由流动。理论上说充足的可贸易品是绝对购买力平价理论成立的先决条件，而不可贸易品则影响了货币价值向其购买力调整的速度。

一价定律从另一个角度表明了在均衡状态下，各个国家的市场汇率应该与可以自由流动的同质商品的国际价格一致，这就引出了绝对购买力平价理论。绝对购买力平价理论是指在使用同种货币进行计算时，一般物价水平在每个国家都是相等的。所谓一般物价水平，是指一个国家整体的物价水平，在进行计算时不同商品采用不同权重构成商品篮子，不同国家的商品篮子的构成和权重都不相同。而在购买力平价里，我们假设所有国家都采用相同的商品篮子。换句话表述为，在采用同种货币计价的情况下，所有国家一篮子商品的价格是相同的。一价定律是购买力平价理论成立的基础之一。如果商品篮子里的商品都符合一价定律，那么整个一篮子商品也应该符合一价定律。

那么购买力平价理论是如何影响汇率的呢？如果绝对购买力平价成立，那么外汇市场上不同货币之间的汇率应当等于它们的购买力之比。试想一下，一篮子商品在中国的价格是1 000元人民币，相同的商品篮子在美国购买需要100美元，而根据绝对购买力平价理论，在都采用人民币进行计算的情况下，在美国一篮子商品的价格也应该能折算为1 000元人民币，这就是“购买力平价”的字面含义——两种货币的购买力相等，那么美元和人民币的汇率水平应当是100美元能够兑换1 000元人民币。正如我们在谈到一价定律时指出的，并不是所有商品都符合一价定律。对于不可贸易品来说，一价定律并不适用，因此绝对购买力平价理论也只是在一定程度上解释了汇率。从长期来看，各国之间的汇率比值整体上符合绝对购买力平价理论。

三、什么是相对购买力平价理论?

另一种应用更广的是相对购买力平价理论，该理论是绝对购买力平价理论的延伸。绝对购买力平价理论关注各国物价的“绝对”水平，影响各国货币的比值；相对购买力平价理论考察的是由于各国通货膨胀率不同，导致各国物价水平的变动不一致，从而使各国货币的比值产生变动。

绝对购买力平价理论用数学公式表示为：

$$S = P_1/P_2$$

其中：S是本国货币与外国货币的汇率；P_1是一篮子商品本国货币的购买价格；P_2是一篮子商品外国货币的购买价格。

将上式两边对数化：

$$Log(S) = Log(P_1) - Log(P_2)$$

差分后得到相对购买力平价的数学表达式：

$$D(S) = D(P_1) - D(P_2)$$

其中：D(S)表示汇率的变化；$D(P_1)$表示本国货币购买力的变化；$D(P_2)$表示外国货币购买力的变化。货币购买力的变化体现在通货膨胀率的差异上。

【案例4-3】

2××1年12月31日，一篮子商品在中国的价格是1 000元人民币，在美国的价格是100美元；2××2年中国的通货膨胀率是8%，美国的通货膨胀率是3%，那么2××2年12月31日，一篮子商品的价格分别是1 080元人民币［1 000×（1+8%）］

和 103 美元 [100×（1+3%）]。根据绝对购买力平价理论，2××1 年人民币美元的汇率是 100 美元兑1 000 元人民币，2××2 年的汇率是 103 美元兑 1 080 元人民币，和 2××1 年相比，汇率的变动是：

汇率变动率 =(1 080/103 - 1 000/100)/(1 000/100) ×100% =4.85%

根据相对购买力平价，汇率的变化等于两国通货膨胀率之差，即8% -3% =5%。

通过绝对购买力平价理论和相对购买力平价理论计算出来的汇率变动的差别是因为在推导相对购买力平价公式时，我们的求导是以汇率的变化和通货膨胀率较小为假设前提的，当通货膨胀率越大，通过相对购买力平价简化公式计算出来的汇率变化与理论值差异越大。

需要注意的是，和绝对购买力平价理论相比，相对购买力平价理论的适用性更广。在绝对购买力平价成立的情况下，相对购买力平价一定成立；而在相对购买力平价成立的情况下，绝对购买力平价未必成立。

在购买力平价理论的假设基础与现实世界相差较大的情况下，该理论的适用性如何呢？根据现有的对日元、英镑、瑞士克朗、法郎、德国马克分别与美元之间的汇率关系的实证研究，从表面看来并没有明显的证据表明汇率会趋向于购买力平价，而且即使我们考虑到贸易品与不可贸易品的差别，将生产品价格与零售品价格区别开来看，仍然不能说明购买力平价理论的有效性。有一点毋庸置疑，就是汇率的波动幅度远大于相对价格的通货膨胀率的变化幅度。两个国家之间通货膨胀率的差额在一年之内可能由 5% 变动至 3% 或 7%，而两国汇率的变化常常能在几个小时之内发生 1% 以上的波动。

四、什么是无抛补利率平价？

购买力平价理论考察的是商品的流动性对于汇率的影响，不同货币购买力之间的关系是影响汇率的因素之一，而各国通货膨胀率的不同导致了随着时间的流逝，不同货币购买力的变化产生差异，从而汇率的变化与通货膨胀率差异成正相关。利率平价理论讨论的是各国的利率如何对外汇市场产生影响。

【案例 4-4】

2012 年 12 月 31 日，欧元兑美元的汇率是 1.31925，即 1 欧元兑换 1.31925 美元，美元 12 个月的市场利率为 2%，欧元 12 个月的市场利率为 4%，那么 2013 年 12 月 31 日欧元兑美元的预期汇率是多少呢？无抛补利率平价理论认为，该期望汇率（S）应当使下面两种方式获取的收益相等。

(1) 在2012年12月31日将10 000欧元存入银行获取12个月4%的固定收益，在2013年12月31日：

投资者的收益 = 10 000 × (1 + 4%) − 10 000 = 400 (欧元)

(2) 在2012年12月31日将10 000欧元以1.31925的汇率兑换131 925美元并存入银行获取12个月2%的固定收益，在2013年12月31日，投资者将美元的本金与利息全部取出并按照当时的汇率换回欧元：

投资者的收益 = 10 000 × 1.31925 × (1 + 2%) / S − 10 000

联立上面两式，可以得出以下方程：

$10\,000 \times 1.31925 \times (1 + 2\%) / S - 10\,000 = 400$

解得：$S = 1.29388$

一般的形式表示为：$1 + r = \frac{1}{S} \cdot (1 + r_f) \cdot ES$

式中：r 为本国利率；r_f 为外国利率；S 是用直接标价法即1单位外国货币能够兑换的本国货币表示的汇率；ES 是未来的预期汇率。

当 ES 与 S 相差不大时，有：

$ES/S = ES - S$

并可以将上式简化得：

$ES - S = r - r_f$

当 $r > r_f$ 时，$ES > S$，因为采用的是直接标价法，意味着本国货币的贬值幅度等于本国货币利率高于对手货币利率的幅度。

为什么期望汇率是使以上两种投资方式收益相等的汇率？假设到期时的汇率与期望汇率不等，比如到期汇率高于期望汇率，或者说 $(ES - S) > (r - r_f)$，即到期可以兑换更多本国货币，那么采用第二种投资方式能够获得更多收益，投资者会更多地在本期购入外币并在到期时换回本币，从而使“ES − S”减小。反之，如到期汇率低于期望汇率，套利者会更多地在本期从国外借入外币并按照即期汇率兑换成本国货币，获取本国利息后在到期日换成外币并偿还外币本金及利息，在这种情况下“ES − S”会不断增大。只有在满足“$ES - S = r - r_f$”，即套利者没有套利空间时，到期汇率与期望汇率正好相等。

五、什么是抛补利率平价？

无抛补利率平价中套利者的套利行为是有一定风险的，即期汇率、本币利率和外币利率是固定的，而到期时的汇率是不确定的，因此此时的套利实际上是一种投机行为。预期汇率的实现与套利者的风险偏好有关，套利者对风险越厌恶，参与无抛补套利行为要求的收益就越高，到期汇率与预期汇率就相差越大。此外，有一种完全消除市场风险的套利行为，就是在当期进行外汇远期的操作，锁定到期时的汇率，称为抛补利率平价。

【案例 4－5】

2012 年 12 月 31 日，欧元兑美元的汇率是 1.31925，即 1 欧元可以兑换 1.31925 美元，美元 12 个月的市场利率为 2%，欧元 12 个月的市场利率为 4%。根据无抛补利率平价公式，计算出 2013 年 12 月 31 日欧元兑美元的期望汇率是 1.29388。如果在 2012 年 12 月 31 日，2013 年 12 月 31 日到期的欧元期货合约的交易价格是 1.30000，此时套利者可以进行以下操作来锁定利润：

在 2012 年 12 月 31 日以 2% 的利率借入 10 000 美元，按照即期汇率 1.31925 兑换成欧元后立刻存入银行获取 4% 的欧元利息；同时以 1.30000 的市价卖出 2013 年 12 月 31 日到期的欧元期货合约，卖出的欧元期货合约价值为 2013 年 12 月 31 日需要换回的美元数量，即：

10 000/1.31925 ×（1 +4%）×1.30000 = 10 248（美元）

在 2013 年 12 月 31 日，套利者将欧元本金及利息按照 1.30000 的汇率换回 10 248 美元，需要偿还的美元本息和为 10 200 美元［10 000 ×（1 +2%）］，套利者的净收益为 48 美元。

反之，如果在 2012 年 12 月 31 日外汇期货合约的交易价格是 1.29000，此时的套利操作如下：

在 2012 年 12 月 31 日以 4% 的利率借入 10 000 欧元，按照即期汇率 1.31925 兑换成美元后立刻存入银行获取 2% 的美元利息；同时以 1.29000 的市价买入 2013 年 12 月 31 日到期的欧元期货合约，买入的欧元期货合约价值为：

10 000 ×1.31925 ×（1 +2%）= 13 456（美元）

在 2013 年 12 月 31 日，套利者将美元本金及利息按照 1.29000 的汇率换回 10 431 欧元，需要偿还的欧元本息和为 10 400 欧元［10 000 ×（1 +4%）］，套利者的收益为 31 欧元。

当然，除了上面提到的外汇期货外，套利者也可以通过与经纪商签订外汇远期合约来锁定到期日汇率。与外汇期货相比，外汇远期合约可以自由商定买卖的数量和到期日，缺点是信用风险较高，流动性较差。

如果用一般化的数学公式，我们可以进行如下的推导：

$$(1+r)=(1/S)(1+r_f)/F$$

式中：r 为本国利率；r_f 为外国利率；S 是用直接标价法表示的即期汇率；F 是远期汇率。

同样，在 F 与 S 相差不大时，有：

$F/S = F - S$

当 F > S 时，因为采用的是直接标价法，代表本币远期汇率相对即期汇率贬值，称为本币远期汇率贴水，外币远期汇率升水。当 F < S 时则是本币远期汇率升水，外币远期汇率贴水。

将上式简化得：

$F - S = r - r_f$

这是抛补利率平价学说的标准表达式，表明本币远期汇率贴水（升水）的幅度等于国内利率高于（低于）国外利率的差额。

和其他的经济学假设不同，无抛补利率平价理论成立所依赖的以下几个假定条件与现实较为相符：

(1) 套利者作为一个整体有足够的资金可用于套利，从而可以推动扭曲的汇率迅速回调至均衡状态。从实际情况来看，目前国际上的以各种对冲基金为首的投机资本相当充裕。

(2) 资本的国际流动不受限制。

(3) 交易成本较低，从而套利者的套利行为可以将汇率的偏差限定在交易成本确定的范围内。

六、什么是汇率政策和汇率制度？

（一）汇率政策

汇率政策是指一个国家（或地区）政府为达到一定的目的，通过金融法令的颁布、政策的规定或措施的推行，把本国货币与外国货币比价确定或控制在适度的水平而采取的政策手段。汇率政策作为一国宏观经济政策之一，总是具有一定的政策目标的操作规则。从理论上说，一国的汇率政策目标既可以是维持经济增长，也可以是充分就业，或者是维持币值稳定（控制通货膨胀），或者是以上几种目标的组合。在实际操作中，一国的汇率制度目标确定往往受到很多因素的制约，也可能会根据实际情况而进行调整。但无论如何，在某一阶段，一国的汇率制度的目标总会相对固定。

（二）汇率制度

汇率政策中最主要的是汇率制度的选择。汇率制度是指一个国家政府对本国货币汇率水平的确定、汇率的变动方式等所作的一系列安排和规定。经济结构决定论认为，一国选择哪种汇率制度，应从该国的经济结构特征去考虑。汇率制度传统上按照汇率变动的幅度分为固定汇率制度和浮动汇率制度两大类。

1. 固定汇率制度。固定汇率是指一国的货币当局把本国货币对其他货币的汇率加以基本固定，波动幅度限制在一定的范围之内，保证汇率的稳定。使用的汇率调节手段主要包括：

（1）运用货币政策。运用货币政策主要是通过调整贴现率使利率发生变动，持有本国货币收益的改变会刺激国际资本流动，导致外汇供求状况改变，进而引起汇率变动。当汇率水平上升，本币贬值，并有超过汇率波动上限趋势时，该国货币当局常常提高贴现率，带动利率总体水平的上升。这一方面使通货膨胀率下降，本币的购买力提高；另一方面吸引外国资本流入，增加本国的外汇收入，从而减少国际收支逆差，使本币升值、外币贬值，让汇率维持在规定的波动范围之内。当汇率水平下跌，低于规定下限时，则降低贴现率，带动利率总体水平下降，使国内货币供给增加，本币的购买力下降，资本外流，本国外汇需求增加，最终使汇率在规定的幅度内变化。

（2）调整外汇黄金储备。一国的货币当局经常利用所掌握的黄金和外汇储备，通过直接参与外汇市场上的交易平抑外汇供求关系，以维持汇率在规定的上下限内波动。一般的，当本币有升值倾向时，货币当局会在外汇市场上抛出本币，增加本币供给；当本币有贬值倾向时，则抛出外汇储备购入本币，增加本币需求。

一国货币当局直接参与外汇市场调整汇率的能力与其所持有的外汇储备数量有关。大量的外汇储备为我国的货币当局提供了强大的外汇调节能力。

（3）实行外汇管制。当一国国际收支状况异常严峻和国际收支长期恶化、黄金外汇储备不足、无力在外汇市场上大量买卖外汇以进行干预时，则可以借助外汇管制手段，如直接限制外汇支出，甚至直接控制汇率的变动。

（4）向相关机构借款。当一国出现暂时国际收支逆差而且有可能导致汇率波动超过规定幅度、动用外汇黄金储备也不足以干预外汇市场时，就可以向相关机构，即国际货币基金组织申请借款。这将减轻或避免为纠正国际收支不平衡而匆忙对本国货币宣布贬值，或采取紧缩性宏观政策、诉诸管制等非常措施给经济发展带来消极影响。

2. 浮动汇率制度。浮动汇率制度是指汇率完全由市场的供求决定，政府不加任何干预的汇率制度。

鉴于各国对浮动汇率的管理方式和宽松程度不一样，该制度又有诸多分类。按政府是否干预，可以分为自由浮动和管理浮动。按浮动形式，可分为单独浮动和联合浮动。按被盯住的货币不同，可分为盯住单一货币浮动以及盯住合成货币。

在实际操作中，完全任凭市场供求自发地形成汇率，而不采取任何干预措施的国家很少或几乎没有。各国政府往往都要根据本国的具体情况，或明或暗地对外汇市场进行不同程度的干预。在浮动汇率制下，汇率波动频繁且幅度变化剧烈。有时一天的波动幅度高达5%以上，一周的波动竟能达10%以上。遇到政治、经济形势变动，其波幅更大。汇率的频繁剧烈波动，对国内乃至国际经济秩序带来了不稳定的影响。

目前我国实行以市场供求为基础、参考一篮子货币进行调节、有管理的浮动汇率制度。这是一种介于浮动汇率制和固定汇率制之间的汇率制度，主要包括三个方面的内容：一是以市场供求为基础的汇率浮动，发挥汇率的价格信号作用；二是根据经常项目主要是贸易平衡状况动态调节汇率浮动幅度，发挥“有管理”的优势；三是参考一篮子货币，即从一篮子货币的角度看汇率，不片面地关注人民币与某个单一货币的双边汇率。

七、国际收支是如何影响汇率的?

国际收支是指一国在一定时期内（通常为1年）全部对外经济往来的系统的货币记录。它包括：

（1）一个经济体和其他经济体之间的商品、劳务和收益交易；

（2）一个经济体的货币黄金、特别提款权的所有权变动和其他变动，以及这个经济体和其他经济体的债权债务变化；

（3）无偿转移以及在会计上需要对上述不能相互抵消的交易和变化加以平衡的对应记录。

简单来说，如果将一个国家看成一家公司，这家公司和其他公司（其他国家）的所有经济往来就是国际收支。而一国的国际收支账户可以看成该公司的利润表，记录了该国与其他国家经济往来的货币价值。国际收支账户可分为两大类：经常账户和资本与金融账户。其中，经常账户包括货物、服务、收入和经常性转移等项目；资本与金融账户包括直接投资、证券投资、其他投资、储备资产等项目。

对一国来说，资金流入是收入，主要包括：向外部经济体出售商品和劳务而收到的资金、外部投资者购买国内资产而收到的资金、因外部经济体的馈赠（单边转移）而收到的资金。相反，资金流出是国际收支账户上的支出，主要包括：购买国外商品和劳务、购买国外资产、向国外的馈赠。一国在一定时期内（通常为1年）对外经济往来的收入总额大于支出总额的差额为国际收支平衡表上的贷方余额。由贸易项目产生的国际收支顺差，反映一国的国际储备或对外支付能力的增强；由资本项目产生的国际收支顺差，反映资本的大量流入。

国内企业将商品或劳务出口后收到外币，外币在国内无法使用，因此有将外币兑换成本币的需求，而当国内企业进口商品或劳务时需要将本币兑换成外币用于向国外企业支付货款。综合起来看，当一国的出口超过进口（即经常项目顺差）时，外汇市场上将外币兑换本币的意愿增强，意味着对本币的需求增多，将导致本币的升值压力。同样的，国外投资者想要购买国内资产或者有价证券，需要先将外币兑换成本币；而国内投资者向国外投资时，需要将本币兑换成外币。当一国金融账户顺差时，在外汇市场上有超额的将外币兑换成本币的意愿，本币的需求增加将带来本币的升值压力。也就是说，无论是经常账户还是资本与金融账户，当出现顺差时意味着外汇市场上本币将有升值的倾向；反之，当国际收支账户上出现逆差时，外汇市场上的供给增加，从而产生本币贬值的压力。

在完全的浮动汇率制下，国际收支平衡有一种自动调节的稳定机制。当一国出现国际收支顺差，外汇市场上对本币需求增加，本币升值，导致国际市场上用本国货币标价的商品相对价格升高，竞争力下降，出口减少，顺差减少，该过程将持续至国际收支平衡。反之，当一国出现国际收支逆差，外汇市场上本币的供给增加，本币贬值，本国商品的国际市场价格下降，竞争力上升，出口增加，该过程将使逆差持续减少至国际收支平衡的状态。

国际收支自动调节机制的正常运行受到以下几个因素的影响：

一是国际收支的自动调节只有在纯粹的自由经济中才能产生作用。而政府的某些宏观经济政策会干扰自动调节过程，使其作用下降、扭曲或根本不起作用。

二是自动调节机制只有在进出口商品的供给和需求弹性较大时，才能发挥其调节的功能。如果进出口商品供给、需求弹性较小，就无法缩小进口、扩大出口，或扩大进口、减少出口，改变入超或出超状况。

三是自动调节机制要求国内总需求和资本流动对利率升降有较敏感的反应。如果对利率变动的反应迟钝，那么，即使是信用有所扩张或紧缩，也难以引起资本的流入或流出和社会总需求的变化。

由于自动调节机制充分发挥作用要满足上述三个条件，而在当前经济条件下，这些条件不可能完全存在，导致国际收支自动调节机制往往不能有效发挥作用。因此，当国际收支不平衡时，各国政府往往根据各自的利益采取不同的经济政策，使国际收支恢复平衡。

八、浮动汇率制下货币政策是如何影响汇率的？

货币政策是指中央银行为实现既定的经济目标（稳定物价，促进经济增长，实现充分就业和平衡国际收支）运用各种工具调节货币供应量和利率，进而影响宏观经济的方针和措施的总和。货币政策调节的对象是货币供应量，即全社会总的购买力。具体表现形式为：流通中的现金，以及个人、企事业单位在银行的存款。流通中的现金与消费物价水平变动密切相关，是最活跃的货币，一直是中央银行关注和调节的重要目标。

货币政策分为扩张性的和紧缩性的两种。扩张性的货币政策是通过提高货币供应增长速度来刺激总需求。在这种政策下，取得信贷更为容易，利息率会降低。而紧缩性的货币政策是通过削减货币供应的增长率来降低总需求水平。在这种政策下，取得信贷较为困难，利息率也随之提高。

目前国内的货币政策可以通过以下几种工具实现：

1. 公开市场业务。在多数发达国家，公开市场操作是中央银行吞吐基础货币、调节市场流动性的主要货币政策工具，通过中央银行与指定交易商进行有价证券和外汇交易，实现货币政策调控目标。从交易品种看，中国人民银行公开市场业务债券交易主要包括回购交易、现券交易和发行中央银行票据。其中，回购交易分为正回购和逆回购两种。正回购为中国人民银行向一级交易商卖出有价证券，并约定在未来特定日期买回有价证券的交易行为；正回购为央行从市场收回流动性的操作；正回购到期则为央行向市场投放流动性的操作。逆回购为中国人民银行向一级交易商购买有价证券，并约定在未来特定日期将有价证券卖给一级交易商的交易行为；逆回购为央行向市场上投放流动性的操作；逆回购到期则为央行从市场收回流动性的操作。

2. 存款准备金。存款准备金是指金融机构为保证客户提取存款和资金清算需要而准备的资金，金融机构按规定向中央银行缴纳的存款准备金占其存款总额的比例就是存款准备金率。存款准备金制度的初始作用是保证存款的支付和清算，之后才逐渐演变成为货币政策工具。中央银行通过调整存款准备金率，影响金融机构的信贷资金供应能力，从而间接调控货币供应量。当中央银行降低存款准备金率时，金融机构可用于贷款的资金增加，社会的贷款总量和货币供应量也相应增加；反之，社会的贷款总量和货币供应量将相应减少。

3. 中央银行贷款。再贴现是中央银行对金融机构持有的未到期已贴现商业汇票予以贴现的行为。在我国，中央银行通过适时调整再贴现总量及利率，明确再贴现票据选择，达到吞吐基础货币和实施金融宏观调控的目的，同时发挥调整信贷结构的功能。

4. 利率政策。利率政策是我国货币政策的重要组成部分，也是货币政策实施的主要手段之一。中国人民银行根据货币政策实施的需要，适时运用利率工具，对利率水平和利率结构进行调整，进而影响社会资金供求状况，实现货币政策的既定目标。

那么货币政策是如何对汇率产生影响的呢？以芝加哥大学的弗里德曼为代表的货币主义者认为，货币需求是一个相对稳定的函数，而货币供给则由货币当局控制，当货币发行过多，超过正常的货币需求，则会引发整体物价长期普遍的上涨，即通货膨胀。

【案例 4-6】

假设某国生产了100个苹果用于国内贸易，流通中的现金是100，周转率是2，那么流通中现金可以转移的价值=100×2=200，而需要转移的实物商品是100个苹果，那么每个苹果售价就为2元。如果该国货币当局为了应对国内经济衰退，在国内推出了所谓的量化宽松政策，增加货币供给，此时流通中的现金为150，在货币周转率不变的条件下，流通中现金可以转移的价值=150×2=300，而需要转移的实物商品仍然只有100个苹果，此时苹果的售价就为3元了。从购买力来说，我们认为该国货币的购买力被削弱了。根据相对购买力平价理论，本币购买力减少的幅度应当等同于本币贬值的幅度。换句话说，在其他条件不变的条件下，给定百分比的国内货币供给的增加将导致国内货币同比例的贬值。

货币主义

货币主义是20世纪60年代在美国兴起的一个经济学流派，其在许多理论和政策上的主张均与凯恩斯主义针锋相对。货币主义的领袖人物是米尔顿·弗里德曼，著有《美国货币史》等，因提出了“对消费的分析和在货币的历史与理论等方面的成就以及论证了稳定经济的政策和复杂性”而获得了1976年的诺贝尔经济学奖。

“货币主义”一词由卡尔·布朗纳在1968年最先提出，代表人物在美国有哈伯格、布伦纳和安德森等人，在英国有莱德勒和帕金等人。

以美国为首的西方国家在20世纪30年代的大萧条，当时的经济学家无法对此提出解释及对策。当时的政府及经济计划者需要为国家干预经济提供理论依据，而凯恩斯的《货币、就业与利息通论》的出版正好提供了这样的一个机会。按照凯恩斯的解释，政府调节经济的主要目的是维持经济的稳定，其政策手段就是通过运用财政政策和货币政策进行需求管理。由于凯恩斯的需求管理理论迎合了当时西方国家干预经济的需要，使得凯恩斯的经济思想和政策主张在西方各国得到迅速传播，并在第二次世界大战后的20余年间在西方经济学界占据了主流和支配地位。当时西方政府的经济智囊团许多都是凯恩斯主义者，而经济政策的制定均以此为指引。20世纪60年代初之前，以美国为首的西方国家经历了就业率和通货膨胀率均较低的经济发展的黄金时期，被许多人看成凯恩斯理论的巨大成功。

但是从20世纪70年代开始，大多数西方国家开始出现经济停滞与高通货膨胀率并存的“滞涨”现象，而凯恩斯理论无法对其作出解释，并受到了货币主义者的猛烈抨击。货币主义者与凯恩斯主义最主要的争论在于财政政策和货币政策的有效性上。凯恩斯主义认为，财政政策是政府调节经济的有效手段；而货币主义则强调货币政策的作用。弗里德曼通过考察美国1867~1960年货币流通量与经济发展的关系，认为凯恩斯主义所强调的为克服经济萧条而制定的财政政策不仅不能降低失业率，反而会引发通货膨胀，阻碍经济发展。

货币主义认为，特定的物价和总物价水平的短期变动，可能有多种原因。但是长期持续的通货膨胀却随时随地都是一种货币现象，是由于货币数量的增长超过总产量的增长所引起的。而垄断了货币发行权的政府无疑有着不可推卸的责任。

在经济政策的制定上，货币主义提出了用“单一规则”来治理通货膨胀。所谓“单一规则”，就是公开宣布并长期采用一个固定不变的货币供应增长率。主要内容包含以下几点：

一是政策公开。其目的是告示于众，减轻人们心理上的不安定感，对应于某种经济环境，公众能够对货币当局所采用的经济政策有一致性的预期，此时不会因货币政策超预期而导致经济的大幅波动；同时，也将货币当局的行为置于公众的监督之下。

二是长期采用。同政策公开一样，目的在于消除频繁的相机抉择变动而引起的经济波动，避免人为因素导致的错误决策给经济造成的扰乱，并且可以消除时滞效应中不同时期的不同反应，促使初始效果和最终效果趋于一致。

三是固定的货币供应增长率。与相对稳定的货币需求相一致，固定的货币供给有利于加强货币政策的连续性和稳定性，并以其自身的稳定性抵御来自其他方面的干扰。

这三个要点相互呼应，紧密相连，缺一不可。货币主义认为，只有长期采用一个固定不变的货币供应增长率，才能确保稳定货币，稳定币值，实现物价、经济长期稳定的目标。

九、固定汇率制下货币政策是如何影响汇率的？

在浮动汇率制下，当一国货币当局采用扩张性的货币政策时，由于流通中的货币数量增加，而货币需求相对稳定，会导致本国货币购买力的下降。此时，相对本国产品而言，国外产品更具吸引力，从而在外汇市场上对外币的需求增加，导致本币贬值。根据购买力平价理论，这种将本币换成外币的行为一直会持续至本币贬值到与其购买力相符。而在固定汇率制下，本国货币当局为了维持本国货币汇率稳定，需要在外汇市场上进行干预，通过其所掌握的外汇储备购入本国货币。在这种情况下，外汇市场上会持续产生：将本币兑换成外币的市场行为和将外汇储备兑换成本币的官方行为，国内市场的本币会持续通过外汇市场流入货币当局，直到本币的购买力与固定汇率应该反映的购买力相符为止。

【案例 4－7】

假设一国生产了 100 个苹果以供消费，而该国流通中的货币是 100，现金周转率是 2，那么每个苹果的价格是 2 本币。该国采用固定汇率政策，目标汇率是 1 本币兑换 2 外币，国际市场上苹果的价格是 4 外币，因为国际市场上的苹果价格和国内市场的苹果对国内消费者来说相同，此时没有国内外的商品贸易需求，从而外汇市场上的汇率处于1本币兑换2外币的均衡状态。为了应对国内的经济衰退，该国的货币当局决定采用扩张性的货币政策，导致流通中的货币增加到200，在现金周转率不变的情况下，国内苹果的价格上升为4本币，在货币扩张的初始阶段，外汇市场的汇率位于均衡的1本币兑换2外币的状态。此时相对国内消费者来说，国外的苹果价格折算成本币之后只有2本币，是国内苹果价格的一半，此时外汇市场上将本币兑换成外币的意愿增加，即本币的供给和外币的需求增加，在浮动汇率制下，汇率会立即调整至1本币兑换1外币，此时对国内消费者来说，国内外的苹果价格相同，本币贬值的趋势停止。在固定汇率制下，本国的货币当局为了维持1本币兑换2外币的目标汇率，会在外汇市场上投放外汇储备，购买本币，此时由消费者驱动的本币供给和货币当局驱动的本币需求相等，汇率维持在目标汇率附近。和浮动汇率制下的汇率迅速调整不同，本币源源不断地从国内市场流入外汇市场之后再流入货币当局。一般情况下，货币当局会将购入的本币重新投放到国内，因此流通中的现金总量仍维持在200，但国内的苹果由于进口不断增加，直到国内苹果总量达到200，此时国内苹果的价格与国外相同，进出口贸易及外汇市场的本外币汇兑行为中止，汇率维持在1本币兑换2外币的目标水平。与调整前相比，货币当局外汇储备减少了400用于购买本币稳定汇率。也就是说，固定汇率制下的信用扩张需要货币当局动用外汇储备购入国外商品以支持本币的购买力，货币政策趋于无效。

十、什么是外汇冲销干预政策?

货币冲销是指实行固定汇率的中央银行，为了维持既定的汇率目标，通过在公开市场进行对冲操作，或回收再贷款、控制信贷规模以及提高准备金率等综合手段，抵消因维持汇率目标而导致的货币供给总量扩张。

在浮动汇率制度下，央行一般不对外汇市场进行干预。国际收支顺差表明本国商品的出口大于国外商品的进口，因此在外汇市场上本币的需求增加，从而导致本币升值，本国商品相对国外商品变得更贵，对本国商品的需求减少，国际收支顺差减少，一直持续到进出口相等的均衡状态，而国内的货币流通量不受影响。

而在固定汇率制度下，政府必须通过干预市场来维持汇率稳定。在国际收支顺差时，为了抑制本币升值，央行在外汇市场上买进外汇抛出本币，而央行本身没有收入来源，需要通过增发等值本币来购入外汇。由于基础货币的增发，流通中的货币供应量按乘数增加，通货膨胀率上升。为了在维持固定汇率的同时控制通货膨胀，货币当局需要在国内进行对冲操作，通常可以通过收缩基础货币的其他科目或降低货币乘数两个途径来实现。反映到政策操作上，有以下几种方法可供选择：

（1）增发央行票据，加大正向回购的操作力度；

（2）减少央行给金融机构的再贷款、再贴现；

（3）提高法定准备金率或降低超额准备金利率，以缩减基础货币乘数；

（4）严格控制信贷规模；

（5）控制财政赤字，减少政府债券发行等。

上述五种方式直接影响货币供给量，理论上都可以抵消外汇占款对货币供给量产生的膨胀效应。外汇冲销干预的最终结果是货币当局的外汇储备增加，国内资产减少，流通中的货币数量不变。当发生国际收支逆差时，货币当局进行相反操作，动用外汇储备在外汇市场上购买本币，同时在国内公开市场上投放本币，最终的结果是货币当局的外汇储备减少，国内资产增加，流通中的货币数量不变。

当一国货币当局在维持固定汇率制的同时并不在国内采取冲销手段，此时在外汇市场上对汇率的干预行为称为非冲销干预。

20 世纪末，以卡尔弗为代表的美国经济学家在考察了拉美国家央行冲销干预的实践后，得出结论：经常性的冲销干预导致国内利率上升，使财政预算成本大幅度提高，并导致国内外利差难以消除。而从我国近年来货币政策的实际经验看，各种形式的货币冲销也都有着不同程度和范围的负面效应。

十一、经济的增长如何对汇率产生影响？

我们在这里讨论的是在货币存量不变的情况下，实际收入增加所带来的效应。无论是经济增长还是实际收入的增加，本质上都是产出增加，在货币存量和周转率不变的情况下，本币购买力相适应增加。根据购买力平价理论，外汇市场上本币的价格将会升值到与其购买力相对应的水平。拿我们之前的例子来说，某国流通中的货币为 100，现金周转率为 2，苹果产量由 100 上升到 200，那么苹果的价格将由 2 下跌至 1，此时相对国外苹果来说，本国苹果更加便宜，本国苹果的出口增加，从而外汇市场上本币的需求增加，导致本币升值，汇率迅速调整至本币购买力增加后的水平。这是在浮动汇率制下的情形，在固定汇率制下，为了抑制本币升值，货币当局会不断向外汇市场投放本币买入外汇，最后的结果是国内的货币存量增加，本币购买力下降至收入增长前的水平。

以上所述的经济增长对一国汇率的影响是一个长期的过程。当国际市场对一国的经济增长产生预期时，会有大量国际资金通过资本账户流入该国，资本账户顺差会在短期内对该国货币产生升值压力。

十二、什么是“不可能三角”？

“不可能三角”也叫“三元悖论”。如图4－1所示，“不可能三角”的三个顶点是三种政策选择：货币政策独立性、固定汇率制度和资本自由流动。货币政策独立性，即一国货币当局可以自由采用货币政策工具对国内经济进行调节和干预，有助于国内经济平稳运行。固定汇率制可以在一定程度上防止外部市场对本国经济的冲击。资本自由流动有助于国际资源的有效配置。“不可能三角”意味着这三种政策不可能同时实现。

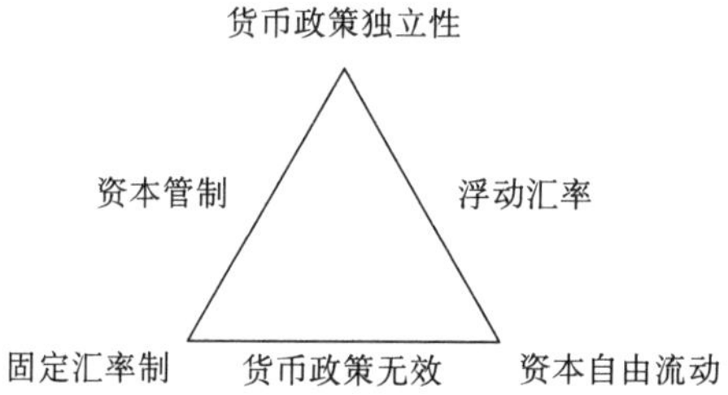

图4－1 “三元悖论”

1. 保持本国货币政策的独立性和资本的完全流动性，必须放弃固定汇率制，实行浮动汇率制。一国货币当局主要通过改变货币供应量来调节经济的发展，最直接的影响是本币币值发生改变。一般来说，扩张性的货币政策导致本币购买力下降，紧缩性的货币政策导致本币购买力上升，在允许资本完全流动时，本币的汇率将迅速向购买力改变的方向上修正。理论上市场化的汇率决定机制能够使汇率真实反映一国经济的水平，从而改善进出口收支，影响国际资本流动。但对于资本市场不完善的国家来说，当遇上极端的经济政治事件时往往会由于羊群效应而使本国币值产生不合理的波动，威胁经济的稳定。

2. 保持本国货币政策的独立性和采用固定汇率制，则必须牺牲资本的完全流动性，实行资本管制。在出现金融危机时，若一国资本市场不完善，市场信心不足，容易在短时间内导致资本大量外逃，即使货币贬值可能也无法抑制恐慌造成了不理性的行为，此时就需要实行资本管制，实际上是政府以牺牲资本的完全流动性来维护汇率的稳定性和货币政策的独立性。

3. 维持资本的完全流动性和汇率的稳定性，必须放弃本国货币政策的独立性。正如我们前面所讨论的，资本完全流动时，在固定汇率制度下，本国货币政策的任何变动都将被所引致的资本流动的变化而抵消其效果，本国货币丧失自主性。当一国经济衰退，货币当局采用扩张性的货币政策时，本国货币由于购买力下降而产生贬值的倾向，在浮动汇率制下，外汇市场将会迅速将汇率调节至与本国购买力相符合的水平；而在固定汇率制下，为了维持本币币值稳定，货币当局将不得不在外汇市场上购入本币，直到本币的购买力恢复至扩张前的水平，货币政策无效。

十三、财政政策调整是如何影响汇率的?

财政政策和货币政策是现代社会国家干预经济的两大主要渠道。货币政策一般是一国货币当局，主要是中央银行，通过改变货币供给影响经济的运行；而财政政策是一国政府通过财政支出和税收政策来调节社会总需求。

和货币政策类似，财政政策也是以逆经济周期干预为基础，努力维持一国经济的稳定运行，分为扩张性财政政策和紧缩性财政政策。在经济衰退期，政府通过减税、增支进而扩大财政赤字的财政分配方式，增加和刺激社会总需求；而在经济过热的时候，主要通过增税、减支进而压缩赤字或增加盈余的财政分配方式，减少和抑制社会总需求。

前面已经提到，我们可以将货币看成一种商品，影响货币价格的最直接因素是外汇市场上对该货币的供求力量。货币政策对货币价格的影响较为直接，但货币当局采用扩张性的货币政策时，一方面流通中的货币增加，通货膨胀率上升，本国货币购买力下降，外汇市场上对本币的抛售导致本币的贬值；另一方面，本国金融市场上的资金供给增加，资金价格——利率下降，与持有外币相比，持有本国货币的收益下降，同样外汇市场上本币由于供给增加而贬值。而财政政策对汇率的影响则不确定，当一国政府采用扩张性财政政策时，政府支出增加。需要注意的是，政府本身不是生产机构，并没有收入来源，政府支出主要来源于两个渠道：一是以往年度的财政盈余，可以想象成一个实力雄厚的消费者将以前的银行存款拿出来使用，这笔存款进入流通领域后将导致通货膨胀率的上升。根据之前的分析，本国汇率将会由于本币购买力下降而有贬值的倾向。二是发行国债或向中央银行借款。金融市场对资金的需求增加将导致货币的价格——利率的上升，此时持有本币的收益上升，对本币需求的增加将导致本币的升值。因此，在政府采用扩张性货币政策时，通货膨胀率的上升和利率的上升对本国货币的汇率产生不同影响，究竟是升值还是贬值，需要根据具体情况进行分析。但是从长期来看，如果一国扩张性财政政策能使一国国民收入增加将导致本币的升值。

延伸阅读

布雷顿森林体系的主要内容

1. 美元与黄金挂钩。各国确认1944年1月美国规定的35美元一盎司的黄金官价，1美元的含金量为0.888671克黄金。各国政府或中央银行可按官价用美元向美国兑换黄金。为使黄金官价不受自由市场金价冲击，各国政府需协同美国政府在国际金融市场上维持这一黄金官价。

2. 其他国家货币与美元挂钩。其他国家政府规定各自货币的含金量，通过含金量的比例确定同美元的汇率。

3. 实行可调整的固定汇率。《国际货币基金协定》规定，各国货币对美元的汇率，只能在法定汇率上下各1%的幅度内波动。若市场汇率超过法定汇率1%的波动幅度，各国政府有义务在外汇市场上进行干预，以维持汇率的稳定。若会员国法定汇率的变动超过10%，就必须得到国际货币基金组织的批准。1971年12月，这种即期汇率变动的幅度扩大为上下2.25%的范围，决定“平价”的标准由黄金改为特别提款权。布雷顿森林体系的这种汇率制度被称为“可调整的盯住汇率制度”。

4. 各国货币兑换性与国际支付结算原则。《国际货币基金协定》规定了各国货币自由兑换的原则：任何会员国对其他会员国在经常项目往来中积存的本国货币，若对方为支付经常项货币换回本国货币。考虑到各国的实际情况，《国际货币基金协定》作了“过渡期”的规定。《国际货币基金协定》规定了国际支付结算的原则：会员国未经基金组织同意，不得对国际收支经常项目的支付或清算加以限制。

5. 确定国际储备资产。《国际货币基金协定》中关于货币平价的规定，使美元处于等同黄金的地位，成为各国外汇储备中最主要的国际储备货币。

6. 国际收支的调节。国际货币基金组织会员国份额的25%以黄金或可兑换成黄金的货币缴纳，其余则以本国货币缴纳。会员国发生国际收支逆差时，可用本国货币向基金组织按规定程序购买（即借贷）一定数额的外汇，并在规定时间内以购回本国货币的方式偿还借款。会员国所认缴的份额越大，得到的贷款也越多。贷款只限于会员国用于弥补国际收支赤字，即用于经常项目的支付。

布雷顿森林体系实际上是一种变相的金本位制，它是第一次世界大战之前的金币本位制的翻版。根据布雷顿森林体系达成的协定，美国实行的是完全的金本位制，它承诺按照一个固定的价格（每盎司35美元）将美元兑换为黄金，而其他国家将它们的货币与美元进行锚定，若对美元汇率发生较大波动，各国政府需要在外汇市场上进行干预，以保证对美元汇率的稳定。

特里芬难题与布雷顿森林体系的崩溃

罗伯特·特里芬是耶鲁大学政治学教授，美国著名的国际经济与金融专家，他曾与美国联邦储备局管理委员会、国际货币基金组织欧洲合作管理局、经济顾问委员会、拉丁美洲经济委员会及联合国等机构有密切联系。特里芬于1960年写下《黄金与美元危机——自由兑换的未来》一文，提出了布雷顿森林体系的固有缺陷，指出“由于美元与黄金挂钩，而其他国家的货币与美元挂钩，美元虽然取得了国际核心货币的地位，但是各国为了发展国际贸易，必须用美元作为结算与储备货币，这样就会导致流出美国的货币在海外不断沉淀，对美国来说就会发生长期贸易逆差；而美元作为国际货币核心的前提是必须保持美元币值稳定与坚挺，这又要求美国必须是一个长期贸易顺差国。这两个要求互相矛盾，因此是一个悖论。”这一内在矛盾称为“特里芬难题”。

特里芬1959年在第87届国会经济联合委员会上的发言用到了“美元荒”这个词，说明美国国内的美元持续流出美国本土。如我们前面所说，本国资金流出意味着国际收支逆差，长期逆差将使国内经济发展缺少资金支持，而这将拖累美元价值。如果是在现在的浮动汇率制下，美联储可以轻松地通过印发美元来解决“美元荒”的问题，但是当时实行的是“各国货币与美元固定，美元与黄金固定”的类金本位制，美联储承诺以固定的价格将美元兑换成黄金。也就是说，流通中的每一个美元都需要有相应的黄金储备支撑，这就限制了美联储印发美元的能力。特里芬认为，如果通过抑制国内通货膨胀率和加大技术与研究的投资来提高美国商品国际竞争力，改善美国国际收支状况，消除贸易逆差，将减少其他国家2/3～3/4的外汇储备来源，而在当时黄金供给不足的情况下，正是靠了这部分的美元储备才满足了世界经济增长所要求的国际清偿能力。

特里芬对于解决上述两难问题给出的建议是改变当时仅将美元作为国际储备资产的做法，转而使世界货币储备的外汇组成国际化：美国、英国和其他主要发达国家应阻止其他国家用其货币作为外汇储备，所有不愿以黄金形式持有的外汇储备可以以国际化的、可兑换黄金的储蓄方式存入国际货币基金组织，两者之间的比例可由各国自行选择而定。

这是经济史上少有的通过理论分析而准确预测事件发生的案例之一。1971年7月第七次美元危机爆发，尼克松政府于8月15日宣布实行“新经济政策”，停止履行外国政府或中央银行可用美元向美国兑换黄金的义务。1971年12月以《史密森协定》为标志，美元对黄金贬值，美联储拒绝向国外中央银行出售黄金。至此，美元与黄金挂钩的体制名存实亡。1973年3月，西欧出现抛售美元，抢购黄金和马克的风潮。3月16日，欧洲共同市场9国在巴黎举行会议并达成协议，联邦德国、法国等国家对美元实行“联合浮动”，彼此之间实行固定汇率。英国、意大利、爱尔兰实行单独浮动，暂不参加共同浮动。其他主要西方货币实行了对美元的浮动汇率。至此，固定汇率制度完全垮台。美元停止兑换黄金和固定汇率制的垮台，标志着第二次世界大战后以美元为中心的货币体系瓦解。布雷顿森林体系崩溃以后，国际货币基金组织和世界银行作为重要的国际组织仍得以存在，发挥作用。

十四、2008年的经济危机是如何影响外汇市场的?

2008年的经济危机又称为“次贷危机”，因为它始于美国次级抵押贷款引发的房地产泡沫破灭。

在美国，消费者的信用等级被分为优级、次优级和次级。那些能够按时付款的消费者信用级别被定为优级，那些不能按时付款的消费者信用级别被定为次优级和次级。次级抵押贷款就是银行等金融机构向信用等级不高的购房者发放的抵押贷款，其贷款利率通常比一般抵押贷款高出2%~3%。如果借款人在偿还贷款期间有拖欠等违约行为，贷款人有权按照约定的条件依法占有房产所有权。尽管美国次级抵押贷款市场占美国整体房贷市场比重并不大，大约是7%~8%，但其利润最高，风险最大。信用风险是指借款人违约的风险。借入抵押贷款的购房者实际上持有一个房价的看涨期权，当房地产价格持续上涨时，购房者可以按照约定偿还贷款并享受房价上涨带来的资产升值的好处；而房价下跌时，购房者则倾向于选择违约，特别是当房产的价格已经远远低于贷款的价值时，就产生了信用风险。传统上，由贷款人（主要是银行）承担贷款的信用风险。因此，在发放贷款时，贷款人会仔细审查借款人的偿债能力。而在过去几十年中，随着各种金融创新的出现，资产证券化开始流行，其中抵押支持债券（MBS）是最早的资产证券化品种，其基本结构是把贷出的住房抵押贷款中符合一定条件的贷款集中起来，形成一个抵押贷款的集合体，利用贷款集合体定期发生的本金及利息的现金流入发行证券，并由政府机构或政府背景的金融机构对该证券进行担保。随后出现的担保债务凭证（CDO）将包括MBS在内的资产证券化产品产生的现金流再打包起来，按照约定的比例和顺序分发给CDO的购买者。CDO最大的特点是将打包后的现金流按照不同的顺序分发给持有人，分为高级、夹层和低级三系列。另外，还有一个不公开发行的系列，多为发行者自行买回，相当于用此部分的信用支撑其他系列的信用，具有权益性质，故又称为权益性证券。当有损失发生时，由股本系列首先吸收，然后依次由低级、中级、高级系列承担，与此相对应的，信用风险越小的系列收益越小，收益率低于CDO支持证券现金流的平均收益率，而信用等级较低的系列将获得超过平均水平的收益率。当发生的信用损失在一定范围之内时，高信用等级系列不受影响，常常能获得外部信用评级机构给予的最高评级。但是这样的产品结构隐含着两个重要缺陷：一是CDO的最后购买者和现金流源头——住房抵押贷款的借款人中间隔了许多环节，无法真正评估手中CDO份额的信用风险，而借款人由于手中并不持有该贷款，在进行信用审查的时候倾向于发放贷款，这就导致了信用较差的次级抵押贷款的急剧上升。二是即使 CDO 中的高级系列能获得优先偿付，但如果 CDO 背后支持的贷款信用等级不高，一旦发生系统性的问题，容易出现完全的信用风险。换句话说，高级系列的信用等级并不像评级机构给出的那么“高级”。

2000 年后，经济快速增长和长期超低利率水平共同推动了美国的房地产市场进入了繁荣期。如前所述，在房价上涨的时候，即使信用较差的借款人也有能力和意愿偿还贷款。在次级贷款坏账率较低和各种金融衍生品的刺激下，金融机构开始发放越来越多的次级贷款。这是一个正反馈的过程。随着很多原本没有能力买房的人获得抵押贷款加入购房大军，美国的房价被推得越来越高。据统计，1997～2006 年，一般美国住房价格上涨了 124%，在 2001 年结束前的 20 年里，美国房价中值是 2.9～3.1 倍的中产家庭收入，这个比例在 2004 年上升至 4.0，在 2006 年则升至 4.6。为了抑制经济的过热发展，美联储在 2004 年进入了加息周期，开始不断提高利率水平。这一过程持续了两年，经历了两任联储主席之后，利率从当时的 1% 提高到 5.25%。随着经济的放缓，房地产市场开始降温，这时又进入了一个下行的正反馈过程。越来越多的借款人停止支付他们的抵押贷款还款，抵押贷款的贷款人获得抵押房产的所有权并在市场上出售，这使得美国住房市场面临进一步的下行压力。抵押贷款还款的下降同时也降低了 MBS 和 CDO 的价值，削弱了贷款机构的净资产和财务状况。2007 年 2 月，当时世界上最大的银行——汇丰银行宣布减持与次级贷款相关的 MBS 资产共 105 亿美元，标志着次贷危机的爆发。2009 年 3 月 6 日，美国道琼斯工业股票平均价格指数收于 6629 点，创下 1997 年 4 月以来的最低收盘水平（见图 4－2）。道琼斯指数的市值在短短一年半时间内已缩水过半。据国际货币基金组织的预测，因次贷危机造成的直接损失超过 1 万亿美元。

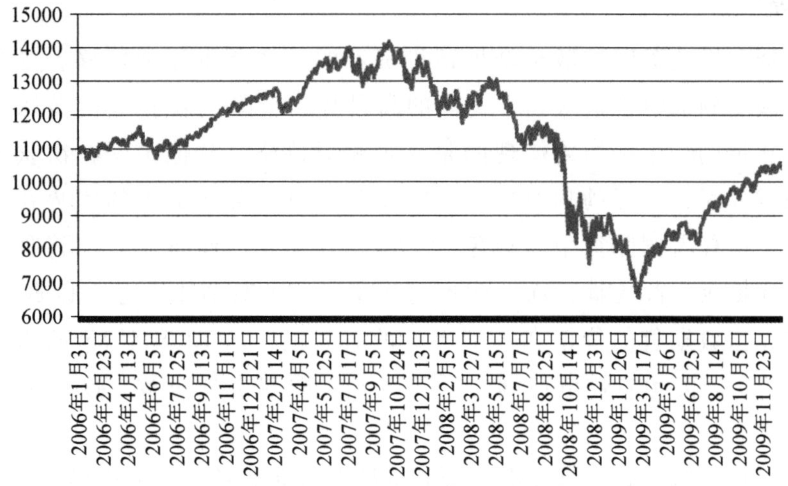

图 4－2　道琼斯工业指数走势

资料来源：WIND 资讯。

1. 次贷危机对美元的影响。作为本次次贷危机的发源地，在欧债危机的开始阶段，美元指数期货价格在 85 附近。到 2008 年 3 月，美元指数期货价格最低为 70.68，在一年左右的时间内美元对其他货币整体贬值近 20%。一方面，一国货币作为国家经济实力的象征，在美国经济遭受巨大冲击的时候，国际投资者对于手中的美元及美元资产必然有所顾虑，对相关头寸的抛售导致了美元的贬值压力；另一方面，处于救市的考虑，市场对于美联储降息有强烈的预期，无论是美元持有收益的降低，还是美元购买力的下降，都将导致美元的贬值。实际上，自次贷危机爆发后不到一年的时间里，美联储将联邦基准利率从 5.25% 下调至 2%，并在之后一年的时间里将基准利率进一步降低至 0 ~ 0.25% 的历史极低水平。

图 4 - 3　美元指数走势

资料来源：WIND 资讯。

随着次贷危机从美国扩散至全球，投资者的关注点也逐渐转移。尽管和其他国家相比，美国受到的打击最大，但美国的高科技、金融创新和危机转嫁能力不是其他国家能够比拟的。汇率始终体现的是一种相对价格，其他国家在次贷危机中遭受的损失越来越大时，美元的相对价格却将得到提升。美元最大的优势在于其作为一种结算货币，担任着国际货币的角色，交换媒介和外汇储备的需求将吸收增发的美元，并为美元提供实际支撑，而美国本身将从美元的贬值中收益。因此在 2008 年 7 月之后，美元指数期货的价格在不到半年的时间里，从 72 升至 88 的水平，在美国国会通过 7 000 亿美元的救市计划之后，美元指数曾出现短暂下跌，但很快恢复上涨并创出新高。

2. 对日元的影响。日元是此次次贷危机最大的受益者。外汇市场上的套利交易是利用货币间的利率差异获利的一种投资方式，一般是用较低的成本借入低息货币，买入高息货币并持有。由于息差交易属于低波动、低收益的策略，实际操作中常常是以数十倍乃至数百倍的杠杆放大收益。日本利率长期位于接近于0的超低水平，套利交易中常作为融资货币。当金融市场稳定、经济发展前景良好的时候，市场波动率较低，该套利交易风险相对可控。随着进入套利交易资金的不断增多，日元不断贬值，在次贷危机刚爆发的2007年下半年，欧元兑日元创出历史新高，而对美元也达2003年以来的最高点。在次贷危机发生后，国际资本流动的方向和速率迅速改变，一旦有风吹草动导致日元的小幅升值，将使抛日元买高息货币的交易策略承受亏损，高杠杆率将使亏损加大，一些实力不足的投资者不得不将套利头寸反向平仓，这将导致日元的进一步升值，产生多米诺骨牌效应，越来越多的投资者加入平仓队伍，平仓的速度和规模越来越大。2007年8月14日，日元兑美元汇率开盘为118.23；8月16日，日元兑美元汇率盘中最低跌至112.00，收在113.86。三个交易日最高跌幅达600多点，而大部分时候，日元兑美元的汇率1个月也不过波动三四百点（见图4-4）。新西兰元和澳元等高息货币兑日元的汇率波幅更大，跌幅超过20%。

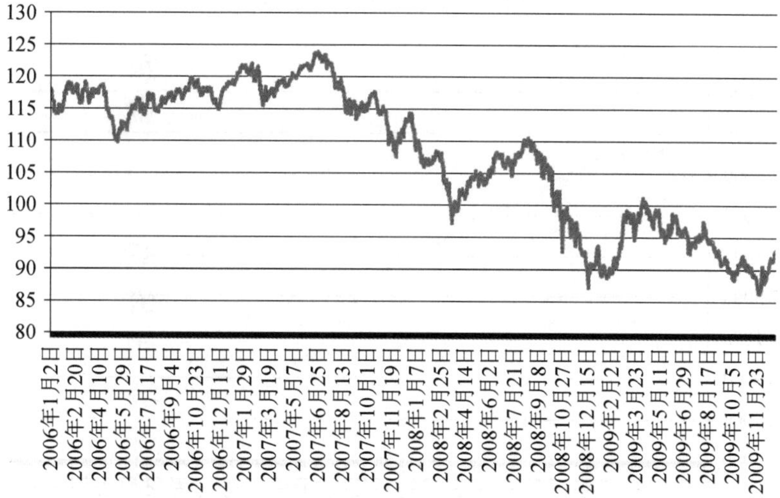

图4-4 美元兑日元走势

资料来源：WIND资讯。

3. 对其他货币的影响。对于澳元、加元等商品货币来说，其汇率走势与大宗商品高度相关，在次贷危机期间，作为大宗商品风向标的纽约原油价格从2008年7月的140.25美元/桶跌到2009年1月的41.68美元/桶；与之相对应，澳元从0.9584澳元兑1美元跌到0.6370澳元兑1美元（见图4-5）。

在金融危机期间，国际需求疲软，拉动中国经济发展的三驾马车之一的出口受到严重打击。如果允许人民币继续升值，中国经济将会陷入衰退。在这种情况下，为了稳定国内经济，中国政府出面干预，暂时停止了人民币的升值进程，转而采用紧盯美元的固定汇率制（见图4-6）。

图 4－5　澳元兑美元走势

资料来源：WIND 资讯。

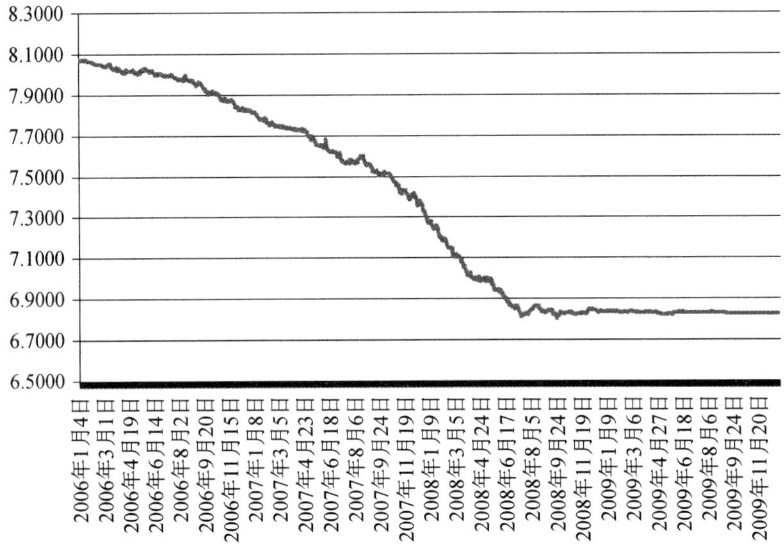

图 4－6　美元兑人民币走势

资料来源：WIND 资讯。

第五章　外汇市场套期保值

一、外汇风险有哪些类型?

（一）交易风险

交易风险（Dealing Risk）是指在运用外币计价收付的交易中，由于外币与本币之间以及外币与外币之间的汇率变动，使经济主体蒙受损失的可能性。交易风险通常在以下几种情形下出现：

1. 在商品劳务的进口交易中，如果在实际支付外币货款时外汇汇率较合同签订时上涨了，进口商就会付出更多的本币或其他外币；反之亦然。出口商的情形则刚好相反，这是经常账目下的外汇交易风险。

2. 在资本输出中，如果外汇汇率在外币债权债务清偿时较债权债务关系形成时下跌，债权人就只得收回相对更少的本币或其他外币。资本输入的情形则刚好相反，这是资本账目下的外汇交易风险。

3. 外汇银行在中介性外汇买卖中持有外汇头寸的多头或空头，也会因汇率变动而可能蒙受损失。外汇银行在每日外汇买卖业务中，难免会出现某一些币种的净多头或净空头，若持有多头的币种汇率出现下跌，持有空头的货币汇率出现上涨，那么在将来卖出多头买进空头时，外汇银行就要蒙受损失。

（二）会计风险

会计风险又称“折算风险”，是指经济主体对资产负债表进行会计处理的过程中，在将功能货币（在具体经济业务中使用的货币）转换成记账货币（编制会计报表所使用的货币）时，因汇率变动而产生账面损失的可能。该类外汇风险主要体现在涉外经济主体，尤其是跨国公司的会计报表中。原本以外币度量的各种资产（包括真实资产和金融资产）和负债，需要按一定的汇率折算成母国货币，以便汇总编制综合的财务报表。如果折算汇率变动，资产负债表中某些项目的价值也会相应变动，从而出现账面损失的可能。

（三）经营风险

经营风险是指意料之外的汇率变动通过影响企业生产销售数量、价格、成本，引起企业未来一定期间收益或现金流量减少的一种潜在损失。汇率的变动影响企业的生产成本和销售价格，从而引起产销数量的调整，并由此带来获利状况的变化。这种变化的结果可能是损失，也可能是获利，具有不确定性。导致经济风险的汇率变动仅指意料之外的汇率变动，而不包括意料到的汇率变动。经济风险比折算风险和交易风险更重要，因为它对企业的影响具有长期性。

二、什么是外汇期货的套期保值?

外汇期货套期保值（Foreign Exchange Futures Hedging）是指利用外汇期货交易确保外币资产或负债免受汇率变动带来的损失。有涉外经济业务的经济主体在日常业务经营中经常要持有外币资产，或拥有外币负债。这些资产或负债一般以主要的几种自由兑换货币计量，如美元、欧元、日元等。而国际外汇市场上这些主要货币之间的汇率频繁波动，而且方向难以预测，使得以不同货币计量的资产的相对价值不稳定，经常处于升值或贬值的状态中。假如一段时期后经济主体持有的外币资产贬值，或拥有的外币负债升值，便构成这段时期的外汇风险，而这种风险可以通过外汇期货对冲策略予以部分或全部回避。这项业务称为“外汇期货套期保值”，可分为空头套期保值和多头套期保值两类。

（一）空头套期保值

空头是指在外汇期货市场上卖出外汇。空头套期保值（Short Hedging）是指在即期外汇市场上持有多头头寸，即持有外币资产的交易者，为防止外币的汇率将来下跌，而在外汇期货市场上做一笔相应的空头交易。

【案例 5 -1】

某美国投资者发现欧元利率高于美元利率，于是他决定购买50 万欧元以获高息，计划投资3个月，但又担心在这期间欧元对美元贬值。为避免欧元汇率贬值的风险，该投资者利用外汇期货市场进行空头套期保值，具体操作过程见表5-1。

该投资者投资50万欧元，因欧元汇率下跌而在即期外汇市场上损失6.56万美元。但是由于他同时在外汇期货市场上做了套期保值交易，使得即期市场的损失可以从期货市场的获利中得到弥补。当然，若欧元汇率在这期间上涨，该投资者在即期市场的获利也将被期货市场的损失抵消。由此可见，外汇期货市场套期保值的操作实质上是为现货外汇资产“锁定汇率”，减少或消除其受汇率上下波动的影响。

（二）多头套期保值

多头是指在外汇期货市场上买入外汇。多头套期保值（Long Hedging）是指在即期外汇市场上处于空头地位的人，即是拥有外币负债的人，为防止将来偿付外币时汇价上升，而在外汇期货市场上做一笔相应的买进交易。

表5-1　　外汇期货空头套期保值

现货市场	期货市场
3月10日 当日美元兑欧元即期汇率为1美元=0.7445欧元，购买50万欧元，付出67.16万美元	3月10日 卖出4张2015年6月到期的欧元期货合约，每张金额为12.5万欧元，成交价格为1.3450美元/欧元（用银行标价方式则为0.7435欧元/美元）
6月10日 当日美元兑欧元即期汇率为1美元=0.8251欧元，出售50万欧元，得到60.6万美元	6月10日 买入4张12月到期的欧元期货合约，每张金额为12.5万欧元，成交价格为1.2101美元/欧元（用银行标价方式则为0.8264欧元/美元），与3月10日的卖出价格比，期货合约下跌13450-12101=1349个点，每个点的合约价值为12.5美元： 4张合约共获利=4×1349×12.5=6.75万美元
损失6.56万美元	获利6.75万美元

【案例5-2】

在6月10日，某美国进口商预期3个月后需支付进口货款2 500万日元，目前的即期汇率为1美元=146.70日元。该进口商为避免3个月后因日元升值而需付出更多的美元来兑换成日元，就在外汇期货市场买入2张9月到期的日元期货合约，进行多头套期保值。具体操作过程见表5-2。

该进口商于3个月后实际支付日元货款时，因日元汇价上升而需多付出5 207美元的成本，但因他同时在外汇期货市场上做了多头套期保值，使成本的增加可从期货市场的获利中大致得到弥补。当然，若9月10日的日元汇价下跌，则即期市场上成本减少的好处将被期货市场的亏损大致抵消。

表 5-2

即期市场	期货市场
6月10日 当日即期汇率为1美元=146.70日元；2 500万日元价值170 416美元，预计日元可能升值	6月10日 买入2张9月份到期的日元期货合约每张金额为12 500 000日元，成交价为0.006835美元/日元，用外汇期货市场的报价方法即为6835点，用银行间外汇报价方式则为146.30日元/美元
9月10日 当日即期汇率为1美元=142.35日元；从即期市场买入2 500万日元，需付出175 623美元	9月10日 卖出2张9月份到期的日元期货合约，成交价格为7030点（用银行间外汇报价方式则为142.25日元/美元）
成本增加=175 623-170 416=5 207（美元）	获利=(7030-6835)×12.5×2=4 875（美元）

综上所述，外汇期货市场的存在为许多经济主体提供了一个回避汇率风险的场所。外汇期货交易虽然不可能完全消除进行各种贸易和金融交易的全部风险，但至少降低了大部分风险，增加了经济主体在经营上的稳定性。同时，外汇期货交易因合约条款的标准化而具有很好的市场流动性，交易手续简便，费用低廉，且只需付少量保证金（一般为5%左右）即可达到回避风险的目的，节约了资金成本。

（三）交叉套期保值

在国际外汇期货市场上交易的外汇期货合约通常是多种外币兑美元的期货合约，而很少有两种非美元货币间的期货合约。在实际经济活动中，若需要回避日元与英镑之间的汇率风险，就必须运用交叉套期保值。

交叉套期保值（Cross Hedge）是指利用相关的两种外汇期货合约为其中一种外汇保值。进行交叉套期保值的关键是要把握以下两点：一是正确选择承担保值任务的另外一种期货，只有相关程度高的品种，才是为手中持有的现汇进行保值的适当工具；二是正确调整期货合约的数量，使其与被保值对象相匹配。

【案例5-3】

一家日本公司在6月10日预计3个月后将收到一笔250 000英镑的款项。如果在此3个月中，英镑兑日元的汇率下跌，则该公司最终收到250 000英镑将兑得较少日元。为回避这种风险，该公司希望利用外汇期货实施套期保值。然而，目前的外汇期货市场却没有日元和英镑间的期货合约可供交易。所以，只能通过日元期货合约与英镑期货合约实行交叉套期保值。

假设6月10日外汇市场的即期汇率如下：美元兑日元为138.50，英镑兑美元为1.6162，日元与英镑的交叉汇率为：233.84日元/英镑。

3个月后，外汇市场的即期汇率如下：美元兑日元为135.45；英镑兑美元为1.6075；交叉汇率：217.74日元/英镑。

可以看到，3个月以后日元升值，而英镑贬值。因此，该公司要事先实行交叉套期保值。具体做法是：买入日元期货，同时卖出英镑期货。过程见表5-3。

表5-3

即期市场	期货市场
6月10日 美元兑日元：138.50；英镑兑美元：1.6162；25万英镑相当于55 960 000日元	6月10日 买入9月份日元期货合约4张，成交价为7236点相当于（美元兑日元138.20）卖出9月份英镑期货合约4张，成交价为1.6176
9月10日 美元兑日元：135.45；英镑兑美元：1.6075；交叉汇率英镑兑日元：217.74；25万英镑可兑成54 435 000日元	9月10日 卖出9月份日元期货合约4张，成交价为7385点（美元兑日元相当于135.40），买入9月份英镑期货合约4张，成交价为1.6082
损失=55 960 000-54 435 000 =1 525 000（日元）	日元获利=（7385-7236）×4×12.5=7 450（美元） 英镑获利=（6176-6082）/2×4×12.5=2 350（美元） 合计：9 800美元，按9月10日汇价相当于1 327 410日元

期货市场的交叉套期保值抵消了大部分即期外汇市场上因汇价不利变动导致的损失。依据同样的原理，交叉套期保值可适用于多种非美元的自由货币之间，为防范错综复杂的汇率风险提供了又一种有效的工具。

三、什么是外汇期货套利？

外汇期货的套利分为跨市场套利、跨币种套利和跨月份套利三种。

（一）跨市场套利

跨市场套利是指交易者根据对同一种外汇期货合约在不同交易所的价格差别变化的预测，在一家交易所买入一种外汇期货合约，同时在另一家交易所卖出同种外汇期货合约，以从两种价格间差别的变化中获利的套利交易。目前由于信息资讯高度发达，不同市场间外汇价差可供套利的机会已相对少见，即使出现也是稍纵即逝，因为市场间的套利行为会很快消除市场间的价差。然而，只要善于捕捉机会，跨市场套利仍然有利可图，且风险相对较小。

【案例5－4】

假设在某个交易日中，芝加哥商业交易所的国际货币市场分部（IMM）市场上9月到期的日元期货价格为7740点；而与此同时，费城交易所（PBOT）9月到期日元期货价格为7750点，两者价差为10点。因IMM与PBOT的日元期货合约标的物相同，每手金额都是12 500 000日元，并都于9月到期，价格上本不应该出现差别，至少9月到期日当天，两份合约的价格会达到一致。这种价差提供了无风险套利机会。套利者可在IMM作买入，同时在PBOT作卖出，成交价相差10个点。若以后价差有机会缩小到一定程度，比如该价差变为2点时，再同时在IMM作卖出和在PBOT作买入，每张合约可赚取8个点的利润（佣金成本忽略不计），倘若10个点的价差不缩小或反而扩大，并且到期日前都无机会缩小，套期者可在到期日实行交割，在IMM以7740的价格接收日元后，以7750的价格在PBOT交货，依然可赚取10个点的差价（在不计交易成本的情况下）。因此，只要交易成本足够低，这种套利机会可以说是无风险的。正因为如此，一旦价差出现，便会招来大量的套利交易，使价差很快消失。

（二）跨币种套利

跨币种套利是指交易者根据对同一交易所内到期月份相同而币种不同的期货合约价格走势的预测，买进某一币种的期货合约，同时卖出另一币种相同到期月份的期货合约，从而进行套利交易。

国际上主要的外汇期货交易所合约设计都是将主要的非美元自由货币以美元计价交易。这样，美元本身处于强势或弱势地位就会导致非美元货币的普跌或普涨。假如美国国内产生严重的经济衰退，导致美元处于弱势地位，相应的，欧元、日元、英镑、澳元等货币就会普遍对美元升值。但是，日本与西欧各国本身的经济状况也是各不相同，政府经济政策千差万别，导致它们的货币不可能保持完全一样的坚挺程度，总是有某些币种更强一些，另外一些币种较弱。预料欧元对美元升值强劲，而日元对美元升值较轻微，就可以买入欧元期货，同时卖出相同到期月份的日元期货；若后来欧元的涨升幅度超过日元，再同时作反向对冲，则可获利。跨币种套利的好处是即使大势方向判断错误，比如说美元并非弱势，反而处于强势，则欧元与日元将齐跌，但因欧元相比于日元仍显强劲，因而跌幅较日元为轻，则上述的套利行为依然可以获利。

（三）跨月份套利

跨月份套利是指交易者根据对币种相同而到期月份不同的期货合约在某一交易所的价格走势的预测，买进某一月份的期货合约，同时卖出另一月份的同币种合约，从而进行套利交易。

与前面两种套利的原理一致，跨月份套利也是根据不同合约间的相对差价变化来获利，而与期货价格的绝对走势无关。只不过跨月份套利的两种合约的唯一区别是到期月份不同。

【案例5-5】

假如在3月1日时，9月到期的日元期货价格为7830点，12月到期的日元期货价格为7920点，价差为90点，套利者预期两种合约间的价差会变小，于是他买入一手9月份日元期货，同时卖出一手12月份日元期货。两个月以后，9月份日元期货价格为8090点，12月份日元期货价格为8060点，价差缩小到30点，该套利者分别对9月份和12月份的期货合约同时作反向对冲，即：

可盈利点数 $=90-30=60$（点）

盈利额 $=60\times12.5=750$（美元）

四、外贸型现货企业经营中面临怎样的外汇风险？

2008年，金融危机席卷国际市场，但全球最大的独立软件厂商之一——赛贝斯（SYBASE）依然创造了多项业绩纪录。这本是令人振奋的事情，但外汇风险却让时任赛贝斯董事会主席、首席执行官的John Chen忧心忡忡。2008年7月至11月，欧元对美元的汇率下跌超过20%，这意味着占赛贝斯营业收入三成的欧洲市场将承受20%的营业利润缩水；同一时间，赛贝斯的另外一个重要海外市场澳大利亚，其对美元的汇率更是下跌接近40%。在接受采访时程守宗表示了对汇率风险的担忧："如果2009年美元汇率保持稳定的话，公司仍将保持增长态势；但如果考虑到汇率因素，我现在很难断言，必须看汇率市场进一步的变化。"

和赛贝斯一样，身处国际贸易市场以及正在走向全球化的中国企业也能感受到这种汇率波动带来的风险。自2005年7月21日我国开始实行以市场供求为基础、参考一篮子货币进行调节、有管理的浮动汇率制度以来，人民币升值幅度和汇率变化的不确定性逐渐加大，使企业的经营收益和长远战略面临更多的不确定因素。因此，理解、识别外汇风险，并且掌握应对之法成为国内相关企业经营管理的重要课题。

外汇风险究竟是什么呢？通俗来讲，外汇风险是企业由于汇率的意外变动使企业财务收益与预期收益发生偏离，因而造成蒙受损失的可能。企业经营过程中涉及外汇的某一方面或者某个环节的问题，都有可能加大企业的财务风险，降低企业的盈利能力和偿债能力。

汇率变动对企业外汇风险的影响不仅涉及货币因素，还涉及国际惯例、贸易规则以及国内外法律条款等非货币因素，最终体现于企业外汇业务成果的不确定性。外汇风险主要包括交易风险、折算风险和经济风险。

企业在国际经济活动中，一方面，经常要使用外币进行收付，因而会发生外币与本币（或两种外币）之间的实际兑换。由于从交易的达成到账款的实际收付以及借贷本息的最后偿付均有一段期限，兑换时如果汇率在这一期限内发生不利于企业的变化，则企业将单位外币兑换成本币（或两种外币间兑换）的收入就会减少，或以本币兑换单位外币的成本就会增加，于是产生了交易风险和经济风险；另一方面，由于本币是衡量企业经济效益的共同指标，因此即使企业的外币收付不与本币或另一外币发生实际兑换，也需要在账面上将外币折算成本币，以考核企业的经营成果，而随着时间的推移，汇率发生波动，单位外币折算成本币的账面余额也会发生变化，于是产生了折算风险。

由此可见，外汇风险包含三个要素：本币、外币和时间。只要企业在经营活动中以外币计价结算，且存在时间间隔，就会产生外汇风险。一般来说，未清偿的外币债权债务余额越大，间隔时间越长，外汇风险就越大。

五、交易风险有哪些?

交易风险起源于尚未结清的、以外币定值的应收或应付款项，主要反映以外币定价合同的本币价值、因债权债务款项的结算或清偿发生在汇率变动以后而可能受到的损失或影响。与交易风险密切相关的是国际贸易及国际资本流动，如进出口信贷期满后将要进行的付汇或收汇，外币贷款本息的偿付或收取，海外投资的股息、红利、特许权使用费等收益的汇寄以及资本的回收等。

其中，对外贸易交易或结算风险是企业最常遇到的外汇交易风险，即以即期或延期付款为条件的商品或劳务进出口贸易中，在货物装运或服务提供后，货款或服务费用尚未收支的期间，外汇汇率变动所带来的风险。若本币汇率升值，出口企业将承受出口收入减少的风险；若本币汇率贬值，进口企业则承受进口支出增加的风险。

【案例 5 - 6】

某企业与美国客户签订一单总价 1 000 000 美元的照明设备出口合同，约定货到付汇，签约时人民币汇率 1 美元 =6.7979 元人民币。该企业当时考虑现存部分符合合同的设备，其余设备生产周期较短，发货收汇周期应该不会太久。但实际交易过程中，该企业由于信用证迟迟未到使交货期一再推迟，结果3个月后才收汇，当日的汇率中间价已经变为1美元=6.6490元人民币，企业的人民币收入为6 649 000元人民币，与签单时汇率计算相比，发生汇兑损失148 900元人民币。

对外债权债务清偿的风险是另一种主要的外汇交易风险。这种风险发生在企业以外币计价的国际投资借贷活动，即外汇汇率在企业以外币计价的债权债务未清偿前发生变动而引发的风险。由于我国实行新汇率制度以后人民币总体上维持升值趋势（见图5－1），因此对外债权债务清偿给国内企业造成的外汇风险不大，甚至往往带来部分收益。

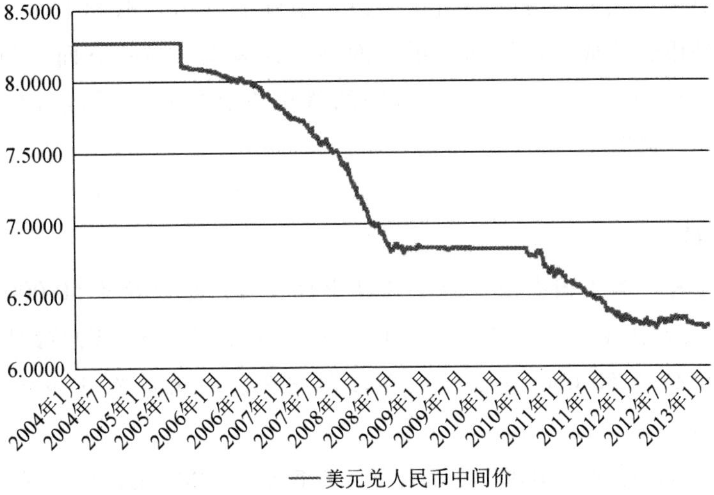

图5－1　美元兑人民币中间价

资料来源：中国人民银行。

【案例5－7】

某企业从欧洲客商处引进了一批造纸设备，由于资金紧张，同时整个项目时间较长，签约、开证或支付定金、国外发货、接货、安装调试、设备验收等繁杂流程使合同执行期超过1年，因此该企业申请了期限为1年、本息合计500 000美元的银行贷款。当时的人民币汇率为1美元=6.5339元人民币，贷款本息约合人民币3 266 950元。1年后，人民币对美元升值为1美元=6.2879元人民币，企业偿还50万美元的本息约合人民币3 143 950元。与期初相比，发生汇兑盈利123 000元人民币。

六、会计风险只有跨国企业才有吗？

外汇会计风险相对外汇交易风险更难理解。通常情况下，会计风险被普遍认为是跨国公司在编制合并会计报表时母公司会计报表上的汇兑损益变化，但实际上外汇汇兑损益包括已实现的汇兑损益和未实现的汇兑损益，其对会计风险的影响是不同的，所有以外币进行贸易及持有外币的企业都可能涉及会计风险。因此，会计风险不仅仅表现在跨国企业之中，只是同一般的企业相比，跨国公司的海外分公司或子公司所面临的会计风险更为复杂。一方面，当它们以东道国的货币入账和编制会计报表时，需要将所使用的外币转换成东道国的货币，面临会计风险；另一方面，当它们向总公司或母公司上报会计报表时，又要将东道国的货币折算成总公司或母公司所在国的货币，同样面临会计风险。

【案例 5-8】

某外贸企业与一家美国企业签订了玩具出口合同，总价款为 50 000 美元，赊账期为 30 天，当天的人民币汇率为 1 美元 =6.3441 元人民币。30 天后赊账期满，该企业收到美国公司价值为 50 000 美元的即期汇票一张，当天的人民币汇率为 1 美元 =6.3012 元人民币。

公司签订合同记账时，50 000 美元折算为人民币 317 205 元，但收到对方即期汇票到银行结汇时，实际兑换为人民币 315 060 元，比当时记账金额少 2 145 元，即发生汇兑损失 2 145 元。在当年度的损益表上，此项损失为已实现的汇兑损失。有一点需注意，即该企业到银行结汇时实际取得的是人民币银行存款，但若取得的是美元，即“银行存款——美元”账户增加 50 000 万美元，又过 30 日之后的人民币汇率为 1 美元 =6.2922 元人民币，银行存款折合为人民币 314 610 元，又产生未实现的汇兑损失 450 元。

可见，即使在外币交易已经结算，倘若结算采用的是外币仍会产生未实现的汇兑损益，因为此时只是外币资产由应收账款转为外币存款，仍然在汇率变动的影响之下。未实现的汇兑损益一般包括未结算的外币交易损益和外币报表的折算损益。

未结算的外币交易损益是指在外币交易未结算之前编制会计报表，报表日的现行汇率与交易发生时的记账汇率或上期报表日该项交易的折算汇率（即上期报表日现行汇率）不同而引起的差异。

【案例 5-9】

假设案例 5-8 中的外贸企业签订合同时的赊账期为 60 天，则 30 天后报表编制日时应计应收账款 50 000 美元，折合人民币 315 060 元，产生未实现的汇兑损失 2 145元。

除了未结算的外币交易形成的资产负债在会计报表编制中的折算外，其他国外业务，如国外分支机构、国外子公司财务报表在以本国货币（功能货币）重新表述时，由于汇率变动，产生的外币财务报表折算差异也属于未实现的汇兑损益。

【案例 5－10】

假定某国内企业在美国设立了业务分公司，其固定资产为 5 000 000 美元，第一年记账日人民币汇率为 1 美元＝6.6215 元人民币，则国内合并财务报表时记录固定资产为 33 107 500 元人民币。次年记账日人民币汇率为 1 美元＝6.3001 元人民币，则海外固定资产的人民币值在财务报表上反映为 31 500 500 元人民币，较前一年减少 1 607 000 元人民币。

会计风险与交易风险的根本区别在于，其不引起实际的资金流动变化，企业的实际资产、负债值并未发生变化。在案例 5－10 中，该企业的总部并没有 1 607 000 元人民币的现金流出，其海外美国业务分公司的资产也仍是 5 000 000 美元，这仍可以说是一项未实现的外汇汇兑损益。但企业应当重视这种会计风险，因为虽然其并不会引起真实的现时现金流量的变化，但其展示了将来现金流量变化的一种趋势。若企业由于情况变化将海外企业转手时，这时的会计损益就转变为实际上的资金损益。如上例，若次年该企业将业务分公司出售，则会遭受 1 607 000 元人民币的实际损失。

通常情况下，人们经常混淆外汇风险中的会计风险与交易风险，这也是导致会计风险被普遍认为是跨国公司合并会计报表所产生外汇风险的原因。我们前面提到过，外汇风险包含三个要素：本币、外币和时间。外汇的会计风险与交易风险的区别主要就在于发生的时间不同。

【案例 5－11】

某外贸企业的外币资产账户（如“银行存款——美元”）期初余额为 1 000 000 美元，本月 1 日人民币汇率为 1 美元＝6.4837 元人民币，本月 30 日该账户余额同样为 1 000 000美元，但人民币汇率为 1 美元＝6.4716 元人民币。因此，该公司外币资产在本月 1 日的余额折合人民币总额为 6 483 700 元，到本月 30 日折合人民币余额为 6 471 600元，损失 12 100 元。这个损失最终作为财务费用（汇兑损益）抵减企业收益，从而使企业利润减少 12 100 元。

此例是单纯的会计折算风险。单纯的会计折算风险与是否发生有关外币的经济业务没有关系，而因反映以人民币编制会计报表的要求而产生。

【案例 5 - 12】

某外贸企业签订一笔价值为 50 000 美元的变流器出口合同，当日人民币汇率为 1 美元 = 6. 6886 元人民币；30 天后外汇货款交割清算，公司收到 50 000 美元存入银行，当日人民币汇率为 1 美元 = 6. 6786 元人民币。3 天后公司将 50 000 美元在外汇市场上兑换为人民币，当日人民币汇率为 1 美元 = 6. 6515 元人民币，取得 332 575 元。按照签订合同日汇率折算，该企业应收人民币金额为 334 430 元，货款交割清算时只收到人民币金额 333 930 元，损失 500 元，出售美元时损失 1 355 元。整个交易的实际损失为 1 855 元。

交易活动中的会计风险依存于交易风险，表现为交易交割清算日至外币兑换为本币日，由于汇率变动在核算上体现出来的会计损益。在案例 5 - 12 中，签订出口合同至货款交割清算时由于汇率变动引起的 500 元损失属于外汇风险中的交易风险，货款交割清算至美元兑换为人民币时由于汇率变动引起的 1 355 元损失则属于外汇风险中的会计风险。

七、若人民币贬值，出口型企业就没有外汇会计风险了吗？

综合前面的例子，似乎可以得出人民币升值时才会引发出口型企业外汇会计风险的结论，那么人民币贬值出口型企业是不是就没有外汇会计风险了？实际上，人民币贬值同样会给出口型企业带来外汇会计风险。

外汇会计风险实质是一种未实现的外汇汇兑损益，是依照权责发生制计量出的会计上的外汇汇兑损益，并不引起资金的实际流动。在案例 5 - 11 中，人民币升值使企业的利润减少了 12 100 元，但这只是应编制会计报表的要求须以人民币反映而引起的，企业并未发生实际的资金流动，却使企业少交 3 025 元的所得税（税率为 25%）；相反，若人民币贬值产生汇兑收益使企业的利润增加 12 100 元，反而使企业多交3 025 元的所得税。

可以看出，会计风险引发的税收风险，是与会计风险反方向运动的。对于需要编制合并会计报表的跨国公司而言，这种由汇率变动引发的税收风险更为严重。当然，不同国家的税收规定使得税收风险的严重程度有所不同，企业在经营过程中应重视这种外汇会计风险引发的税收风险。

八、外汇风险中最重要的风险是什么？

经济风险又称“经营风险”，是指意料之外的汇率波动引起公司或企业未来一定期间的收益或现金流量变化的一种潜在风险。其作用过程为汇率变动对生产成本、销售价格以及产销数量产生影响。

例如人民币升值而其他条件不变时，使用国内原材料进行生产的国内出口企业将面临国际竞争力下降的窘境，这是因为在商品的人民币售价不变的情况下，商品进口方将因人民币升值而支付更多的本币，为了降低成本，商品进口方可能从其他国际市场寻求商品从而降低中国出口企业的出口数量。与之相反，国内企业的进口则将受益于人民币升值。

【案例 5－13】

某箱包出口企业与一美国客户已保持 3 年的合作关系，年合同额约为 2 000 000 元人民币，第一年时人民币汇率大概保持在 1 美元 =6.8 元人民币左右，但随后人民币不断升值，第二年时人民币汇率升至 1 美元 =6.6 元人民币左右。第三年时人民币汇率升至 1 美元 =6.3 元人民币左右。随着人民币不断升值，该美国客户为了每年购得 2 000 000元人民币的玩具，第一年支付了 294 118 美元；第二年支付了 303 030 美元，较第一年多支付 8 912 美元；第三年支付了 317 460 美元，较第二年又多支付了 14 430 美元。美国客户由于人民币升值带来的成本上升最终停止与中国企业合作，转向进口其他国家和地区的箱包，从而降低了该国内箱包出口企业的销售数量。

【案例 5－14】

国内某液晶面板 A 需求企业有两种购买液晶面板的渠道：一是自某国内液晶面板生产商 B 处购买；二是自某韩国液晶面板生产商 C 处进口。B 企业给出的单价为 1 900 元人民币，而 C 企业给出的单价报价为 280 000 韩元（即期汇率为 100 韩元 =0.7172 元人民币，该单价折合人民币为 2 008 元人民币），因此 A 企业选择从国内生产商 B 处购买液晶面板（不考虑其他费用）。3 个月后，韩元贬值为 100 韩元 =0.6352 元人民币，此时 B、C 企业给出的单价报价不变，但由于韩元贬值，C 企业的 280 000 韩元的单价报价折合人民币为 1 779 元人民币，相较 B 企业给出的 1 900 元报价便宜了 121 元，因此 A 企业转而从韩国生产商 C 处进口液晶面板。

从案例 5－14 可以看出，虽然国内企业 B 不参与国际市场，本身的日常经营也不涉及外汇业务，但韩元贬值带给韩国竞争对手巨大优势。

与交易风险不同，经济风险侧重于企业全局，从企业整体预测将来一定时间内发生的现金流量变化。因此，经济风险来源不是会计程序，而是经济分析。经济风险避免与否很大程度上取决于企业预测能力的高低。预测的准确程度直接影响企业在生产、销售和融资等方面的战略决策。此外，折算风险和交易风险的影响是一次性的，而经济风险的影响是长期的，它不仅影响企业在国内的经济行为与效益，而且直接影响企业在海外的经营效果和投资收益。因此，经济风险一般被认为是三种外汇风险中最重要的。由于经济风险跨度较长，对其测量存在着很大的主观性和不确定性，要准确计量企业的经济风险存在很大的难度，所以企业的经营者通常更重视对交易风险和折算风险的管理。

九、传统的汇率风险规避方法都有哪些?

一般来说，企业在外汇风险管理中常用的方法有：货币选择法、货币保值条款、提前错后法、平衡法、组对法、BSI 法、LSI 法、价格调整法和易货贸易法等。

（一）货币选择法

货币选择法就是在对汇率变化进行正确预测的基础上，选择适当的计价和结算货币以规避风险。该方法是经济主体通过涉外业务中计价货币的选择来减少外汇风险的一种管理手段。在国际收支中，所使用的计价货币不外乎有两类：硬货币和软货币。所谓软货币是指汇率疲软且有贬值趋势的货币；所谓硬货币则是汇率坚挺且有升值趋势的货币。

在实际的交易中，选择哪种货币作为计价货币是一个比较复杂的问题，它涉及交易双方的实力和一些国际惯例。一般而言，在国际经济活动中，当对方国家货币是硬货币时，向对方国家出口商品应力争使用对方货币结算，从对方国家进口商品应力争使用本国货币或软货币结算。而当对方国家货币是软货币时，向对方国家出口商品应力争使用本国货币或硬货币结算，从对方国家进口商品应力争使用对方货币结算。

由于各货币的软硬并不是绝对的，有时会出现转变，交易双方都想争取到对自己有利的合同货币是不可能的。因此，货币选择法有时做不到或做到了也并不能保证经济主体能完全避免交易风险的损失。

（二）货币保值条款

货币保值条款是防范汇率风险常用的一种手段。在交易谈判时，双方协商在合同中（往往是长期合同中）加入适当的保值条款，以防汇率多变的风险。如在合同中规定一种（或一组）保值货币与本国货币之间的比价，若支付时汇价变动超过一定幅度，则按原定汇率调整，以达到保值的目的。常用的货币保值条款有：黄金保值条款、硬货币保值条款、一篮子货币保值条款等。

布雷顿森林体系崩溃以后，各国货币与黄金脱钩，黄金平价失去作用，浮动汇率制取代了固定汇率制。因而国际经济活动中的外汇风险大大增加，为此，有的国家采用市场黄金价格来保值。

其具体做法是：在订立合同时按签约日的黄金价格将支付货币的金额折合为若干数量的黄金，到支付日再将特定数量的黄金按当时的金价转换成一定数量的计价货币。如果黄金价格上涨，则支付货币金额要相应增加；反之，则相应减少。实行黄金保值条款的前提是黄金价格保持稳定。目前黄金价格本身就在波动，这种方法已不能起到避免风险的作用。

硬货币保值法，可以将其理解为将黄金保值条款中的黄金换成了某种硬货币。即在合同中订明以硬货币计价，用软货币支付，记录两种货币当时的汇率。在执行合同过程中，如果由于支付货币的汇率下浮，则合同中的金额要等比例调整，按照支付日支付货币的汇率计算。这样，实收的计价货币金额和签订合同时相同，支付货币下浮的损失可以得到补偿。

一篮子货币保值法的含意是多种货币的组合。在浮动汇率制下，各种货币的汇率每时都在变化，但变动的幅度和方向并不一致。用一篮子货币保值就是在合同中规定用多种货币对合同金额进行保值。

具体的做法是：在签订合同时，双方协商确定支付货币与一篮子保值货币之间的汇率，并规定各种保值货币与支付货币之间汇率变动的调整幅度。如果到支付期时汇率的变动超过规定的幅度，则要按合同中已规定的汇率调整，从而达到保值的目的。由于一篮子货币当中，货币的汇率有升有降，汇率风险分散化，就可以有效避免外汇风险，把较大的外汇风险限制在规定的幅度内。目前在国际支付中，对一些金额较大、期限长的合同和贷款，用特别提款权和欧洲货币单位等一篮子货币保值的极为普遍。

（三）提前错后法

提前错后法是指在国际支付中，通过预测支付货币汇率变动趋势，提前或错后了结外币债权债务关系，以避免外汇风险或获取风险报酬（见表5-4）。

表5-4　汇率变化与结汇日期变化关系

交易商	预计外币上升（本币贬值）	预计外币下跌（本币升值）
出口商（收进外币）	推迟收汇	提前收汇
进口商（支付外币）	提前付汇	推迟付汇

提前错后法包括以下四个方面：

1. 出口商（外币债权人）在预测外币汇率将要上升时，争取延期收汇，以期获得该计价货币汇率上涨的利益。

2. 进口商（外币债务人）在预期外币汇率将要上升时，争取提前付汇，以免受该计价货币贬值的损失。

3. 出口商（外币债权人）在预测外币汇率将要下降时，争取提前收汇，以免受该计价货币贬值的损失。

4. 进口商（外币债务人）在预期外币汇率将要下降时，争取延期收汇，以期获得该计价货币汇率上涨的利益。

（四）配对管理法

配对管理法是使外币的流入和流出在币种、金额和时间上相互平衡的以规避外汇风险的方法。主要有平衡法和组对法两种。

平衡法是指在同一时期内，设立一个与受险货币币种相同、数量相同、方向相反的交易，以避免外汇风险的方法。如法国某公司有 1 000 万日元的 3 月期应收账款，如果它能签订 3 个月付款的 1 000 万日元进口合同，便能消除原有敞口头寸，使自己避免外汇风险。

平衡法有很大的局限性，因为一家公司向某国出口时未必需要从该国进口，特别是一家公司要与多个国家发生涉外业务，它很难对每个国家都能做到消除涉外业务中的敞口头寸。

组对法是企业针对某种外汇的敞口头寸，创造另一种外汇的反向资金流动以消除外汇风险的管理办法。组对的货币通常是维持固定汇率的货币，例如，荷兰盾和比利时法郎之间在当代仍维持固定汇率制。由于这样的货币种类有限，组对货币也包括汇率变动趋势大体相同的货币。

如中国企业向比利时出口一批以比利时法郎计价的商品，为避免比利时法郎贬值，可同时安排一笔金额相同、支付时间相同的以荷兰盾货物进口。当结算时，比利时法郎对港元出现贬值时，荷兰盾会同比例贬值，使公司成本相应减少，以抵消香港公司收取比利时法郎货款时贬值损失。

（五）BSI 法及 LSI 法

BSI 法，就是“借款—即期合同—投资法”（Borrow - Spot - Invest），指有关经济主体通过借款、即期外汇交易和投资的程序，争取消除外汇风险的风险管理办法。

其操作步骤为：拥有应收账款的出口商，为了防止汇率变动，先借入与应收外汇等值的外币（以此消除时间风险）；同时，通过即期交易把外币兑换成本币（以此消除价值风险）；然后，将本币存入银行或进行投资，以投资收益来贴补借款利息和其他费用。届时应收款到期，就以外汇归还银行贷款。可见，利用 BSI 法，从理论上讲，可完全消除外汇风险。

【案例 5－15】

某中国出口企业在 3 个月后有一笔 100 000 美元的应收款。为防止将来收汇时美元贬值（人民币升值）带来损失，该公司向银行借入 3 个月期限的 100 000 美元借款。

设外汇市场的即期人民币汇率为 1 美元＝6.4837 元人民币，该公司借款后将 100 000美元兑换为 648 370 元人民币，随即将所得人民币进行 3 个月的投资。3 个月后，该企业以收回的 100 000 美元应收款归还银行贷款。

可见，该企业在签订贸易合同时，通过借款、即期外汇交易和投资三种方法的综合运用，在合同签订时即锁定汇率，将外汇风险完全消除。但若该企业的银行借款投资收益低于借款的利息成本，则该企业将损失一定的费用。

LSI 法，就是“提早收付—即期合同—投资法”（Lead－Spot－Invest），是指具有应收外汇账款的公司，征得债务方的同意，请其提前支付货款，并给其一定折扣。

其操作步骤为：具有应收外汇账款的公司，在征得债务方同意后，以一定折扣为条件提前收回货款（以此消除时间风险）；并通过即期外汇市场将外汇兑换成本币（以此消除价值风险）；然后，将换回的本币进行投资，所获的收益用以抵补因提前收汇的折扣损失。

【案例 5－16】

某中国出口企业在 3 个月后有一笔 100 000 美元的应收款。为防止将来收汇时美元贬值（人民币升值）带来损失，该公司征得美国进口商的同意，在给其一定付现折扣的情况下，要求其立即付清款项。

设外汇市场的即期人民币汇率为 1 美元＝6.5339 元人民币，该公司拿到货款后将 100 000 美元兑换为 653 390 元人民币，随即将所得人民币进行 3 个月的投资。

可见，通过提前收付，消除了时间风险，通过即期外汇交易，把美元变成等价值本币，又消除了价值风险。以本币进行投资，将来不再有真正的外汇流动，仅有一笔本币的回收。

（六）价格调整法

价格调整法，是指承担外汇风险的进出口企业通过在贸易谈判中调整商品价格，以减少使用外币结算给自己带来的损失的外汇风险管理办法。价格调整法，主要有加价保值法和压价保值法两种。加价保值法主要用于出口交易。它是出口企业接受软货币计价成交时，将汇价损失摊入出口商品的价格中，以转移外汇风险。压价保值法用于商品进口交易中，进口商在进行硬货币计价的国际贸易中，通过压低进口商品的价格来减少硬货币升值可能带来的损失。

（七）易货贸易法

易货贸易是指在换货的基础上，把进口和出口直接联系起来，把等值的出口货物和进口货物直接结合起来从而消除外汇风险的方法。

但是易货贸易法有需要双重巧合的缺陷，即一方打算卖出的商品必须在质量、数量、时间上都符合对方需要，而且对方打算卖出的商品在各方面都正好符合本方需要。这种双重巧合在现实生活中是很难遇到的。

十、一般来说，管理汇率风险要遵循什么样的步骤？

汇率风险管理一般包括四个步骤：一是进行风险的识别；二是进行风险分析与评价；三是选择风险管理方法；四是执行和评估。

（一）识别风险

识别风险就是在各种风险发生前，对风险的类型及其产生原因进行分析判断，以便对风险进行估算和控制。风险识别是风险管理的第一阶段，是对风险的定性分析，也是整个风险管理的基础。汇率风险的识别往往从发生的范围，即它的三种暴露来研究。这三种暴露是交易暴露、会计暴露和经济暴露。与此对应，外汇风险可分为交易风险、会计风险和经济风险，对此我们已在前文进行了详细的介绍。汇率风险的识别方法有很多，如分解法、头脑风暴法、德尔菲法以及暮景分析法等。

（二）风险分析与评价

风险分析评价就是对经过识别的风险进行进一步的分析和评价。虽然风险的实质是不确定性，但这种不确定性并非是不可估算的。外汇风险分析就是应用一定的方法估计和测定发生损失的概率、损失大小及对企业的影响程度。外汇风险的分析与评价是外汇交易风险管理的第二阶段，也是整个外汇风险管理中关键的一环。因为很多情况下，风险管理的失败并不是由于未能正确识别风险，而是未能对识别出的风险进行正确的分析评价，从而选择了错误的处理方法。

（三）风险管理方法

选择风险管理方法是外汇风险管理的第三阶段，也是最核心、最关键的阶段。这是因为无论是识别还是分析评价都不是外汇风险管理的最终目的。对于风险企业而言，最终目的都是有效控制风险。目前对于外汇风险主要可采取防御、回避、分散、转移等方法进行控制和管理。

风险预防，是指企业通过强化管理，采取严密的措施阻止风险及其损失的发生。主要是在决策阶段，加强管理程序、管理方式和方法的科学化、系统化，使风险发生的可能性减少直至完全消除。例如，确定外汇交易部门的整体交易额度和交易员额度、每日最高收付限额等。

风险回避，是指在风险发生之前，风险管理者因发现从事某种经济活动可能带来的风险损失，因而有意识地采取回避措施，主动放弃或拒绝承担风险。我们前文介绍的传统汇率风险规避方法中的货币选择法、货币保值条款、提前错后法、平衡法、组对法、价格调整法和易货贸易法等均属于风险回避。此类方法虽能在一定程度上回避汇率风险，但其应用往往受到诸多限制。如货币选择法、货币保值条款、提前错后法、价格调整法必须合同双方达成一致；平衡法、组对法、易货贸易法则需要巧合发生。

风险分散，也可称为“风险组合”。它是指将许多类似的但不会同时发生的风险集中起来考虑，从而使这一组合中发生的风险损失的部分能够得到其他未发生损失部分的补偿。更准确地说，风险分散是通过承担各种性质不同的风险，利用它们之间的相关程度，取得最佳风险组合，使总体风险达到最低水平，同时又可以获得较高收益。

风险转移，是指在风险发生之前，通过各种交易活动，把可能发生的风险转移给其他人承担，避免自己承担风险损失。在外汇交易风险管理中多体现为利用金融工具进行套期保值，如远期外汇合约、外汇期货、外汇期权和掉期交易等。利用金融衍生工具进行外汇风险转移的方法在实践中卓有成效，成为外汇风险管理方法中重点研究的领域。

（四）执行和评估

风险管理方法确定之后，仍应定期检验其执行情况并评估其风险管理效果，并不断修正，以强化风险管理效果。

十一、套期保值的功能是如何实现的？

从理论上讲，狭义的套期保值就是在期货市场买进（卖出）与现货数量相当、交易方向相反的期货合约，在未来某一时间通过卖出（买进）期货合约对冲交易，从而补偿因现货价格不利变动带来的实际损失，使现货经营成本维持在理想水平。也就是说，套期保值是以规避现货价格风险为目的的期货交易行为。

套期保值可分为买入套期保值和卖出套期保值。买入套期保值是指通过期货市场买入期货合约以防止因现货价格上涨而遭受损失的行为。用期货盈利来弥补未来采购现货成本升高的损失。卖出套期保值则指通过期货市场卖出期货合约以防止因现货价格下跌而造成损失的行为。用期货盈利来弥补未来销售现货因价格下跌损失。

我们以香港交易所美元兑人民币期货合约为例说明利用外汇期货进行套期保值的原理（相关资料见表 5 - 5）。

表 5 - 5　　人民币期货合约细则

项目	合约细则
合约	美元兑人民币（香港）期货
交易代码	CUS
合约月份	即月、下三个历月及之后的三个季月
合约金额	100 000 美元
报价单位	每美元兑人民币（如 1 美元兑人民币 6.2486 元）
最低波幅	人民币 0.0001（小数点后第 4 位）
交易时间	上午 9 时整至下午 4 时 15 分（到期合约月份在最后交易日收市时间为上午 11 时整）
最后结算日	合约月份的第三个星期三
最后交易日	最后结算日之前两个营业日
最后结算价	香港财资市场公会在最后交易日上午 11 时 15 分公布的美元兑人民币（香港）即期汇率定盘价
结算方式	由卖方缴付合约指定的美元金额，而买方则缴付以最后结算价计算的人民币金额

【案例 5 - 17】

某国内企业 3 个月后将收到一笔 1 000 000 美元的出口货款，为了防范人民币兑美元的升值风险，该企业决定利用期货对美元风险头寸进行套期保值。即期汇率为 1 美元 = 6.8264 元人民币。

由于该企业担心人民币兑美元升值，因此应当卖出美元兑人民币期货，成交价为 6.8267。

3 个月后，人民币即期汇率变为 1 美元 = 6.6239 元人民币，该企业买入平仓美元兑人民币期货合约 10 手，成交价为 6.6228。相关计算过程见表 5 - 6。

表 5－6　卖出套期保值相关计算

	套期保值相关计算
期货合约面值	10 万美元
保证金比例	1.50%（香港交易所规定每张合约保证金约为 8 000 元人民币，按照 1 美元＝6.3000 元人民币的汇率计算，保证金水平约为 1.27%，在此我们按照 1.50% 计算）
需进行风险管理的头寸	1 000 000 美元（100 万美元）
卖出期货合约的手数	100 万美元/10 万美元＝10（手）
保证金	10 手×10 万美元×1.50%＝1.50（万美元）

3 个月内人民币兑美元有明显升值，该企业在现汇市场上亏损了 20.25 万元人民币，但是通过期货市场进行套期保值，该企业在期货市场上获得了 20.39 万元人民币的收益，弥补了现汇市场上亏损，实现了较好的汇率风险规避效果（见表 5－7）。

表 5－7　套期保值效果评估

	损益计算
期货市场损益	10 手×10 万美元×（6.8267－6.6228）＝20.39（万元人民币）
现货市场损益	100 万美元×（6.6239－6.8264）＝－20.25（万元人民币）
套期保值后总损益	20.39－20.25＝0.14（万元人民币）

【案例 5－18】

某国内企业 3 个月后要支付一笔价值 500 000 美元的原材料进口货款，为了防范人民币兑美元的贬值风险，该企业决定利用期货对美元风险头寸进行套期保值。即期汇率为 1 美元＝6.2879 元人民币。

由于该企业担心人民币兑美元贬值，因此应当买入美元兑人民币期货，成交价为 6.2881。相关计算见表 5－8。

表 5－8　买入套期保值相关计算

	套期保值相关计算
期货合约面值	10 万美元
保证金比例	1.50%
需进行风险管理的头寸	500 000 美元（50 万美元）
买入期货合约的手数	50 万美元/10 万美元＝5（手）
保证金	5 手×10 万美元×1.50%＝0.75（万美元）

3 个月后，人民币即期汇率变为 1 美元＝6.3225 元人民币，该企业卖出平仓美元兑人民币期货合约 5 手，成交价为 6.3231。

3 个月内人民币兑美元小幅贬值，该企业在现汇市场上亏损了 1.73 万元人民币，但是通过期货市场进行套期保值，该企业在期货市场上获得了 1.75 万元人民币的收益，弥补了现汇市场上亏损，实现了较好的汇率风险规避效果（见表 5 – 9）。

表 5 – 9 套期保值效果评估

	损益计算
期货市场损益	5 手 ×10 万美元 × （6.3231 – 6.2881） = 1.75（万元人民币）
现货市场损益	50 万美元 × （6.2879 – 6.3225） = – 1.73（万元人民币）
套期保值后总损益	1.75 – 1.73 = 0.02（万元人民币）

十二、企业如何利用外汇远期交易进行套期保值？

外汇远期交易（Forward Exchange Transaction），又称“期汇交易”，是指交易双方在成交后并不立即办理交割，而是事先约定币种、金额、汇率、交割时间等交易条件，到期才进行实际交割的外汇交易。外汇远期交易包括远期结售汇业务和远期外汇买卖业务。目前远期结售汇业务在国内应用较为广泛。

远期结售汇业务是指客户与银行签订远期结售汇协议，约定未来结汇或售汇的外汇币种、金额、期限及汇率，到期时按照该协议订明的币种、金额、汇率办理的结售汇业务。目前，国内银行远期结售汇业务币种包括美元、港币、欧元、日元、英镑、瑞士法郎、澳大利亚元、加拿大元；期限有 7 天、20 天、1 个月至 12 个月，共 14 个期限档次。

远期结售汇业务是如何定价的呢？要弄明白这个问题首先要明确远期汇率是如何确定的。一般来说，远期汇率是通过利率平价来计算的。利率平价是指可自由兑换货币的预期回报率相等时外汇市场所达到的均衡条件。在充分流动的市场中，远期汇率与即期汇率的差异是两种货币利率差的反映；否则就会出现套利的机会，并驱动利率平价的实现。因此，远期汇率并不是对即期汇率的未来预测。利率高的货币远期贴水，利率低的货币远期升水。

远期汇率的计算公式如下：

$$\text{远期汇率}\left(\frac{\text{货币 1}}{\text{货币 2}}\right)=\text{即期汇率}\left(\frac{\text{货币 1}}{\text{货币 2}}\right)\times\frac{1+R_2\times d/360}{1+R_1\times d/360}$$

其中：R 表示利率。

从这个公式中我们可以看出，远期汇率的决定因素为：即期汇率、两种货币的利率及期限。

【案例 5 – 19】

假设某日人民币与美元间的即期汇率为 1 美元 = 6.6215 元人民币，人民币一个月的 SHIBOR 利率为 4.4711%，美元一个月的 LIBOR 利率为 0.26063%，那么一个月

（实际天数为 31 天）远期人民币兑美元汇率应为：

$$\frac{USD}{CNY}=6.6215\times\frac{1+4.4711\%\times31/360}{1+0.26063\%\times31/360}=6.6455$$

远期汇率的定价公式也是外汇期货定价理论的基础。一般而言，在远期结售汇业务中，银行往往要在远期汇率理论价格的基础上，进行一定幅度的加减，以降低银行的成本与风险。

那么企业在实践中应如何利用外汇远期交易进行套期保值呢？我们将通过案例 5－20与案例 5－21 说明。

【案例 5－20】

某企业在某年 3 月 1 日与美国客户签订一单总价 100 000 美元的服装出口合同，付款期为 1 个月，签约时人民币汇率 1 美元＝6.6215 元人民币。由于此前人民币处于升值通道，企业认为人民币仍将继续升值从而对自己产生不利影响。此时企业可以利用远期外汇交易来转移外汇风险。

该企业可以在签订合同当天，通过远期结售汇业务锁定其 1 个月后的换汇成本。若银行 1 个月远期美元对人民币的报价为 6.6289/6.6621，则客户在同银行签订了远期合同后，便可于 1 个月后按 1 美元兑 6.6289 元人民币的价格向银行卖出 100 000 美元，同时换入人民币 662 890 元。一旦此笔交易成交，则 1 个月后无论即期结售汇市场美元兑人民币的汇率如何，客户都将按该合同价格进行交割。这样，客户便可按 6.6289 元人民币兑美元的汇率固定出口收入，从而起到货币保值的作用。相关计算见表 5－10。

表 5－10　　　　远期交易过程

	汇率（人民币/美元）	合同金额	折合人民币
3 月 1 日签订出口合同	签订合同时即期汇率：6.6215	100 000 美元	662 150 元
3 月 1 日开展远期结售汇业务	远期结售汇业务 1 个月远期汇率：6.6289	100 000 美元	662 890 元
4 月 1 日合同到期收汇	4 月 1 日即期汇率：6.5850	100 000 美元	658 500 元

企业签订出口合同并且操作远期结售汇业务后，人民币汇率确实如同企业所担心的那样继续升值，1 个月后人民币兑美元即期汇率已升至 1 美元＝6.5850 元人民币。与不进行套期保值相比，企业增加人民币收入 4 390 元（662 890－658 500）。实际上，该企业利用远期外汇交易得到的益处不仅仅是锁定了远期汇率。因为远期结售汇价格是根据外币和人民币两者利率差计算而来的，高息货币远期贴水，低息货币远期升水，所以由于人民币利率高于美元利率，从而使得远期人民币汇率贴水，3 个月后交割时，

企业人民币收入较签订合同时增加 740 元（662 890 - 662 150）。

【案例 5 - 21】

某年 5 月 1 日，国内某企业与一欧洲汽车公司签订总价 3 000 000 欧元的汽车进口合同，付款期为 3 个月（实际天数为 92 天），签约时人民币汇率为 1 欧元 = 8.7996 元人民币。虽然此前人民币兑欧元连续近 3 个月升值，但近期人民币兑欧元汇率的波动较为剧烈，且由于合同数额巨大，稳妥起见，企业决定利用远期结售汇进行套期保值。

企业签订合同当天，银行 3 个月远期欧元兑人民币的报价为 8.7662/8.8101，则客户在同银行签订了远期合同后，便可于 3 个月后按 1 欧元兑 8.8101 元人民币的价格向银行卖出 26 430 300 元人民币，同时换入 3 000 000 欧元用以支付货款。一旦此笔交易成交，则 3 个月后无论即期结售汇市场欧元兑人民币的汇率如何，客户都将按该合同价格进行交割。这样，客户便可按 8.8101 元人民币兑欧元的汇率固定其换汇成本，从而起到货币保值的作用（见表 5 - 11）。

表 5 - 11　　远期交易过程

	汇率（人民币/欧元）	合同金额	折合人民币
5 月 1 日签订进口合同	签订合同时即期汇率：8.7996	3 000 000 欧元	26 398 800 元
5 月 1 日开展远期结售汇业务	远期结售汇业务 3 个月远期汇率：8.8101	3 000 000 欧元	26 430 300 元
8 月 1 日合同到期收汇	8 月 1 日即期汇率：9.4136	3 000 000 欧元	28 240 800 元

企业签订出口合同并且操作远期结售汇业务后，人民币兑欧元不断贬值，3 个月后人民币兑欧元即期汇率已降至 1 欧元 = 9.4316 元人民币，与不进行套期保值相比，进行远期结售汇使企业少支付货款 1 810 500 元（28 240 800 - 26 430 300）。

我们前面提到过外汇风险包含三个要素，即：本币、外币和时间。通过上述两个例子我们可以看出，远期结售汇在签订协议时，就确定了汇率、交换日期以及合同金额。也就是说，远期结售汇所起的作用是“锁定”作用（见图 5 - 2），即无论将来出现什么样的情况，未来的结果在当前即被确定，从而达到了消除外汇风险的效果。另外，我们还可看出，案例5 - 20中人民币作为高息货币远期贴水使得企业从远期汇率中额外获利（实际上案例 5 - 21 中人民币作为低息货币远期升水，远期汇率对该进口企业也是有利的，但是银行在报价时增加了企业 0.25% 的欧元买入成本，抵消了这种“有利”）。因此，在选择外汇远期交易进行套期保值时，企业还应衡量由于远期升贴水带来的套期保值成本。

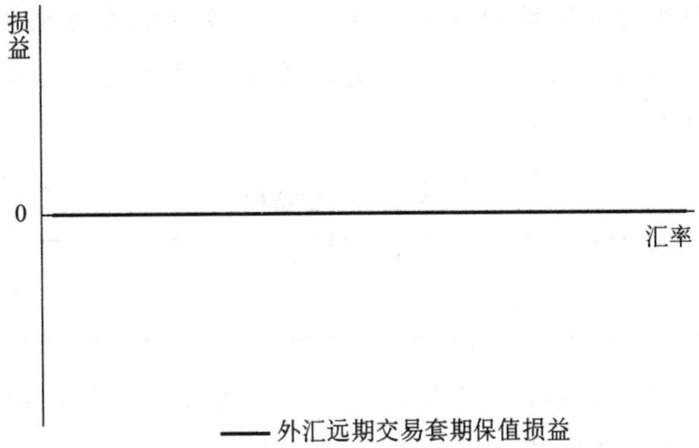

图 5－2 外汇远期交易套期保值损益

远期结售汇业务在国内应用较为广泛，它具有诸多优点：交易灵活，交易币种较多，到期日选择范围较广；授信充足时，无需缴纳保证金，资金成本低；银行提供服务，相对安全可靠等。

但其也有较为明显的缺点：

（1）金额受到限制。如果企业授信不足，企业远期结售汇的金额将受到限制。比如企业要远期结售汇 500 万美元，而企业授信不足，则最终和银行签署远期结售汇的金额在 500 万美元以下。

（2）对外汇企业来说，外汇收付期限和交割日一般较难确定，但按时按量进行交割是远期外汇交易的基本要求。目前，企业可以利用择期外汇交易来规避汇率风险。

（3）展期或者注销需另缴纳额外费用，增加了套期保值的潜在成本。

（4）远期结售汇的“锁定”作用虽然能避免汇率不利变化时套期保值者的损失，但同样也使套期保值者放弃了汇率有利变化所带来的收益。

十三、企业如何利用外汇期货进行套期保值?

由于目前国内暂无外汇期货品种，因此我们采用 CME 交易所的外汇期货合约举例。

【案例 5－22】

3 月 1 日国内一钢厂向美国出口 2 万吨钢材，总价 1 270 万美元，即期汇率为 1 美元＝6.2951 元人民币；同时向欧洲出口 3 万吨钢材，总价 1 450 万欧元，付款期均为 3 个月，即期汇率为 1 欧元＝8.2658 元人民币。该钢厂为了保证正常生产，还在当日与一澳大利亚矿商签订了价值 3 000 万美元的铁矿石进口合同，规定付款期为 3 个月。

我们首先来看企业的收支结构（见表5－12），企业既有美元及欧元的收入，也有美元的支出，虽然时间上相匹配，但美元支出的金额远远大于美元收入的金额，多余的美元仍需要结汇用于国际支付。

表5－12　　该企业的收支结构

6月1日	自美国客户收汇	自欧洲客户收汇	向澳大利亚矿商付汇
	1 270万美元	1 450万欧元	3 000万美元

6月1日，该钢厂可先利用平衡法对冲部分美元外汇风险，即将从美国客户收回的1 270万美元的钢材出口货款，用以支付澳大利亚矿商的铁矿石货款，这样该钢厂面临的外汇风险敞口为1 730万美元（3 000－1 270）的应付账款，以及1 450万欧元应收账款。

若人民币兑美元升值，则该企业将从人民币升值中获得好处，但近期人民币兑美元汇率波动较大，甚至曾出现数日跌停，企业决定对美元应付账款进行风险转移。目前市场人民币兑欧元升值预期强烈，将对企业产业不利，企业决定同时对欧元应收账款进行风险管理。

该钢厂通过收支结构分析及汇率预期，决定利用人民币兑美元期货进行空头套期保值，以规避人民币兑美元贬值风险；同时，利用人民币兑欧元期货进行多头套期保值，以规避人民币兑欧元升值预期。

（1）空头套期保值：卖出人民币兑美元期货。考虑到6月1日将交付美元货款，因此在3月1日，该钢厂选择CME 6月份的人民币兑美元期货合约进行卖出套期保值，成交价为0.15930。

6月1日，人民币即期汇率变为1美元＝6.3209元人民币，钢厂买入平仓6月份人民币兑美元期货合约109手，成交价为0.15803。

可以看出，至6月1日人民币兑美元汇率向着不利于该钢厂的方向变动，若只利用平衡法对冲掉部分美元风险，该钢厂仍然要面临外汇风险损失44.63万元人民币。但该钢厂通过卖出人民币兑美元期货合约进行套期保值，在外汇期货市场上获得87.48万元人民币的收益（不考虑保证金的时间价值），弥补了该企业的损失，实现了较好的对冲美元外汇风险敞口的目标。相关计算见表5－13和表5－14。

表5－13　　卖出套期保值相关计算

	套期保值相关计算
期货合约面值	100万元人民币
保证金比例	2%
需进行风险管理的头寸	1 730万美元
卖出期货合约的手数	1 730万美元/0.15930/100万元人民币＝108.60手≈109手

续表

	套期保值相关计算
保证金	109 手 ×100 万元人民币 ×0.15930 ×2% =34.73 万美元 利用 3 月 1 日人民币即期汇率可计算人民币资金占用： 34.73 万美元 ×6.2951 =218.63 万元人民币

表 5－14　　　　套期保值效果评估

	损益计算
期货市场损益	109 手 ×100 万元人民币 ×（0.15930 －0.15803） =13.84 万美元 利用 6 月 1 日人民币即期汇率可计算对应的人民币损益为： 13.84 万美元 ×6.3209 =87.48 万元人民币
现货市场损益	1 730 万美元 ×（6.2951 －6.3209） = －44.63 万元人民币
套期保值后总损益	87.48 万元人民币 －44.63 万元人民币 =42.85 万元人民币

（2）多头套期保值：买入（做多）人民币兑欧元期货。考虑到 6 月 1 日将收取欧元货款，因此在 3 月 1 日，该钢厂选择 CME 6 月份的人民币兑欧元期货合约进行买入套期保值，成交价为 0.12043。

6 月 1 日，人民币即期汇率变为 1 欧元 =8.0260 元人民币，钢厂卖出平仓 6 月份人民币兑欧元期货合约 121 手，成交价为 0.12517。

可以看出，至 6 月 1 日人民币兑欧元汇率向着不利于该钢厂的方向变动，若不对欧元应收账款进行风险管理，该钢厂将面临外汇风险损失 347.71 万元人民币。但该钢厂通过买入人民币兑欧元期货合约进行套期保值，在外汇期货市场上获得 460.29 万元人民币的收益（不考虑保证金的时间价值），弥补了该企业的损失，实现了较好的对冲欧元外汇风险敞口的目标。相关计算见表 5－15 和表 5－16。

表 5－15　　　　买入套期保值相关计算

	套期保值相关计算
期货合约面值	100 万元人民币
保证金比例	2%
需进行风险管理的头寸	1 450 万欧元
买入期货合约的手数	1 450 万欧元/0.12043/100 万元人民币 =120.40 手≈121 手
保证金	121 手 ×100 万元人民币 ×0.12043 ×2% =29.14 万欧元 利用 3 月 1 日人民币即期汇率可计算人民币资金占用： 34.73 万欧元 ×8.2658 =240.87 万元人民币

表 5－16　　　　套期保值效果评估

	损益计算
期货市场损益	121 手×100 万元人民币×（0.12517－0.12043）＝57.35 万欧元 利用 6 月 1 日人民币即期汇率可计算对应的人民币损益为： 57.35 万欧元×8.0260＝460.29 万元人民币
现货市场损益	1450 万欧元×（8.0260－8.2658）＝－347.71 万元人民币
套期保值后总损益	460.29 万元人民币－347.71 万元人民币＝112.58 万元人民币

可以看出，在利用外汇期货进行套期保值的交易中，如果现货市场交易发生了亏损，期货市场交易就会有盈利；反之，如果现货市场交易发生了盈利，期货市场就会亏损，这种抵补功能就是套期保值的作用。外汇交易者可以通过外汇期货交易预先确定所持外汇的收益，从而避免了汇率变动的风险。在外汇期货套期保值交易中，无论汇率升值或贬值的方向如何变化，只要期货汇率的变化量与现货汇率的变化量相同，套期保值交易者就可以完全规避汇率风险。期货汇率的变化幅度与现货汇率的变化幅度对套期保值的效果有着决定作用。由于期货汇率的变化幅度与现货汇率的变化幅度不同，可能使得套期保值交易者获得一定的收益或损失。一般情况下，因为期货汇率的变化幅度与现货汇率的变化幅度的差异十分微小，所以，所获得的收益或损失也十分微小，并不会影响期货交易规避汇率风险的作用。

利用外汇期货管理汇率风险有很多优点：首先，期货交易在市场准入方面限制较少，任何企业或个人只要交纳规定数额的保证金，即可进行外汇期货交易，而外汇期货的保证金比例一般也较低，不会对企业形成过重资金占用；而远期外汇交易则需要企业在银行有较高的信用度，中小企业相对受到限制。其次，外汇期货价格是通过集中、公开竞价方式形成的，价格具有公开性、连续性、预测性和权威性。相对而言，参与外汇远期交易的企业需要向银行询价，价格透明度较低。最后，外汇期货合约是标准化合约，流动性较好，企业在操作过程中，易于调整仓位和结算，在交易上比远期外汇交易灵活度更高。

当然外汇期货交易也有其自身的缺点。首先，远期外汇交易大多是量身定制的，而外汇期货合约为标准化合约。其次，外汇期货交易实行每日无负债结算制度，即在每日交易结束后，交易所按当日结算价对投资者所有未平仓合约的盈亏、交易保证金及手续费、税金等费用，实行净额一次划转，相应增加或减少投资者资金账户的权益，因此可能会带给企业追加保证金的麻烦。最后，与远期外汇交易一样，外汇期货交易在利用现货、期货两个市场反向交易规避汇率风险的同时，也放弃了汇率有利变化所带来的收益。但与外汇远期交易不同的是，远期外汇交易是在交易开始进行“锁定”，企业在交易中不会直接面对真实损失，只是在外汇交易结束时才会知道是否因为“锁定”而损失了获得收益的机会；而期货交易中则会面对真实损失与收益。现货、期货两个市场中，企业在一个市场发生真实收益，在另一个市场发生真实损失（见图5－3）。

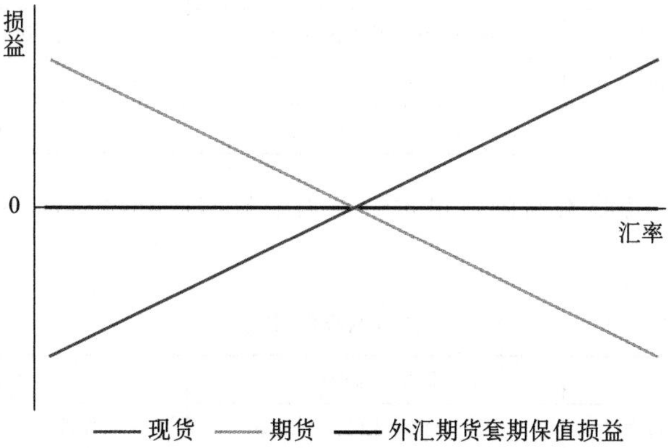

图5－3 外汇期货套期保值损益

必须明确的是，无论是期货交易还是远期交易，企业以管理外汇风险的目的进行操作时，虽然会放弃汇率有利变化所带来的收益，但套期保值者追求的是避免汇率波动带来的损失，而不是意外的利润，这是他们与投机者的本质区别。

十四、企业如何利用外汇期权进行套期保值？

所谓的外汇期权业务，是指期权合约的买方在支付一定权利金后，可以获得在约定的时间内按规定的价格买卖约定数量的某种货币的权利或放弃这种买卖权利的一种交易。实际上，在期权交易中交易双方交易的是“选择权”，即在缴纳一定的权利金后，买方有权决定是否按规定买卖外汇。如果行情利于自己时，期权购买者可选择履约；不利时可选择放弃履约。

外汇期权按交割时间划分可分为欧式期权和美式期权。欧式期权是在合约到期日方可办理交割的期权交易，不能提前交割。美式期权的买方在合同到期或到期日之前任何一天均可要求卖方执行期权合同。与欧式期权相比，美式期权的买方在执行合同上更具有灵活性，但支付的权利金也更高。

外汇期权按期权持有者的交易目的，分为看涨期权和看跌期权。

外汇期权按产生期权合约的原生金融产品分为：现汇期权，即以外汇现货为期权合约的基础资产；外汇期货期权，即以货币期货合约为期权合约的基础资产。

外汇期权是一种权责分离的金融工具，或者说其收益与风险不对称。买入期权的交易者风险有限，最大损失为期权的权利金，潜在收益无限（见表5－17）。

表5－17　　买入期权的收益

	买入看涨期权	买入看跌期权
市价＞执行价格＋权利金	收益＞0，潜在收益无限	收益＜0，最大损失为权利金
市价＝执行价格＋权利金	收益＝0	收益＝0
市价＜执行价格＋权利金	收益＜0，最大损失为权利金	收益＞0，潜在收益无限

卖出期权的交易者收益有限，最大收益为期权的权利金（见表5－18），潜在风险无限。

表5－18　　卖出期权的收益

	卖出看涨期权	卖出看跌期权
市价＞执行价格＋权利金	收益＜0，潜在损失无限	收益＞0，最大收益为权利金
市价＝执行价格＋权利金	收益＝0	收益＝0
市价＜执行价格＋权利金	收益＞0，最大收益为权利金	收益＜0，潜在损失无限

那么了解了这种权责分离的金融工具之后，企业应当如何利用外汇期权进行套期保值呢？

【案例5－23】

6月18日国内某石油公司收购美国一片油气田60 000万美元股份的提案被当地政府批准，但由于该油气田股东结构调整及当地法律规定等原因，收购无法即刻完成，双方约定当年9月18日国内石油公司支付并购款。另外，9月18日，该国内石油公司还需向俄罗斯某石油公司支付20 000万美元原油进口货款（见表5－19）。6月18日即期汇率为1美元＝6.8479元人民币。

表5－19　　该企业的收支结构

	支付油气田并购款	支付原油进口货款
9月18日	60 000万美元	20 000万美元

可以看出，该石油公司所面临的外汇风险敞口为：3个月后80 000万美元（60 000＋20 000）的应付账款。

若人民币兑美元升值，则该企业将从人民币升值中获得好处，而近期人民币兑美元确实处于升值趋势当中，该石油企业认为人民币兑美元继续升值的可能性依然较大，因此企业不希望通过期货交易或远期外汇交易进行套期保值，因为那样将无法获得机会收益；但同时由于外汇风险敞口较大，企业从稳定经营的角度出发，希望进行外汇风险管理措施，以免遭受意外损失。

在这种情况下，该石油公司可以选择利用外汇期权这一权责分离工具来管理所面对的汇率风险。

该企业根据未来现金流时点选择以当年9月交割人民币兑美元期货合约为标的的期权合约（报价见表5－20）进行套期保值，由于该企业担心人民币贬值，因此买入看跌期权。

表5－20　　期权报价　　（单位：人民币/美元）

看涨期权	执行价格	看跌期权
0.00409	0.14300	0.00041
0.00332	0.14400	0.00063
0.00262	0.14500	0.00093
0.00203	0.14600	0.00130
0.00151	0.14700	0.00179
0.00110	0.14800	0.00237
0.00077	0.14900	0.00303

6月18日，CME交易所人民币兑美元期货9月合约价格在0.14613附近波动，因此该企业买入执行价格为0.14600的人民币兑美元看跌期权。相关计算见表5－21。

表5－21　　买入看跌期权相关计算

	期权交易相关计算
期权合约面值	100万元人民币
需风险管理的头寸	80 000万美元
买入看涨期权的手数	80 000万美元/0.14613/100万元人民币＝5 474.58手≈5 475手
权利金	5 475手×100万元人民币×0.00130＝711.75万美元

9月17日，人民币即期汇率变为1美元＝6.6786元人民币，CME交易所人民币兑美元期货9月合约交割价为0.14974（9月17日人民币兑美元期货合约交割），该石油公司放弃行权。相关计算见表5－22。

表5－22　　套期保值效果评估

	损益计算
期权交易损益	－711.75万美元（损失权利金） 利用6月1日人民币即期汇率可计算对应的人民币损益为： －711.75万美元×6.8479＝4 873.99万元人民币
现货市场损益	80 000万美元×（6.8479－6.6786）＝13 544.00万元人民币
总损益	13 544.00万元人民币－4 873.99万元人民币＝8 706.01万元人民币 （不考虑权利金的时间价值，下同）

可以看出，至9月18日人民币兑美元汇率确实如同该企业预料的那样继续升值。该石油公司充分理解外汇期权权责分离的特点，利用外汇期权进行套期保值，获得了8 706.01万元人民币的收益。此时可以看出，若该企业不进行套期保值，则在不支付711.75万美元权利金的同时，依然可以获得机会收益。但企业进行风险管理的目的是为了稳定经营环境。本例中，如此大的外汇敞口，若因为企业预期人民币将继续升值而完全不采取任何风险管理手段，无异于在外汇现货市场中投机。该企业通过外汇期权进行套期保值，付出相对较少的成本，即对庞大的外汇风险敞口进行了风险管理，也获得了机会受益。综合来看，该企业此次外汇风险管理是较为成功的。

利用外汇期权进行套期保值，其优点是企业可以完全规避外汇汇率波动带来的风险。在规避外汇风险的同时，企业同时保留了获得机会收益的权利（见图5－4）。外汇期权套期保值的缺点就是权利金带来的费用使其相比外汇期货套期保值要付出更高的成本，但虽然初期费用较高，但企业最大的成本支出即权利金，之后不存在任何费用支出，对企业而言，成本控制将更加清晰。

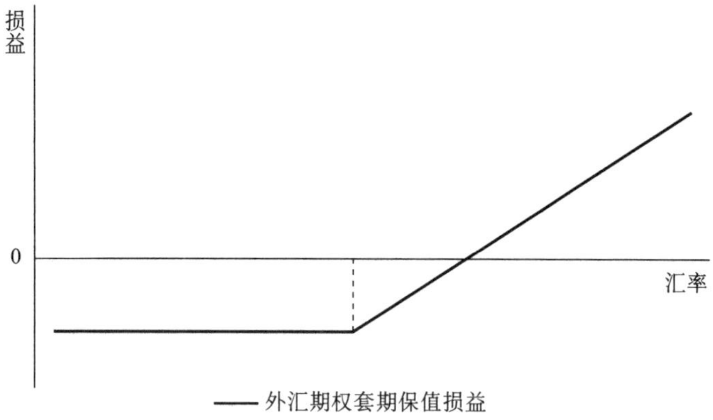

图5－4　外汇期权套期保值损益（买入看涨期权）

十五、企业实践中究竟应该选择哪种工具规避外汇风险？

汇率的变动加大了企业生产经营的不确定性，对企业产生了很大影响。因此，如何充分利用有效的信息，适时选择合适的避险手段，力争最大限度地减少汇率波动给企业带来的不确定性，在企业业务经营中减少或避免由于汇率波动使得企业蒙受损失，是任何一个企业都必将深思的问题。

汇率风险规避方式种类繁多，功能也不尽相同，并且经济主体的经营范围、经营特点、管理风格各不相同，因此每个经济主体都应寻找最适合自身风险状况和管理需要的外汇风险规避策略及具体的管理方法。不能说哪一种汇率风险规避策略比另一种更优，它们都各有优劣。有时企业甚至可能要选择几个策略的组合才能达到最佳的效果。随着企业业务向更广、更深层次发展，以及国家外汇管理政策的变化，企业规避风险策略也要做相应调整。

为了更好地达到外汇风险规避目标，企业必须遵循一系列原则：

1. 全面重视原则。涉外经济主体要对自身经济活动中面临的外汇风险高度重视，企业从上到下尤其是领导者更应时刻在头脑中牢固树立起“汇率风险”的概念，并站在全局的高度，综合运用多种分析方法，全面系统地考察各种风险事件的存在和发生的概率、损失的严重程度，以及风险因素和风险的出现导致的其他问题，以便及时、准确地提供比较完备的决策信息。汇率风险无时不有，无处不在，汇率风险可能带来企业营运资本和现金流量的损失，影响企业的正常经营和进一步发展，甚至决定企业的生存。因此，企业对其经营活动中的汇率风险应高度重视。

2. 管理多样化原则。实际上，没有一种外汇风险规避方法能够完全消除外汇风险，因此，在选择风险规避方法时，需要考虑企业发展战略、相关外汇管理政策、风险头寸的规模结构等多种因素，不宜长期只采用一种风险管理方法。

3. 最低成本原则。企业规避汇率风险的策略在本质上是一种风险的转移或分摊。企业将汇率风险转移给银行，银行再将风险转移给国际金融市场上那些风险的偏好者。企业在这种转移的过程中，要支付一定的成本，如采用外汇期权交易时要支付一定的期权费。不同的避险策略成本也有很大差别，企业应该尽可能用最小的成本获得最大的规避效果。

4. 重在规避原则。汇率的变动有时给企业带来不利的影响，但有时却可能是有利的影响。比如人民币升值时进口企业就因此减少了付汇的成本。但事实上，汇率是变幻莫测的，人们不可能十分准确地预测汇率的波动，企业必须对风险头寸采取一定程度的套期保值策略，而不能为了获取汇率变动可能带来的利益将外汇头寸完全暴露在汇率风险之下。汇率风险重在规避，企业应在汇率风险可控的前提下，集中精力抓好生产经营，提高效益，而不应该将谋取风险收益作为主要目标。

5. 收益最大化原则。在确保实现风险管理目标的前提下，以最低成本追求最大化的收益，是风险管理的出发点和立足点。因此，经济主体须根据实际情况和自身的财务承受能力，选择效果最佳、经费最省的方法。

【案例 5－24】

6 月 1 日内某国航空公司分别与美国波音公司和欧洲空中客车公司签订价值15 000 万美元和 10 000 万欧元的飞机购买合同，均约定 9 月 1 日支付货款。该公司 9 月 1 日还需向北美某航油供应商支付 12 000 万美元航油货款。目前其在北美地区因飞机租赁业务及客运业务月均收入 3 000 万美元，其美元存款为 10 000 万美元。该企业目前在日本地区客运收入月均约 1 500 万日元，10 月 1 日该企业需向其日本航油供应商支付 8 000万日元航油货款。

已知6 月 1 日即期汇率为：1 美元 =7.1883 元人民币，1 欧元 =10.4583 元人民币，100 日元 =6.4364 元人民币。

（1）企业首先根据其实际情况的测量外汇风险暴露（见表 5 –23）。企业涉及美元的业务有：购买飞机引起的 9 月 1 日 15 000 万美元应付账款，购买航油引起的 9 月 1 日 12 000 万美元应付账款，飞机租赁业务及客运业务带来的月均 3 000 万美元应收账款、10 000 万美元的美元存款。可以看出，该航空公司可以先利用平衡法对冲掉部分外汇风险，即在 9 月 1 日以应收账款及美元存款支付应付账款，合并后，美元的外汇风险暴露为 8 000 万美元（15 000 +12 000 –3 000 ×3 –10 000）的应付账款。

企业涉及欧元的业务有：购买飞机引起的 9 月 1 日 10 000 万欧元应付账款，因此其欧元的外汇风险暴露为 10 000 万欧元应付账款。

企业涉及日元的业务有：客运收入带来的月均 1 500 万日元应收账款，购买航油引起的 10 月 1 日 8 000 万日元的应付账款。该航空公司也可以先利用平衡法对冲掉部分日元外汇风险，即在 10 月 1 日以应收账款及美元存款支付应付账款，合并后，日元的外汇风险暴露为：2 000 万日元（8 000 –1 500 ×4）的应付账款。

表 5 –23　　　　该企业的收支结构

9 月 1 日支付美元	9 月 1 日支付欧元	10 月 1 日支付日元
8 000 万美元	10 000 万欧元	2 000 万日元

（2）对三种外汇的风险头寸进行计量后，该航空公司还需要对三种外币的风险进行预测，以选择恰当的风险规避方法。目前人民币兑美元整体仍处于升值通道，若人民币继续升值则该航空公司将会获利。但短期内美国经济有明显好转迹象，若未来美国经济增速继续提升，则国际美元将回流美国，造成短期美元需求上升。另外，由于国内资金趋于紧张，未来也不排除中国央行降息的可能性，一旦央行降息，则易使国际市场资金追捧美元，造成人民币兑美元贬值。通过咨询经济专家，该航空公司最终认为美国经济增速继续提升的可能性较小，中国央行的降息时点也可能会在半年之后。综合判断，该企业倾向人民币兑美元继续升值。但考虑到多重不确定因素的影响，该航空公司仍然决定对8 000 万美元的外汇风险头寸进行套期保值。考虑到机会收益的存在，该航空公司决定利用外汇期权对美元风险头寸进行风险管理。

结合市场预期，该航空公司认为短期内欧洲央行加息的可能性较大，这将造成人民币兑欧元贬值，从而对企业不利。由于欧元风险头寸较大、面临的风险也较大，同时出于成本考虑，该企业决定利用外汇期货交易锁定欧元汇率风险。

近期为了刺激经济及出口，日本央行连续降息并且保持货币宽松政策。目前，日元兑人民币贬值趋势不改，相对而言日元头寸风险较小。且该企业日元风险头寸为2 000万日元，按照6月1日即期汇率计算，折合人民币约128.73万元人民币，风险头寸规模也较小。因此该航空公司在经过详细分析，决定不对日元风险头寸进行风险管理。

（3）合理分析汇率风险及选择风险管理工具之后，该企业实施套期保值方案，利用外汇期权管理美元外汇风险。该航空公司根据未来现金流时点，选择以当年10月交割人民币兑美元期货合约为标的的期权合约（报价见表5－24）进行套期保值。该企业担心人民币对美元贬值，因此选择买入看跌期权。

表5－24　　期权报价　　（单位：人民币/美元）

看涨期权	执行价格	看跌期权
0.00403	0.13600	0.00035
0.00325	0.13700	0.00056
0.00255	0.13800	0.00085
0.00194	0.13900	0.00122
0.00142	0.14000	0.00170
0.00101	0.14100	0.00228
0.00069	0.14200	0.00295

6月18日，CME交易所人民币兑美元期货10月合约价格在0.13916附近波动，因此该企业买入执行价格为0.13900的人民币兑美元看跌期权。

表5－25　　买入看跌期权相关计算

	期权交易相关计算
期权合约面值	100万元人民币
需风险管理的头寸	8 000万美元
买入看涨期权的手数	8 000万美元/0.13916/100万元人民币＝574.87手≈575手
权利金	575手×100万元人民币×0.00122＝70.15万美元

9月1日，人民币即期汇率变为1美元＝6.9860元人民币，CME交易所人民币兑美元期货10月合约在0.14345附近波动，该航空公司以0.00026的价格对所持看跌期权多头进行对冲平仓。

表5－26　　套期保值效果评估

	损益计算
期权交易损益	575×100万元人民币×（0.00026－0.00122）＝－55.2万美元 利用9月1日人民币即期汇率可计算对应的人民币损益为： －55.2万美元×6.9860＝－385.63万元人民币
现货市场损益	8 000万美元×（7.1883－6.9860）＝1 618.4万元人民币
套期保值后总损益	1 618.4万元人民币－421.78万元人民币＝1 196.62万元人民币

可以看出，至9月1日人民币兑美元汇率确实如同该企业预料的那样继续升值，该航空公司利用外汇期权权责分离的特点，在实现有效风险管理的同时，企业利用有限的可承受成本（60.38万美元），获得了1 196.62万元人民币的收益。

与案例5－23相比，本例中的企业并未严格按照交割和行权时间选择以当年9月交割的人民币兑美元期货合约为标的的期权合约进行交易，而是选择了当年10月交割的人民币兑美元期货合约为标的的期权合约。这样做的优点是远月合约的流动性较近月交割月合约好，可以随时采取对冲平仓的方式了结期权头寸。缺点是，9月1日该航空公司对冲平仓时，由于交易的标的期货合约10月才进行交割，因此该标的期货价格与现货价格之间存在一定差价。在本例中，由于人民币升值趋势及期货价格的预期性，这种差价反而有利于该航空公司。

利用外汇期货管理欧元外汇风险。该航空公司根据未来现金流时点选择当年10月交割人民币兑欧元期货合约进行套期保值。该企业担心人民币对欧元贬值，因此对人民币兑欧元期货合约进行卖出套期保值。

6月1日该航空公司对CME期货交易所10月人民币兑欧元期货合约进行卖出套期保值，成交均价为0.09561。相关计算见表5－27。

表5－27　　卖出套期保值相关计算

	套期保值相关计算
期货合约面值	100万元人民币
保证金比例	2%
需风险管理的头寸	10 000万欧元
卖出期货合约手数	10 000万欧元/0.09561/100万元人民币＝1 045.92手≈1 046手
保证金	1 046手×100万元人民币×0.09561×2%＝200.02万欧元 利用6月1日人民币即期汇率可计算人民币资金占用： 200.02万欧元×10.4583＝2 091.87万元人民币

9月1日，人民币即期汇率变为1欧元＝11.1136元人民币，该航空公司买入平仓10月份人民币兑欧元期货合约1 046手，成交价为0.08995。相关计算见表5－28。

表5－28　　套期保值效果评估

	损益计算
期货市场损益	1 046手×100万元人民币×（0.09561－0.08995）＝592.04万欧元 利用9月1日人民币即期汇率可计算对应的人民币损益为： 592.04万欧元×11.1136＝6 579.70万元人民币
现货市场损益	10 000万欧元×（10.4583－11.1136）＝－6 553万元人民币
套期保值后总损益	6 579.70万元人民币－6 553万元人民币＝26.70万元人民币

可以看出，至9月1日人民币兑欧元汇率向着不利于该航空公司的方向变动。通

过卖出人民币兑欧元期货合约进行套期保值，该企业在外汇期货市场上获得6 579.70万元人民币的收益（不考虑保证金的时间成本），弥补了该企业在现汇市场上高达6 553万元人民币的损失，较好地实现了对冲欧元外汇风险敞口的目标。

【案例5-25】 例5-24利用外汇进行套期保值选择的合约是未来现金流发生时的交割月合约，到期即选择交割。在交割月到期期货、现货价格收敛的情况下，能较好地实现“锁定”的功能。本例选择的则是远月的活跃合约，该航空公司未选择交割了结头寸，而是对冲平仓，这样可以省去参与交割而带来的繁琐手续。

航空公司未对日元风险头寸进行风险规避。10月1日，人民币即期汇率为：100日元=6.1596元人民币。相关计算见表5-29。

表5-29　日元风险头寸损益

	损益计算
日元风险头寸损益	2 000万日元×（6.4364-6.1596）/100=5.54万元人民币

从表5-29中可以看出，该企业虽未对日元进行风险管理，但由于日元兑人民币持续贬值，企业从中获得了机会收益。当然这是建立在企业对日元走势判断准确的基础上，且日元风险头寸规模相对较小，不对其进行风险管理也不违背稳定经营的原则。

综合案例5-24可以看出，该航空公司在外汇风险管理中遵循了全面管理的原则，全面系统地考察各种风险事件存在和发生的概率。对美元风险头寸利用外汇期权进行套期保值，在不确定因素较多且风险头寸规模较大的情况下，保留了获得机会受益的权利，体现了该企业在风险管理中遵循重在规避与收益最大化的原则。对欧元外汇风险敞口的套期保值，则是建立在前期的全面系统分析后，判断欧元汇率将向企业不利的方向变动的基础上，利用外汇期货这一工具进行套期保值，这体现了企业遵循重在规避原则的同时，兼顾了最低成本原则。而航空公司虽未对日元风险头寸利用金融工具进行套期保值，但企业已先利用平衡法使日元风险敞口降低到较小规模，同时企业经过全面分析，认为日元汇率将向有利于企业的方向变动，虽然看起来违背了重在规避原则，但却与重在规避原则的“稳定经营”这一内涵相一致，同时也兼顾了最小成本原则。航空公司针对不同外汇币种、不同风险程度，结合平衡法这一传统风险管理办法，选择不同的金融工具进行套期保值的风险管理过程，又体现出该企业在外汇风险管理实践中遵循了管理多样化的原则。

十六、使用外汇衍生品规避汇率风险有何优势?

国际金融衍生市场的实践发展显示金融衍生品的应用范围相当广泛，包括商品市场、证券市场、外汇市场和货币市场，国外金融衍生品的发展已相当成熟。

传统的汇率风险规避方法，如货币选择法、货币保值条款、提前错后法、平衡法、组对法、价格调整法和易货贸易法等，虽能在一定程度上规避汇率风险，但其应用往往受到诸多限制。如货币选择法、货币保值条款、提前错后法、价格调整法必须合同双方达成一致，但在实际中，由于合同双方地位不对等，汇率风险较大的一方往往无法在合同中加入规避风险的条款，如国内一些产品附加值不高的出口型企业在面对国外进口商时，往往处于弱势，无法在合同中加入对自己有利的条款；平衡法、组对法、易货贸易法则需要巧合发生，如有一笔美元收入的同时恰好有一笔美元的支出。

利用金融衍生工具套期保值的办法来规避外汇风险，则不受合同对手方及巧合事件的限制。首先，由于投机者的存在，交易所中交易的外汇衍生品往往成交规模较大，流动性较好，能够满足大部分外汇套期保值者的需要；其次，借助良好的流动性及 T +0 的交易模式，套期保值者可以根据自身经营情况的变化及时调整衍生工具的头寸，使企业降低风险管理成本，提高收益；最后，外汇金融衍生品具有高杠杆的特点，套期保值者利用其管理风险，资金占用较少，管理成本也较低。

十七、企业利用外汇衍生品进行套期保值需要注意何种风险?

企业利用外汇衍生品进行套期保值是为了规避日常经营中所面对的外汇风险，但衍生品交易本身也并非全无风险。按照巴塞尔委员会的分类，与衍生金融交易有关的基本风险通常包括市场风险、信用风险、流动性风险、操作风险和法律风险。

市场风险，是指外汇衍生资产由于市场因素的不利波动发生损失的可能性，主要指因标的资产市场价格波动而导致外汇衍生工具价格变动的不确定性。外汇期货类和互换类金融衍生工具，对于交易双方来说，都存在市场风险，期权类金融衍生工具的市场风险是单方面的，主要由卖方承担，买方风险有限。而远期类金融衍生工具，事先锁定了价格，并基本上是实物交割，不存在较大的市场风险。在外汇衍生品市场上，套期保值者和投机者所面对的市场风险不同，投机者进行外汇衍生品交易的目的是为了承受风险追逐利润。套期保值者的目的则是通过外汇衍生品价值变动来补偿现货市场上资产价值的变动，达到保值的目的。由于套期保值者一般是在两个市场上双向操作来规避汇率风险，如在现货、期货市场上反向操作，因此一般而言套期保值者所面临的市场风险远小于投机者。但有一点需要引起外汇衍生品套期保值者的重视，即外汇衍生品杠杆较大，一般高于大宗商品衍生品的杠杆（见表5-30)。因此在实际操作过程中，套期保值者可适当降低衍生品杠杆，以免在行情发生剧烈变动时，由于每日无负债制度引起强行平仓，从而引发不可挽回的损失。

表5-30　　部分衍生品杠杆对比

期货品种（主力合约）	螺纹钢（上海期货交易所）	阴极铜（上海期货交易所）	豆油（大连商品交易所）	RMB/USD（CME）
交易所杠杆（保证金比例）	约14倍（7%）	20倍（5%）	20倍（5%）	约100倍（约1%）

资料来源：上海期货交易所、大连商品交易所、CME（数据截至2013年3月)。

信用风险又称“违约风险”，是指衍生工具合约的一方违约所引起的风险，包括在贷款、掉期、期权交易及结算过程中，因交易对手不能或不愿履行合约承诺而遭受的潜在损失。信用风险可以分为两类：一类是对手风险，指衍生合约交易的一方可能出现违约而给另一方造成损失的可能性；另一类是发行者风险，指标的资产的发行者出现违约而给另一方造成损失的可能性。一般说来，这两类风险中，前者比后者更严重。金融衍生工具信用风险的成因是多方面的，其主要因素包括三种：交易对手的资信等级、衍生工具交易的场所和结算方式、交易对手的动机和策略。一般说来，场内交易的信用风险较低。

流动性风险指持有者不能以合理的价格迅速卖出衍生工具或将该工具转手而导致损失的可能性，包括不能对头寸进行冲抵或套期保值的风险。一般说来，采用在价格不变或较小价位波动的情况下，能够卖出或买入衍生工具的数量或金额来衡量流动性的大小。如果能够卖出或买入的数量或金额较大，则该衍生工具的流动性较好；反之，流动性则较差。建议外汇套期保值者选取流动性较好的衍生品进行操作以规避流动性风险。

操作风险又称“营运风险”，指在外汇衍生品交易和结算中，由于内部控制系统不完善或缺乏必要的后台技术支持而导致的风险。具体包括两类：一是由于内部监管体系不完善、经营管理上出现漏洞、工作流程不合理等带来的风险；二是由于各种偶发性事故或自然灾害，如电脑系统故障、通讯系统瘫痪、地震、火灾、工作人员差错等给衍生品交易者造成损失的可能性。决定营运风险的形成及大小的主要因素包括管理漏洞和内部控制失当、交易员操作不当以及会计处理偏差等。完善内部管理控制制度是规避操作风险的最有效途径。

法律风险指由于衍生合约在法律上无效、合约内容不符合法律的规定，或者由于税制、破产制度的改变等法律上的原因，给衍生工具交易者带来损失的可能性。法律风险主要来自两个方面：一是衍生合约的不可实施性，包括合约潜在的非法性、对手缺乏进行衍生交易的合法资格，以及现行的法律法规发生变更而使衍生合约失去法律效力等；二是交易对手因经营不善等原因失去清偿能力或不能依照法律规定对其为清偿合约进行净冲平仓。法律风险主要发生在场外交易中，场内交易的法律风险较小。

第六章　外汇投机交易

一、什么是投机交易?

在期货市场中，一般有两类市场参与者。一类是套期保值者，其参与期货市场的主要目的是规避现货价格波动的风险。另外一类是期货投机者和套利者，其目的主要是利用期货价格的波动或者期货合约之间的价格波动赚取收益。

期货投机交易是指交易者通过预测期货合约未来价格的变化，以在期货市场上获取价差收益为目的的期货交易行为。期货交易具有保证金的杠杆机制、双向交易和对冲机制、当日无负债的结算机制、强行平仓制度，因为期货投机具有高收益、高风险的特征。

二、期货投机交易与套期保值的区别有哪些?

1. 从交易目的来看，期货投机交易的目的是赚取价差收益；而套期保值的目的是规避现货价格波动的风险。

2. 从交易方式来看，期货投机交易是在期货市场上买空或卖空，从而获得价差收益；而套期保值交易则是在现货市场和期货市场上同时操作，以达到对冲现货市场价格风险的目的。

3. 从交易风险来看，投机者在交易中通常是为博取价差收益而承担相应的价格风险；而套期保值者则是通过期货市场转移现货市场价格风险。从这个意义上来说，投机者是风险偏好者，套期保值者是风险厌恶者。

三、市场上的投机交易者分为哪些类型?

1. 按交易主体的不同来划分，可以分为机构投机者和个人投机者。机构投机者是指用自有资金或者从分散的公众手中筹集的资金专门进行期货投机活动的机构。机构投资者主要包括各类基金、金融机构、工商企业等。个人投机者则是指以自然人身份从事期货投机交易的投机者。

2. 按持有头寸方向来划分，可以分为多头投机者和空头投机者。在交易中，投机者根据对未来价格变动的预测来确定其交易头寸。投机者买进期货合约，持有多头头寸，这样的投机者被称为“多头投机者”。投机者卖出期货合约，持有空头头寸，则被称为“空头投机者”。

3. 按持仓时间来划分，可以分为长线交易者、短线交易者、当日交易者和日内交易者。长线交易者通常将合约持有数天、数周甚至数月。短线交易者通常指当天下单，在一日或几日内了结所持有合约。当日交易者通常只进行当日的买卖，一般不会持仓过夜。日内交易者是指在当日交易者中频繁买卖期货合约的投机者。

投机者的重要性

期货投机交易是期货市场不可缺少的重要组成部分，发挥着及其特有的作用，主要体现在以下几个方面：

1. 承担价格风险。期货市场一个主要的经济功能是为现货企业提供价格风险的转移工具。期货投机者在博取风险收益的同时，承担了相应的价格风险。如果期货市场只有套期保值者，没有这些风险承担者参与交易，那么只有在买入套期保值和卖出套期保值者的交易数量完全相符时，交易才能实现，风险才能得以转移。但从实际来看，买入套期保值者和卖出套期保值者直接的不平衡是经常发生的现象，期货投机者的加入恰好能抵消这种不平衡，从而使套期保值交易得以顺利实现。由此可见，如果没有投机者的加入，套期保值交易活动就难以进行，期货市场风险规避的功能也就难以发挥。因而，可以说正是期货投机者承担了期货价格风险，才使得套期保值者能够有效规避现货价格波动风险，也使其现货经营平稳运行。

2. 促进价格发现。期货市场汇集了几乎所有关于商品的供求信息。期货投机者的交易目的不是实物交割，而是利用价格波动获取价差收益，这就要求投机者必须利用各种手段收集整理有关价格变动的信息，分析市场行情。同时，期货市场把投机者的不同交易指令集中在交易所内进行公开竞价，买卖双方彼此竞价所产生的互动作用使得价格趋于合理。期货市场的价格发现功能正是由所有市场参与者对未来市场价格走势预测的综合反映体现的。交易所每天向全世界发布市场交易行情和信息，使那些置身于期货市场之外的企业也能充分利用期货价格作为其制定经营战略的重要参考依据。

3. 提高市场流动性。市场流动性即市场交易的活跃程度。一般来说，在流动性较高的市场上，交易者众多，交易也较为活跃；反之，如果市场流动性较低，则交易较为清淡。可以说，期货交易是否成功，在很大程度上取决于市场流动性的大小，而流动性又取决于投机者的多寡和交易频率。期货市场上的投机者如同润滑剂一样，为套期保值者提供更多的交易机会。投机者通过对价格的不同预测，有人看涨，有人看跌，交投积极，实际上扩大了交易量，使套期保值者无论是买进还是卖出都能很容易地找到交易对手，自由地进出期货市场，从而客观上提高了市场的流动性。

四、从事外汇期货投机交易，应该做好哪些准备工作？

（一）了解期货合约

为了尽可能准确地判断期货合约价格的未来变动趋势，在买卖期货合约之前，应对其交易品种、交割制度等进行充分了解，在此基础上再针对期货合约未来的价格走势作全面和谨慎的研究。只有对合约有足够的认识之后，才能准备买卖的合约品种及数量。在买卖合约时切忌品种太多，即使有经验的交易者也很难同时进行三种以上不同品种的期货交易。

（二）制订交易计划

交易机会通常就是把个人的交易方法、资金运用、风险控制情况等结合起来。很多投资者在期货市场中遇到的主要问题是缺乏明确的交易计划。在期货交易中，制订交易机会可以促使交易者考虑可能被遗漏或考虑不周或没有给予足够重视的问题。

（三）设定盈利目标和亏损限度

一般情况下，交易者应根据自己对盈亏的态度来设定可以接受的最低获利水平和最大亏损限度，并把各种分析方法结合起来对期货合约进行预测，这样获利的潜在可能性应大于所冒的风险。交易者应事先为自己确定一个最低获利目标和所能承受的最大亏损限度，做好交易前的心理准备。

五、外汇期货市场有哪些特点？

外汇期货作为最早推出的金融期货，与其他金融期货和商品期货相比有着不同的特性。投资者应该在了解外汇期货的特性后，根据自身的投资背景、交易经验和风险承受能力等因素做出是否参与外汇期货交易的选择。

第一，外汇是一个全球性的商品，这是外汇期货和其他金融期货或商品期货最大的不同。在金融期货中，如股指期货、利率期货的标的物都是某一国的股票指数或者利率产品。如我国的股指期货，其标的物就是我国股市的沪深300指数；在芝加哥商业交易所（CME）的S&P 500期货，标的物是标准普尔500指数（Standard & Poor's 500 index）。因此，股指期货的走势及标的物与该国的经济情况关系密切，而他国的经济数据一般对本国股指期货的走势影响较小，除非是金融危机或欧洲危机等大的全球性危机。

在商品期货中，影响长期价格走势的是商品的供求关系。因此，在一国商品能自给自足时，该国商品期货走势与国内该商品的供求有直接关系。如我国的玉米期货，因为我国玉米的进口量低于消费量的10%，国外玉米的价格变动对我国玉米期货的价格影响不大。对于依赖进口的商品，该国的商品期货走势受全球或主要商品出口国供求关系的影响，外围价格的波动对国内商品期货的走势影响甚大。如我国大豆类期货，因为我国大豆进口量占消费量的70%以上，因此我国大豆期货受全球（特别是美国）的大豆期货影响巨大。如果市场参与者能把握市场上该商品的供求关系，抓住供求缺口进行交易，就能把握商品期货的走势。

外汇期货的标的物外汇是两国货币之间的汇率，不仅受两国经济、贸易、货币政策等因素影响，还受全球各国经济影响。如美元兑欧元期货，不仅受美国经济、欧元区经济、美元利率和欧元利率、美国与欧元区贸易量等两国（区域）经济数据影响，还因为美元的霸权地位，受石油价格、黄金价格、亚太区经济等影响。因此，如果中长线的投资者想在外汇市场上盈利，需要一个全球性的视野，关注全球经济的变化和各国力量的平衡，并从中找到机会。

第二，外汇现货市场是24小时交易的市场，外汇期货的交易时间是所有期货品种中最长的。例如芝加哥商业交易所的欧元兑美元期货，除了在工作日美国中部时间上午7：20至下午2：00交易外，工作日下午5：00至次日下午4：00以及周日下午5：00至次日下午4：00有全球电子交易系统负责交易。因此，交易者几乎可以在一天的任何时间内进入市场，对全球的发展动向做出即时的反应。与股票市场相比，交易者不必等到股票市场在上午9：30开市后，才开始交易。如果股票市场在收市的期间内，国内或者国际上发表了重大的公告，或者事件出现了新的发展动向，交易者只能等到开市后才能进行交易，但是开市后跳空事件的发生使得行情可能已经超出交易者的控制范围。如果是外汇现货或外汇期货的交易者，就能对事件做出即时反应，在价格发生大变动之间及时开仓或止损，快速有效地把握市场机会。

此外，如果交易者有一份全职的工作，外汇市场能够给他一个利用业余时间交易的机会。因为全球的金融中心都积极参与外汇交易，很多不同时区的主要交易所都推出了外汇期货，因此在一天的不同时间，交易者有不同的交易机会。而外汇市场的流动性也保证了外汇价格在不同时间段的合理性。

在北京时间星期一上午5：00悉尼的外汇市场开市，接着东京在上午7：00开市，然后新加坡和香港在9：00开市。欧洲市场上，法兰克福在下午2：00开市，伦敦在下午3：00开市，到了下午4：00欧洲市场进入了活跃时段，而亚洲市场收市。当欧洲市场继续时，美国在纽约时间星期一早上8：00开市，到下午5：00悉尼市场重新开市。

最活跃的交易时段是两个市场重叠的时候。例如，亚洲市场和欧洲市场在北京时间下午2：00到4：00之间重叠，而美国市场和亚洲市场在早上5：00到9：00之间重叠。在纽约和伦敦的交易时段，所有货币对的交易都很活跃，而在亚洲时段，英镑/日元和澳元/日元这些货币对的交易量是最活跃的。

第三，外汇市场是最适合短线交易者进行技术分析的市场。外汇是全球交易量最大的品种，也是流动性最好的品种。据国际结算银行（BIS）在2012年的统计，全球每天有超过3.98万亿美元的外汇及外汇衍生品在市场上交易。巨大的交易量和全球性使得外汇价格不易被人为操纵，因此外汇市场被认为是最接近完全竞争的市场。这正因如此，善用技术分析的投资者能在外汇市场找到用武之地。

技术分析有三个重要基本假设：市场行为涵盖一切信息；价格以趋势方式演变；历史会重演。首先，市场不透明和交易量小的市场，市场价格容易被人为操纵，市场行为包含的信息就较小。而在外汇市场，由于全球的交易者24小时都在参与，因此流动性高；市场上不存在可以单方面影响市场的势力，价格不易被操纵；在当前信息技术发达的时代，全球经济新闻和重大消息都以毫秒计在全球范围内传播，任何一国的交易者不能凭地域优势掌握内幕信息，因此外汇市场是公开透明的。鉴于以上三点原因，我们可以说外汇市场是最接近完全竞争的市场，其市场行为是涵盖一切信息的。

其次，在图6－1中可以看出，外汇市场很少会处于长时间的窄幅波动中，而是倾向于发展成较强的趋势。超过80%的交易量都是投机性质的，因此市场经常会在反应过度和自我修正两个状态中变化。一个接受过技术分析训练的交易者能够在外汇市场很容易地分辨出新的趋势和突破，能从中找到很多入场和平仓的机会。

第四，外汇市场是一个牛熊市皆可获利的市场。在外汇现货市场上的交易总是涉及买入一种货币和卖出另一种货币，因此市场没有结构性偏好。如果交易者买入一种货币，那么同时也在卖出另一种货币。因此，上涨和下跌的市场都存在相同的获利机会。而在外汇期货市场，交易者也可以选择买多或卖空，因此无论是牛市还是熊市，都有获利的机会。而在股票市场中，大部分交易者倾向于买入而不是卖空，因此股票

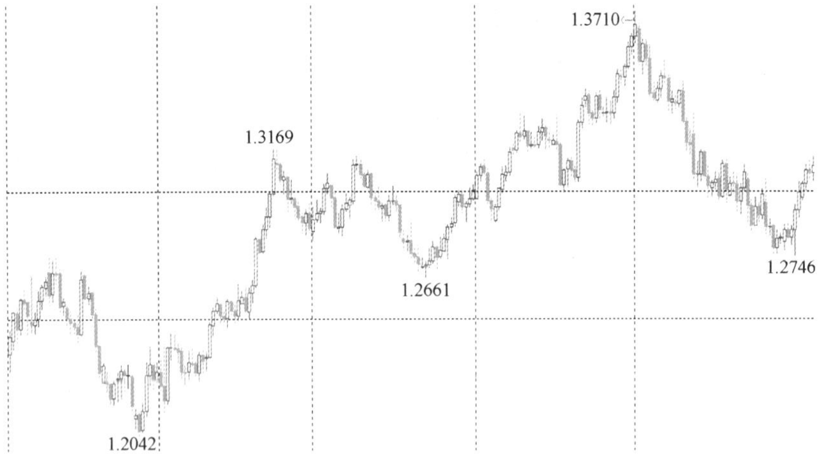

图 6－1 欧元兑美元 K 线图

资料来源：文华财经。

投资者在熊市中会遭受损失。

第五，外汇市场是一个高风险、高回报的市场。外汇现货和外汇期货的保证金制度为交易者提供了高杠杆的操作机会。大部分的网上外汇经纪商都提供了 100 倍的杠杆给正常账户，而秘密账户的杠杆则可高达 200 倍。在外汇期货中，交易所的场内交易也有 50 倍左右的杠杆。比起股票市场的低杠杆，外汇市场无疑更吸引风险偏好者的目光，尤其是对追求高回报的短线交易者。实际上，高杠杆是一把“双刃剑”，运用高杠杆却没有适当的资金管理会导致更大的亏损。因此，杠杆要根据需要灵活运用。对于厌恶风险的交易者可以降低杠杆，甚至可以选择不用杠杆。

六、如何分析外汇市场及汇率价格？

在分析外汇市场及汇率价格时，通常有两种主要的方法——基本面分析法和技术分析法。基本面分析法关注的是根本的经济情况和市场供需平衡；而技术面分析则是通过历史的价格及其形态来判断未来价格。在技术分析出现以来，市场上对基本面分析和技术分析孰优孰劣的争议从来没有停止过。短线交易者更偏向于技术分析，他们在制定交易策略时，主要关注价格走势；中长线交易者主要运用基本面分析来判断货币的适当价格及其未来的价值。

因此，明白驱动外汇市场变动的因素是交易者制订成功的外汇交易策略的前提，而好的策略往往同时结合基本面和技术面分析。如果只运用基本面分析，那么难以预测在没有任何市场消息时价格的快速波动；如果只运用技术面分析，往往在重大基本面事件产生时遭受损失。因此，对于技术分析交易者来说，关注市场上发布的重要经济消息是很重要的。反之，注重基本面分析的交易者也应该了解大众所关注的重要技术。

（一）基本面分析

基本面分析主要集中在影响供给和需求的经济、社会和政治因素。在外汇市场基本面分析中交易者会密切关注如经济增长率、利率、通货膨胀率、各国贸易量等经济指标，而交易者需要综合上述所有信息来评估货币的价值和未来的表现，这需要大量的工作和详尽的分析。

对于长期投资者而言，分析外汇的走势最需要关注的是货币的供给和需求。也就是说，一种货币的价格上涨，最根本的原因是对此货币的需求增加，而不管这需求是基于投机、对冲还是简单的货币兑换。无论是经济增长率、利率还是贸易的数据，最终还是靠影响货币的供求来影响货币价格。当供给小于需求时，货币就会升值；而当供给大于需求时，货币就会贬值。但是，如何预测供给和需求，并不像很多人想象得那么简单。在众多影响供求的因素里面，最主要的是资本需求、贸易需求和投机需求。

资本需求指的是外国的直接投资，如外国公司投资本国制造业、房地产或者收购本国企业，这些投资都需要外国公司卖出他国货币并买入本国货币。这种资本需求会引起外汇市场的波动。

对于基本面分析而言，资本需求十分重要。一个国家金融市场或经济政策的改变会导致直接需求发生变化，从而影响货币的价值变化。如果当地政策鼓励外国投资，那么就会促进直接需求。例如，中国在加入世界贸易组织后，对于外国投资的法律开始放宽，廉价的劳动力和充满吸引力的消费市场吸引了全球资金的涌入。在外汇市场上，资金涌入中国会导致人民币升值。

贸易流动是国际交易的基础，而贸易需求也会影响外汇的走势。如果一国是净进口国，那么该国购买他国的产品和服务的金额就高于他国购买该国的产品和服务，也就造成了贸易赤字。进口商为了购买他国的产品和服务，就必须卖出本国货币并买入他国货币，造成本国货币贬值而他国货币升值。同时，一国可能为了贸易需求和本国消费需求平衡，而制定经济政策使得本国货币走强或走弱，从而影响本国货币量。

投机需求是指本国金融市场（如股票市场和固定收益市场）的资本流入或流出。一个上涨的金融市场对全球的投资者而言是一个不可错过的机会。因此，一国的金融市场，尤其是股票市场，与该国的货币相关性越来越大。当股票市场上涨时，为了抓住机会投资该国股票市场，投资者通常会买入该国货币，引起货币升值；相反如果该国股票市场表现不佳，资本就会逃离该国并投向其他市场表现更好的国家，引起该国货币贬值。

例如在20世纪末，美国的股票市场因为互联网股票的引领非常繁荣，全球的投资者都希望进入美国证券市场以获取高额回报。因此间接需求引领美元一路上涨。但是互联网泡沫破裂和恐怖袭击的发生，使得投资者纷纷逃离美元资产，导致美元一路下滑。

因此，对于注重基本面分析的长期投资者而言，关键在于把以上三个需求整合起来并加以分析，找出其如何影响一国经济状况的逻辑脉络，并把结论灵活用于外汇市场中。

（二）技术面分析

技术分析早在20世纪初就开始萌芽，但直到20世纪80年代中期，外汇市场上仍然以基本面分析的策略为主。随着外汇市场的成熟和技术分析的发展，随着高频交易的普及和程序化模型基金规模的不断飙升，交易者发现技术分析在外汇市场上的影响越来越大，甚至在市场上有能力引导与基本面相反的价格趋势。

技术分析是短线和中线交易者非常喜欢的工具。通过研究价格的波动，技术交易者通过历史价格数据和其价格发展的形态来预测未来的价格走势。技术分析的前提是市场的所有信息都已经反映在价格上。因为外汇市场的高流动性和各国经济政策的公开性，外汇市场是最适合运用技术分析的地方。

技术分析的主要工具是价格图表。图表主要用于识别当前的趋势和形态，以找到入场和平仓获利的机会。技术分析的基本观念是市场价格发展的趋势性，因此如果能够在趋势开始初期就判别出走向，那么依靠技术分析就能获利。依靠技术分析的图表工具，如K线图、移动平均线等，交易者可以判断出市场参与者的情绪，以确定在哪个价位市场的贪婪或恐慌情绪最强烈，以此找出价格的趋势或者震荡区间。

1. K线理论。K线图又称为“蜡烛图”，源自于18世纪的日本。当时，日本商人用K线图来记录每天的米市价格变化，后来因为其独到的标画方式被广泛引入到金融市场中。

运用K线理论的时候，主要需注意上下影线的长度和当前价格的位置。例如，当上影线很长但下影线很短时，说明买方力量受阻，卖方力量占据优势；当下影线很长但上影线很短时，说明卖方力量被压制，买方力量较强。同时，还需要注意K线图所处的价格位置。对于相同的K线形态，不同的价格位置会有不同的意思。例如上下影线都很长的形态，当处于上升阶段末位时，说明了买方力量有限，上升行情将结束；当处于下跌阶段末尾时，说明卖方力量有限，下跌行情将结束。

同时，K线图可以选择不同的时间周期，如日K线、分钟K线等等。交易者可以运用多个周期的K线图结合分析，运用大周期K线判断出市场大趋势，运用小周期K线找出最佳入场点。

2. 波浪理论。波浪理论主要由三个方面构成：形态、比例和时间。无论时间的长短，波浪理论把上升（或下降）的5个过程与下降（或上升）的3个过程组成一个大的周期。因此，波浪理论认为市场的发展遵循着5浪上升和3浪下降共8浪的价格形态。其中，5浪为价格运行的主要趋势，而3浪为价格运行的次要趋势。

波浪理论另一个重点就是比例，也就是每一浪与前一浪的比例。预测此比例有多种方法，如百分比回撤，假设回撤为前一浪的33%、50%或67%；如斐波那契（Fibonacci）数字回撤。

还要注意的是，对于不同的品种和时间段，波浪理论的浪长也会不一样。因此，交易者应该结合历史价格图互相参考并具体分析。

3. 移动平均线。移动平均线是价格在一定时间内的平均线。对于不同的时间范围，不同的移动平均线衡量的价格平均也不同，如5天移动平均线是近5天内价格的平均，而10天移动平均线是近10天内价格的平均。根据技术分析的理论，当价格向上突破移动平均线时或者短期移动平均线突破长期移动平均线时，说明价格形成向上突破趋势，是买入的好时机；反之，当价格向下突破移动平均线时或者短期移动平均线向下突破长期移动平均线时，说明价格形成向下突破趋势，是卖出的好时机。同时，如果价格偏离移动平均线太远，可能会发生回调向平均线靠拢。

移动平均线的优点在于分析比较简单，同时能观察到价格的趋势，不受价格的偶然波动影响，降低风险并提供买卖入市的好时机。其缺点在于变化较缓慢，不容易把握趋势的起点和终点；同时，如果当前市场处于震荡区间内，那么上下交错的移动平均线的信号会使交易者难以做出判断。对于不同期限的交易者，需要根据特定周期的移动平均线做出交易抉择，如果交叉运用不同周期的移动平均线，容易造成迷惑。

4. 布林通道。布林通道是根据移动平均线、标准差和均值回归原理设计出来的技术分析指标。一般而言，价格总是围绕着其真实价值在一定范围内上下波动。布林通道假设移动平均线反映其真实价值，在引入标准差的基础上，设定了一个“价格通道”并认定价格通道的宽窄随着价格波动幅度的大小而变化，同时价格通道会随着价格（移动平均线）的变化而自动调整。

布林通道线是有上、中、下三条轨道线组成。中轨线一般设为是N日的移动平均线，而上轨线和下轨线分别是中轨线加减两倍的标准差。如图6-2中，最上方的线代表上轨线，中间的线代表中轨线，而最下方的线则是下轨线。

在布林通道中，上轨线是价格趋势的压力线，而下轨线是价格趋势的支撑线。由图6-2可以看出价格始终处于布林通道内运行。使用布林通道，不仅能简单明了地看出价格的压力位和支撑位，了解市场超买和超卖区域，还能规避市场主力惯用的（如诱多和诱空）技术陷阱。

交易者应该留意的是，市场上存在许多技术指标，而技术指标并不是预测未来的

图 6－2　欧元兑美元 K 线图和布林通道

资料来源：文华财经。

圣杯。技术指标只是为交易者提供一种参考的方法，使交易者通过指标能对日后的行情做出一个大致的判断。无论是经验丰富还是资金实力雄厚的交易者，都无法通过技术指标完美预测行情。

基本面分析与技术面分析孰优孰劣是市场争论多年的话题，即使市场发展了那么多年，仍然没有定论。在外汇市场中，大部分交易者偏向于使用技术分析，因为其不需要长时间对经济的研究。同时，技术分析使得交易者可以同时操作多种货币，而基本面研究通常只能专攻一种货币。在当前全球经济数据众多繁杂的状态下，基本面分析变得越来越困难。同时，外汇市场的成熟性和开放性使得技术分析变得越来越受交易者的青睐。

但注重技术分析的交易者也应该留意的是，重要的基本面消息会引起技术面分析的剧烈波动，而且能解释技术面无法解释的价格变化。

最常见的引起外汇市场短期波动的基本面因素就是经济指标的公布。即使是纯技术分析的交易者，在如美国非农数据这样重大的数据公布之前，也会选择离场观望，而对于喜欢做趋势交易的交易者，也只能在数据公布后再进行交易。同时，对于现在流行的程序化交易系统，结合基本面分析尤其重要，会对整个交易系统的表现造成重要影响。

因为外汇市场上大部分货币都与美元配对，因此美国的经济数据对外汇市场造成的影响是最大的。根据 Kathy Lien①2007 年的统计，对欧元兑美元造成影响最大的经济数据是美国非农就业人口数据。在数据公布后的 20 分钟，欧元兑美元的平均波幅为 69 个点，全天波幅则是 98 个点（见表 6－1）。

① *Day Trading and Swing Trading the Currency Market*, Kathy Lien, 2007.

表 6-1 经济数据公布后欧元/美元 20 分钟的波幅

2007 年指标排名			2004 年指标排名		
1	非农就业人口数据	69 点	1	非农就业人口数据	124 点
2	利率（FOMC）	57 点	2	利率（FOMC）	74 点
3	通货膨胀（CPI）	39 点	3	贸易差额	64 点
4	零售销售	35 点	4	通货膨胀（CPI）	44 点
5	生产者物价指数	35 点	5	零售销售	43 点
6	新屋销售量	34 点	6	国内生产总值	43 点
7	成屋销售量	34 点	7	经常项目	43 点
8	耐用品订单	33 点	8	耐用品订单	39 点
9	国内生产总值	32 点	9	外国购买美国国债数据（TIC）	33 点

除了非农就业人口数据外，利率对外汇走势的影响也比较重要。尤其是金融危机后，美国频繁使用了量化宽松的货币政策，造成全球美元超发，影响了外汇走势的趋势行情。

值得注意的是，与 2004 年相比，2007 年经济数据对外汇市场的影响已经明显降低，说明市场对经济数据已经有了一个预期并把预期反映在价格当中。同时，美国越来越倚重利率政策来调节经济和货币，因此交易者需要时间来评估其他数据对利率政策的影响。

因此，对于交易者尤其是新手来说，好的交易策略是基本面和技术面都同时支持的策略。例如如果英国和澳洲国家都在加息，从基本面分析应该英镑和澳元都应该同时看涨。但是从技术面来看，英镑处于下降趋势当中，而澳元此时则触底反弹。因此对于交易者来讲，最好的策略是买入澳元而不是英镑，因为澳元的上涨得到了基本面和技术面的同时支持。

七、如何设置止盈和止损?

（一）止盈

止盈，指的是交易者在进行交易开仓后，价格朝有利方向发展并在达到了目标价位平仓出场的操作。止盈的中心在于见好就收，不贪图更多的有未知风险的利润或在行情变化时及时守住盈利。

一般而言，止盈的方法分为两种。第一种是静态止盈，指的是交易者在开仓交易时设定具体的盈利目标价位或盈利百分比。一旦价格达到了止盈价，则坚决平仓退场。止盈价的设定是交易者进场前根据对行情的判断来决定的。一旦进场交易后，交易者的心态可能会发生改变，而不能向进场前一样客观地找出目标价位。止盈是交易者克服贪心的重要手段。交易者在交易时总是担心，如果平仓退场后价格往有利方向发展，那么就会错过平仓后的利润。这种情况是常见的。但是，如果交易者总是贪图每一分的利润，而不愿平仓离场，长期而言将造成很大的风险。

第二种是动态止盈，即交易者在获利时不确定行情的发展趋势，而继续持有仓位，等到行情发生转变并达到一定水平时，交易者止盈离场。常见的动态止盈方法包括回撤止盈法、均线止盈法和技术形态止盈法等。

回撤止盈法，即根据当前价位与前一段时间内的相对高（低）位的回撤比例来决定止盈点。如交易者买入外汇，价格先升后降，达到一个相对高点后下跌，那么可以设定在相对高点后下跌的一定幅度为止盈点。

例如，在图6－3所示行情中，交易者在虚线价位买入。买入后价格朝有利方向发展，交易者的浮动盈利不断上升，但由于不确定价格未来行情发展，交易者决定采用回撤止盈法，即当价格从最高点回落30%后就止盈离场。当价格冲高回落至实线位置，交易者卖出平仓离场，守住了盈利。

在回撤止盈法中，回撤百分比的设置应该根据当前价格形态来判断。如果百分比设得太低，那么可能在价格稍微回调时就提早离场，而错过了之后继续上涨（下跌）的行情；如果百分比设置太高，那么守住盈利就变得更困难。

均线止盈法，是指当均线与价格形成平仓信号后止盈离场。如交易者买入外汇后，价格朝有利方向向上突破，而均线则尾随价格上升。一旦价格下跌并击穿均线，那么交易者就止盈离场。如在图6－4中，交易者在虚线价位买入。一旦价格冲高回落，那么交易者就卖出止盈离场。

图6－3 回撤止盈法

资料来源：文华财经。

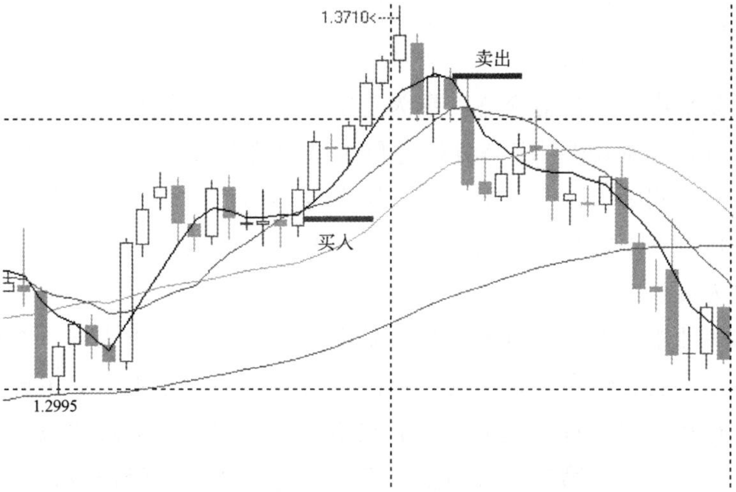

图 6－4 均线止盈法

资料来源：文华财经。

技术形态止盈法，指开仓后价格上升或下跌，并形成各种头部或尾部技术形态时，交易者止盈离场。

例如在图 6－3 中，投资者在虚线价位买入，此后价格一直上涨，到上方横线位置附近，价格形态形成了头肩顶，显示出行情即将反转，因此交易者在上方横线位置卖出离场。

图 6－5 技术形态止盈法

资料来源：文华财经。

（二）止损

相对于止盈来讲，止损对交易者更为重要。止损，指的是当某一交易出现亏损并达到预定数额时（止损位），交易者把仓位了结以避免更大的亏损。止损的目的在于交易者对交易方向判断失误时，把损失控制在较小的范围内，以求把资金用到下一次的交易中。止损虽然不能直接为交易者带来盈利，但却能挽救交易者于危难之中，帮助交易者化险为夷。

止损的重要性主要有两个方面。第一是交易者主观的决策失误。在市场上的交易者必须承认自己是会犯错误的，这是一个恒定的规律。金融市场的不确定性导致固定的规律不可能存在，因此每个人都有可能犯错误。当交易者发现决策失误的时候，应该果断承认错误并止损。第二是市场基本面会发生变化。如经济数据的公布，可能使市场行情发生逆转，导致交易者之前的正确决策出现错误。此时应该果断止损，并顺应市场的节奏交易。

止损点的设置与止盈点的设置类似，但是也是值得交易者根据不同情况进行深究的。如最大止损法，就是当浮动亏损的幅度达到某个百分点时止损，而该百分点的设置根据交易者的偏好、交易策略和操作周期决定。对于短线交易者而言，百分比相对较低（如1%）；对于中长线交易者而言，由于长期的价格波动更大，因此百分比可以设置相对较高（如5%～10%）。

回撤止损法与回撤止盈法类似，是根据当前价位与前一段时间内的相对高（低）位的回撤比例来决定的。如交易者买入外汇，价格先升后降，达到一个相对高点后下跌，那么可以设定在相对高点后下跌的一定幅度为止损点。

切线支撑位止损法，指的是当价格突破趋势性或者支撑线后的止损方法。因为在震荡行情中，价格在一定区间内波动，因此切线支撑位止损法可以保证交易者不会因为震荡行情而过快地止损，失去盈利的机会。

可以看到，不同止损策略的选择对止损价格的设置影响很大，而止损策略的选择也跟交易者的交易策略密不可分。如果交易者是一个风险偏好者，那么可承受的亏损会较大；如果交易者相对厌恶风险，那么止损价位会设得较严格。最后应该强调，无论选择哪种止损策略，都应该重视止损的重要性和必要性。

最后我们必须提到，对于大多数交易者而言，止盈和止损缺乏的不是平仓价格的判断，而是执行的决心。如果说止盈和止损策略是保证资金增长的基础，那么决心就是有效实施策略的前提。对于成功和失败的交易者而言，区别往往就在于能否克服自己，使自己有恪守交易策略的决心。

八、如何准备交易计划书?

交易者成功的秘诀不是找到了完美预测价格的指标或方法，而是形成严格的交易纪律并始终如一地遵守它。因此，要成为一个成功的交易者，在市场上屹立不倒，严格有效的交易纪律是最重要的前提，而交易计划书就是帮助交易者逐渐养成良好的交易纪律的工具。

交易计划书多种多样、因人而异，是交易者记录自己交易心态、交易操作和交易结果的工具。通过阅读交易计划书，能够在事后了解交易当时的动机，通过与最终的交易结果作对比，能总结盈利的经验和吸取亏损的教训，并把它运用于以后的交易中。

一般而言，交易计划书可以分为三个部分：交易品种的价格监控、准备进场的交易和已经完成的交易。交易品种的价格监控，值得是对当前可交易品种的价格变化和技术指标做的实时或半实时监控，以保证交易机会出现时能够及时发现。表 6－2 为某外汇交易者所做的价格监控。

表 6－2　　某外汇交易者的价格监控

货币对	现价	当日最高价	当日最低价	突破均线	突破布林带	上升波浪	下降波浪
欧元兑美元	1.2987	1.3007	1.2887	√		√	
英镑兑美元	1.5226	1.5246	1.5174				
美元兑日元	94.5100	94.9100	94.1900				
美元兑澳元	0.9570	0.9595	0.9557	√			√

可以看到，在这个简单的价格监控表中，不仅记录了当前的价格和当日的最高价和最低价，还记录了价格走势是否符合前文所说的一些技术分析指标。如在欧元兑美元行情中，交易者记录了当前价格走势是处于上升波浪中，并且价格突破了移动平均线，发出了很强烈的买入信号，因此交易者的下一步运作很可能是买入欧元兑美元。

对于新手而言，价格监控表可以做得稍微简单一些。如表 6－2 中只记录了 4 个货币对的情况，对于经验丰富的老手来说，可以同时记录十几种货币对。同时在表 6－2 中，交易者只运用了 3 种技术指标作为分析价格的趋势。对于老手来说，可以加上更多的技术指标，使指标间相互验证更一目了然。交易者还应该加上不同的技术指标来验证不同的价格趋势。如表 6－2 中的 3 个指标主要是验证趋势行情的指标，交易者还可以加入区间震荡行情或价格反转行情的指标，更好地判断未来价格的走向。在价格监控表中，“√”越多，表示信号越强烈。

交易计划书的第二步是根据对价格监控表的观察，列出今天或近期可能出现交易的机会，即准备进场的交易。如果把价格监控比喻成打仗时对敌军信息的侦探，那么第二步列出交易机会就是拟定进攻的战术。例如交易者可以按表6-3所列方式操作：

表6-3 操作计算

时间	2013年3月30日	2013年3月30日
货币对	欧元兑美元	美元兑日元
买入点	1.3010（本周最高价）	×
卖出点	×	94.00（前期支撑点）
止损点	1.2950（20日移动平均线）	94.75
止盈点	1.3050（价格阻力位）	93.50（盈利目标）
	1.3100（布林带上轨）	93.00（布林带下轨）
	冲高回落后30%	低点回升30%

交易者在表6-3中列出了有潜在交易机会的货币对、交易的进场价格和止损止盈价格。一旦该货币对达到了设定的进场价格，交易者就准确地知道将要采取的行动以及在哪个价位止盈或止损出场。当然，这个表不是不变的，交易者可以根据市场实时改变交易策略。例如，当交易者预想到在某价位被强劲突破后进场，但后来发现该价位的突破并不强势，那么交易者应该重新考虑该价位是否是一个适合的进场点。

这样做的目的是帮助交易者制定一个行动计划来应付日常繁多的日常交易。交易者应该像士兵一样，遵守自己事前拟定交易计划，长此以往就能纠正在交易中的一些固执或偏见的心理状态，从而形成良好的交易纪律。

第三步是交易计划书最重要的部分，即已经完成的交易。这一步的目的是为了强化交易纪律，并从正确交易中总结经验和在错误交易中吸取教训。在每一个交易日后，交易者应该回顾当天的交易，并找出某些交易盈利和某些交易亏损的原因。通过每天不断观察，交易者能够从中发现自己交易的一些习惯和倾向。在众多交易者中，最常见的错误有过早地止盈出场，亏损时期待行情反弹而不进行止损，或者带着情绪交易，破罐子破摔，忽略重大经济数据的公布和进场前没有充分的准备就贸然进场等等。

但是，如果交易者每天都记录当天的交易情况，交易者就等于拥有了一张指示哪些交易会赚取、哪些会亏钱的指示图，它可以把因为人的情绪对交易造成的负面影响最小化。表6-4和表6-5记录了已经完成的几个交易。

表6-4 操作计算

时间	2013年3月30日
交易	1.3010做多5手欧元兑美元
止损	1.2950
止盈	1.3050
交易结果	止损于1.2900，亏损110点
评论	欧元兑美元出于上升波浪中并突破本周高点，认为趋势较强并买入。随后价格反转，认为是多头获利回吐但趋势不变，因此没有坚决止损。随后价格一路下滑，亏损110点后止损离场
注意点	注意价格高位和前期压力位，同时需要留意是否假突破

通过以上三步，交易者把交易的前期准备、中期交易和后期结果都完整地记录下来，形成一部如兵书般的交易战法。虽然每天编写交易计划书会很繁琐，但对交易者经验的积累和技巧的成熟是非常有帮助的。

表 6-5 操作计算

时间	2013 年 3 月 30 日
交易	94.50 做空 5 手美元兑日元
止损	95.00（本月最高价）
止盈	94.00（均线支撑位）
交易结果	止损于 95.00，亏损 50 点
评论	美元兑日元没有继续延续之前的下跌行情，进场后价格迅速反弹并且趋势较强，在预订价格进行止损
注意点	进场过于仓促，只认定当前趋势而忽略了其他技术指标

九、什么是做市商?

做市商是指在金融市场上向公众投资者报出某些特定金融产品的买卖价格的，并在报出价格中接受公众买卖要求的、以其自有资金与公众投资者进行交易的公司或个人。通过不间断的报价和与公众投资者的交易，做市商能维持金融市场的流动性，满足投资者的交易需求。

一般来说，做市商必须具备几个条件。

第一，必须有雄厚的资金实力。雄厚的资金实力不仅能保证做市商能够满足投资者的交易需要，还能保证交易者的盈利能够兑现。对于资金实力较弱的做市商，容易在行情发生不利变化时破产，使投资者蒙受非市场因素带来的损失。

第二，必须有准确快速的报价能力。做市商必须熟悉了解报价的商品，并根据市场行情的变化而迅速反应，调整报价以维持市场的流动性。

第三，做市商要有管理商品库存的能力，以降低储存商品的风险。在外汇做市商中，做市商必须有对冲持有外汇的能力，否则在发生趋势性的不利行情中会遭受巨大的损失。

图 6-6 是某外汇交易商在某时刻对欧元兑美元的报价。从图中可以看出，做市商对交易者分别报以两个价格：买价和卖价。买价是指做市商对于某一商品，如这里的欧元兑美元外汇，愿意购买的价格。而卖价则是做市商对于某一商品愿意卖出的价格。因此，如果交易者想买入欧元兑美元的外汇，那么成交价格是做市商报以的卖价，即 1.29918；如果交易者想卖出欧元兑美元的外汇，那么成交价格是做市商报以的买价，即 1.29881。

图 6-6　欧元兑美元报价

资料来源：福汇交易平台。

在做市商的报价中，卖价要比买价高。在外汇市场中，买卖价的差额通常为几个点，因此买卖价的差额被称为点差。点差是做市商在交易中赚取的利润，也就是交易者与做市商进行交易的交易成本。在图 6-6 中，点差为 3.7。而 3.7 下方的 0.10（美元）表示当交易 0.01 手时，点差每变动 0.1 个点，交易者所持有的 0.01 手欧元兑美元的价值就变动 0.10 美元。因此，这里交易者每交易 0.01 手，所需要付出的交易成本是 3.7 美元（3.7 ÷ 0.1 × 0.1）。对于不同的交易商和不同品种的外汇，点差和每点价值可能都不同。

假设有两个交易者同时与做市商发生方向相反的交易，即一买一卖。做市商可以把在低价（买价）买回来的商品高价（卖价）卖出，从而赚取无风险利润。换个角度而言，假设交易者从卖价买入商品，如果马上卖出商品的话，交易者将会损失点差。因为买价和卖价报价行情是分开且从不并拢的两条线，因此点差既是做市商的利润，也是交易者的交易成本。

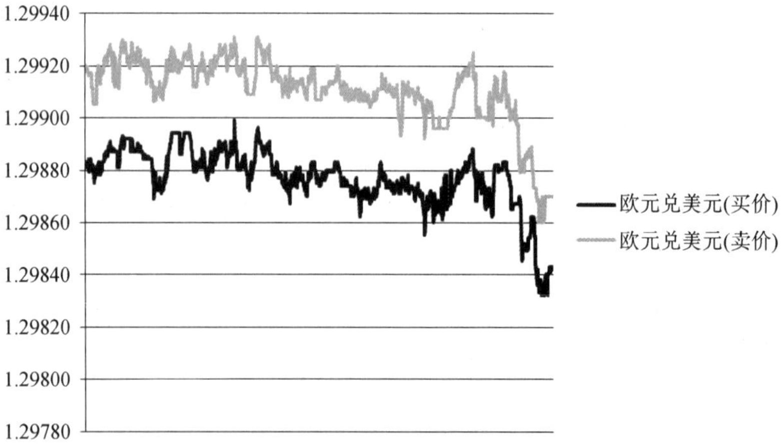

图 6-7　欧元兑美元买卖报价的演变

资料来源：福汇交易平台。

外汇交易商的点差报价方式分为固定点差和浮动点差两种。固定点差就是交易商制定的点差不会随着市场价格的波动而改变；而浮动点差就是点差会随着市场的波动而改变。对于浮动点差而言，在一些价格波动较大的时期可能会造成交易商资金储备的不便。但是在一些波动平静的市场，浮动点差能够使点差减少，增加市场的流动性。

在外汇现货市场中，主要以做市商制度为主。其中，有花旗银行和巴克莱银行等跨国大银行，也有很多专门从事外汇做市商的外汇交易商。他们在资金规模、交易成本、资讯提供和法律监管上各有不同。交易者应该在选择外汇交易商前做好调查，选择最适合自己投资策略的外汇交易商。

外汇期货的撮合交易

与外汇现货不同，外汇期货是在交易所场内进行的交易，而交易所并不承担做市商的报价制度。在交易所市场内交易的外汇期货，是买方交易者和卖方交易者直接的成交方式，一般采取公开喊价和撮合成交方式。

公开喊价可分为两种形式：连续竞价制和一节一价制。

连续竞价制是指在交易所交易池内有交易员面对面公开喊价，表达各自买进或卖出合约的要求。按照规则，交易者在报价时既要发出声音，又要做出手势，以保证报价的准确性。这种公开喊价的方式曾在欧美期货市场较为流行。

一节一价制是指把每个交易日分为若干节，每节交易由主持人最先叫价，所以场内经纪人根据其叫价申报买卖数量，直至某一个价格买卖双方的交易数量相等的位置。每一节交易中一种合约一个价格，没有连续不断的竞价。这种叫价方式曾经在日本较为普遍。

计算机撮合成交是根据公开喊价的原理设计而成的一种计算机自动化交易方式，是指期货交易所的计算机交易系统对交易双方的交易指令进行配对的过程。这种交易方式相对公开喊价方式来说，具有准确、连续的特点。

世界上大部分交易所均采用计算机撮合成交的方式。计算机交易系统一般将买卖申报单以价格优先、时间优先的原则进行排序。当买入价大于、等于卖出价时自动撮合成交，撮合成交价等于买入价（bp）、卖出价（sp）和前一成交价（cp）三者中居中的一个价格，即：

当 $bp \geqslant sp \geqslant cp$ 时，最新成交价 $= sp$

当 $bp \geqslant cp \geqslant sp$ 时，最新成交价 $= cp$

当 $cp \geqslant bp \geqslant sp$ 时，最新成交价 $= bp$

因此，在交易所交易中，买卖价差是交易者申报的最高买价和最低卖价直接的价差。这个价差是由市场上的交易者决定的。交易所的利润来源不是买卖价差，而是通过收取手续费的方式来赚取利润。

十、如何选择外汇交易平台？

选择正确的外汇交易平台对个人交易者而言尤其重要。一个好的交易平台不仅能为交易者提供公正的报价，使交易者在市场中处于有利地位，而且会降低违约的可能性，保障交易者的权益。

选择一个优秀的外汇交易平台，首先要了解此平台受哪些监管机构监管。一个强有力的监管机构能保证交易平台的规范性，对平台具有法律约束力。外汇交易的监管机构中，最值得信赖的是美国期货业协会（NFA）和美国期货交易委员会（CFTC），然后是英国金融管理局（FSA）。这些监管机构对外汇交易商都有严格的要求。表6－6为美国期货业协会（NFA）监管的部分外汇交易商。

表6－6　部分受NFA监控的外汇交易商

Advanced Markets	Alpari（US）
APPL International	ATC Brokers
Back Bay FX	BulldogFX
Cash Back Forex USA	Capital Market Services－CMS Forex
CitiFX Pro（Citigroup）	Cobra Trading
CompassFX	DormanFX
Easy－Forex	EToroUSA
FastBrokers	Forex & Futures International
Forex Club	Forex. com－Gain Capital Group
FX Solutions FXCM	FXDD
GFT － Global Futures & Forex	HotspotFX
IG Markets	Ikon Global Markets
Interactive Brokers	Interbank FX
Lightspeed Financial	MB Trading
Mitsui FX	OANDA
Open E Cry（OEC）	Rosenthal Collins Group
Spot Trader FX	Thinkorswim
TradersChoiceFX	TradeStation Securities

资料来源：NFA

对于机构和个人交易者而言，选择受严格监管的外汇交易商是成功外汇交易的前提。历史经验告诉我们，如果贪图较小的交易费用或盲目追求高杠杆而选择不受监管或监管力度较弱的外汇交易商，在危机发生时往往得不偿失。

NFA 的监管要求

1. 财务要求

NFA 的一个首要任务是制定针对期货佣金商（Futures Commission Merchant，FCM）和介绍经纪商（Introducing Broker，IB）会员的最低财务标准，按该标准进行审计和强制执行，并从会员手中获得财务报告并加以分析。

2. 行业道德标准

NFA 实行的行业道德标准包括了《商品交易法》第 17 节特别规定的内容，例如禁止欺诈、操纵和欺骗性的行为，以及不公正和不正当的交易等。NFA 还禁止黑市交易，要求会员制定对雇员和自由账户的监督制度。这些要求与 CFTC 和交易所的要求相类似。此外，NFA 要求商品基金经理（Commodity Pool Operator，CPO）和商品交易顾问（Commodity Trading Advisors，CTA）会员遵守 CFTC 和交易所的特别规定。NFA 还制定了一条"了解你的客户"的规则，要求会员对新客户的情况进行全面了解。

3. 会员和联合会员

任何在 CFTC 登记的机构或者个人和期货交易所都要成为 NFA 的会员。按照《商品交易法》，NFA 会员的雇员也被要求注册为 NFA 的"联合会员"，这些个人与会员一样要达到 NFA 所要求的资格。

4. 会员资格审查

首先由 NFA 工作人员进行初步审查，最终 NFA 会员资格委员会在听证会上作出决定。假如总裁有理由相信申请者不符合会员资格或不适合注册为 NFA 的联合会员，申请或者会员资格委员会可以要求举行听证会。

5. 处罚措施

NFA 设立了一个由 NFA 执行副总裁和部门首席执行官领导下的复杂财务审计和道德监督的部门。如果发生违反 NFA 规则的事件，该部门需要准备一份报告并提交给业务指导委员会。该委员会按照报告采取行动，出具意见或者对会员（或联合会员）提出正式的控告。在后一种情况下，被告人必须作出答复，并有权参加听证委员会的听证会。如果问题不能得到解决，并且针对被告人的决定已经作出，该会员和联合会员可以到申诉委员会上诉。对会员作出的处罚包括开除、暂时取消会员资格、禁止和某会员发生联系、训诫、申诉、每宗不超过 25 万美元的罚金或者其他类似的处罚。同时，为了及时保护市场、客户或者其他会员，总裁和执行委员会可以联合采取紧急措施，而会员和联合会员可以到业务指导委员会要求举行听证会。

6. 每日递交电子报表

根据 NFA 的要求，所有外汇交易商必须从 2011 年 2 月 4 日开始，每天递交电子报表。报表必须与纽约时间下午5点准备完成并于午夜前上传至NFA系统。如果没有按时交表的，每天罚款200美元。

交易者在交易前要了解此外汇交易商的交易成本。对于不同的外汇交易商而言，报价中的点差也不同。有一些外汇交易商提供的是固定点差报价，即买卖价差是固定的，而有一些外汇交易商提供的浮动点差报价。同时，外汇现货交易中对于买入和卖出的货币是有利息支付和收取的，利息支付的大小和方向根据该货币所在国的利率不同而变化。在套汇交易和期现套利中，利息的大小决定了交易是否成功。因此，交易者应该了解外汇交易商有关交易成本的约定。

交易者要了解外汇交易商的资产实力。几乎所有做市商模式的外汇交易商都要和客户对冲对赌（与客户进行方向相反的交易）。万一交易商大规模输给客户，导致不能赔偿客户的盈利时，资金实力小的交易商就易倒闭，而最终损害的还是交易者。

交易者要选择一个具有稳定交易平台的交易商。平台稳定性，不仅包括交易程序的稳定性、网络连接的稳定性、报价的连续性，也包括了下单速度和成交速度快慢等等。尤其对于高频交易者而言，因为平均每日要做高达数百次的交易，因此平台的稳定性尤其重要。除了稳定性以外，不同交易商提供的资讯也不同。资讯信息如图表分析、实时新闻等附加价值对于交易者也尤其重要。

什么是滑点?

滑点是指交易者在进行交易的过程中，下单的价格与最后成交的价格有差距。因为一般差距为几个点，因此被称为“滑点”。

造成滑点有多种原因，可能是因为网络延迟，造成下单指令不能及时传送到交易商的服务器，时间延迟导致滑点；也可能是行情波动剧烈，在交易者下单的短时间内价格已经发生很大的变化，导致成交价格与交易者当初设想的价格发现偏离；也有可能是交易商系统出错或者交易商故意造成滑点以吞食交易者利润。

对于正规的交易商而言，滑点问题能得到很好的控制。正规的交易商通常具备良好的操作平台和稳定的硬件措施，可以避免由于软件和硬件原因导致的滑点。同时，正规交易商受到监管部门的严格监管，严厉的处罚措施会遏止交易商故意造成滑点。

但是，有一些滑点的发生是交易商无法控制的。大部分滑点发生都是因为市场的流动性问题。例如交易商在1.3500的价位上能接受的买单为100万美元。如果交易者想买入200万美元的仓位，那么后100万美元会拉高交易商的报价，导致交易者的成交价格最终高于1.3500。流动性是滑点发生的最主要原因。

因此，我们建议投资者选择资金规模较大的交易商进行交易。资金规模越大，为市场提供的流动性也就越大，滑点现象的发生就越小。

十一、国内投资者进行外汇投机交易有哪些方式?

国内投资者参与外汇投机主要有实盘交易和虚盘交易两种方式。

实盘交易，指的是投资者在银行柜台进行买卖外汇的方式。实盘交易的前提是投资者手中必须拥有此外汇的现货。如投资者想买入美元卖出欧元，那么就必须有欧元的现货，按照银行汇率进行买卖；反之亦然。在这里，银行就是做市商，为投资者提供买价和卖价，通过赚取买卖价差来盈利。与一般外汇交易商的做市商方式不同的是，银行柜台买卖并不为投资者提供杠杆，因此投资者在银行进行的是等量交易。因为外汇价格变动通常是以点位计算，波动较小，等量交易的获利空间非常低，因此，银行柜台市场又称为“零售市场”，进行外汇买卖的通常是贸易需求或个人投资者出国旅行的用钞需求，投机需求很少。在国内，中国银行、中国工商银行、中国建设银行和中国农业银行等银行都通过“外汇宝”这款产品来为投资者提供外汇实盘交易。

对于银行、券商、基金和保险机构等机构投资者而言，可以通过银行间外汇市场进行外汇交易。银行间市场是个人投资者无法参与的市场，机构投资者在银行间市场通过交易中心，与其他机构通过集中竞价与双币询价（做市商）两种交易方式进行外汇交易。银行间市场支持人民币对 9 种外币（美元、欧元、日元、港币、英镑、林吉特、俄罗斯卢布、澳大利亚元和加拿大元）的即期，人民币对 7 种外币（美元、欧元、日元、港币、英镑、澳大利亚元和加拿大元）的远期、掉期，人民币对 5 种外币（美元、欧元、日元、港币、英镑）的货币掉期和期权交易，以及 9 组外币对（欧元兑美元、澳元兑美元、英镑兑美元、美元兑日元、美元兑加元、美元兑瑞士法郎、美元兑港元、欧元兑日元、美元兑新加坡元）的即期、远期和掉期交易。值得注意的是，银行间市场也是一个实盘交易的市场，机构参与者并不进行保证金的杠杆交易。

虚盘交易，即外汇保证金交易，指的是投资者在外汇交易商处通过保证金制度进行的杠杆交易。世界上众多的外汇交易商都为我国投资者提供了开设账户和交易的方法，而且也提供了中文网站和中文客服。因此，国内的投资者可以通过全球外汇交易商进行外汇保证金交易。投资者进行外汇交易前，应该详细了解每一家外汇交易商的交易细则，如最初入金量、入金和出金方式、最大交易金额、手续费、交易平台、交易产品、交易商的声誉、交易所的监管机构、杠杆大小以及点差等一系列要求。

第七章　外汇套利及套汇交易

一、风险中性的世界是什么?

在风险中性（Risk – neutral）的世界中，投资者对任何资产的预期回报率应该与无风险资产的回报率相等。换句话说，当投资风险增长时，投资者并不要求额外的回报率。与风险中性并存的另外两个概念是“风险厌恶”（Risk – averse）和“风险偏好”（Risk – seeking）。

【案例 7 –1】

假设现在投资者拥有 50 元，其现在面临两种选择：第一种是以 100% 概率收取 50 元，即继续拥有 50 元；第二种是下注 50 元，以 50% 概率收取 50 元或 50% 概率失去 50 元（见图 7 –1）。

如果从期望值的角度比较，两种选择获取金额的期望值是一样的，都等于 50 元，也等于投资者的无风险回报。相对于选择 1 而言，选择 2 的风险更大，因为它有失去 50 元的可能性。但同时，选择 2 也有获得“超额”50 元的可能性。因此，相对于选择 1，选择 2 是高风险的，而“超额”的回报则是对其高风险的补偿。

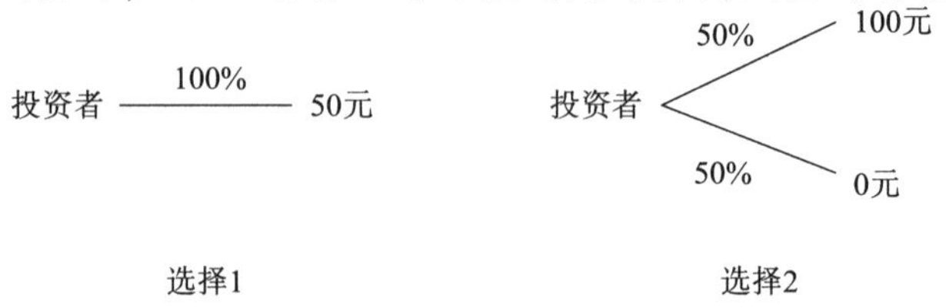

图 7 –1　投资者面临的选择

对于一个风险中性的投资者而言，因为两种选择的期望值是相等的，所以这两种选择没有区别。因为风险中性者对高风险资产不要求额外的补偿，所以在下注和不下注之间没有任何偏好。

对于风险厌恶者而言，这两种选择是有区别的。风险厌恶者对高风险资产要求额外的补偿，因此只有当下注金额少于 50 元时，风险厌恶者才会下注。也就是说，当风险资产的预期收益大于其投入时，风险厌恶者才会投资。

对于风险偏好者而言，高风险资产比无风险资产更具有吸引力。因此即使选择 2 的下注金额大于 50 元，风险偏好者也会下注。也就是说，即使风险资产的预期收益小于其投入，风险偏好者为了追求高回报的可能性，也会投资。

效用函数

从效用函数可以看出风险中性者、风险厌恶者和风险偏好者的差异。在经济学中，效用可以理解为一个人从消费中获得的幸福感或满足感。效用函数（Utility Function）即用函数来表示消费与效用的直接关系。在例 7－1 中，消费带来的效用可以等同于资金带来的效用。

风险厌恶者的效用函数是凹函数，如图 7－2。

M_1 为较小的资金，M_3 为较大的资金，M_2 为各以 50% 概率赢得 M_1 和 M_3 的期望值。结合案例 7－1，$M_1=0$ 元，$M_3=100$ 元，$M_2=50$ 元。

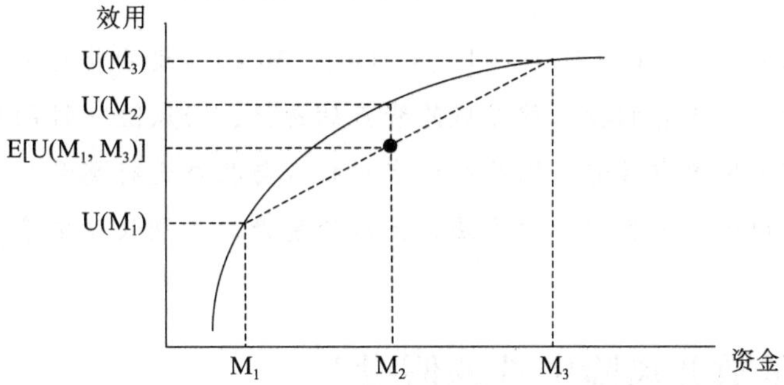

图 7－2　风险厌恶者的效用函数图

如果投资者参与下注，因为赢得 M_1 的效用为 E（M_1），赢得 M_3 的效用为 E（M_3），那么以 50% 概率赢得 M_1 和 M_3 的效用在 E（M_1）和 E（M_3）的中点处，即为 E［U（M_1，M_3）］。但是，100% 拥有 M_2 的效用为 U（M_2），且 U（M_2）＞E［U（M_1，M_3）］，说明投资者对无风险的偏好和对风险（获得 M_1 或 M_3 的风险）的厌恶。

风险偏好者的效用函数为凸函数，如图 7－3。

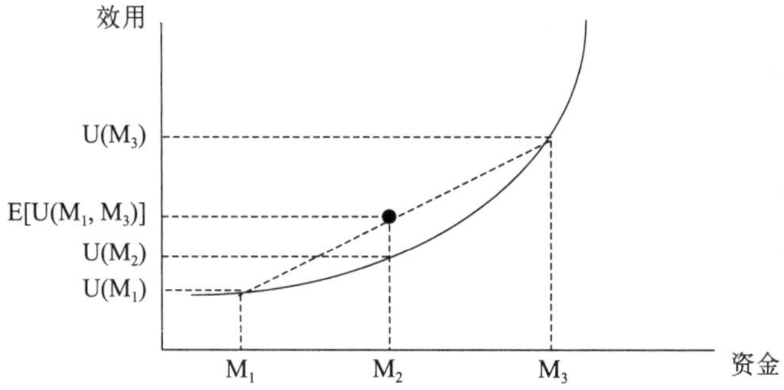

图 7－3　风险偏好者的效用函数图

风险偏好者的效用函数与风险厌恶者的相反，$U(M_2) < E[U(M_1, M_3)]$，说明投资者对风险（获得 M_1 或 M_3 的风险）的追求。

风险中性者的效用函数是一条直线，见图 7－4。

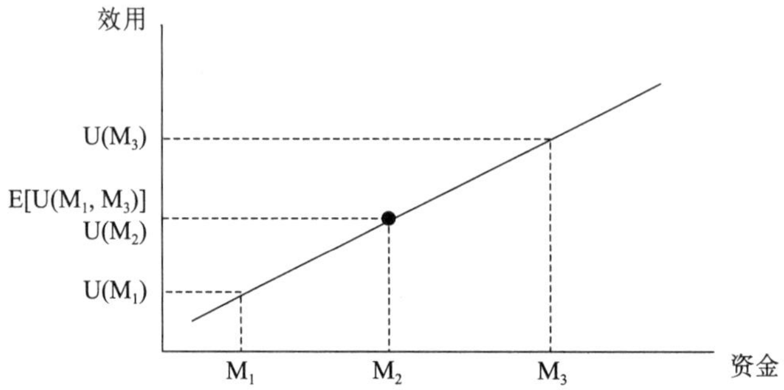

图 7－4　风险中性者的效用函数图

对于风险中性者而言，$U(M_2) = E[U(M_1, M_3)]$，说明其对风险的无偏好性。

在金融市场中，投资者的投入就是风险资产的价格，而风险中性的假设前提就是市场上的投资者全部都是风险中性者，因此投资者对投入与收益进行衡量时，也就是对风险资产进行定价时，采用的是风险中性的方法，使风险资产的预期收益率等于无风险收益率。

二、什么是放开风险中性的假设?

读者可能有疑问：我们当前生活的世界并不是一个风险中性的世界，投资者所承受的风险越大，要求的回报率也就越高；反之亦然。那么，为什么我们对市场上的产品进行定价时，仍然采用无风险利率作为资产的投资回报率，或者采用无风险利率作为资产的折现率呢?

首先我们要重新定义风险资产。高风险资产之所以称为“高风险”，是指与低风险资产相比未来价值的波动率更大。如在例 7－1 的两个选择中，选择 1 的未来的价值始终为 50 元，即波动率为 0；而选择 2 未来价值可能是 100 元也有可能是 0，波动率比选择 1 的要大。由于风险厌恶者对高风险的资产要求更高的回报，因此可以理解为风险厌恶者认为高风险资产的未来期望价值应该高于低风险资产的期望价值，而未来的期望价值就是对资产未来的定价。

但是，如果任何人对相同资产的定价不同，那么就会出现无风险的套利机会。例如一个有风险的资产，风险中性者对此资产的定价为 100 元，风险厌恶者对它的定价是 80 元（要求风险溢价 20 元），而风险偏好者对它的定价为 120 元。那么在同一个市场中，任何人都可以从风险厌恶者那里买入资产并卖给风险偏好者处，从而赚取 40 元的无风险利润。

因此，在一个无套利机会的市场中，资产应该有一个统一的定价。事实上，市场套利行为的存在使得风险资产未来每一个可能价格都有一个风险中性概率。在此风险中性概率下，任何类型的交易者对此资产的期望收益率都应该等于无风险资产的期望收益率。换句话而言，即使风险资产的波动率较大，但在风险中性概率的计算条件下，风险资产的期望收益率等于无风险资产的期望收益率。

【案例 7－2】

现在有三种资产：资产 1 为无风险的资产，而资产 2 和资产 3 为同一标的物的资产。如果标的物价格上涨，资产 2 的价值为 140 元，资产 3 的价值为 300 元；如果标的物的价格下跌，那么资产 2 的价值为 80 元，资产 3 的价值为 60 元（如图 7－5）。

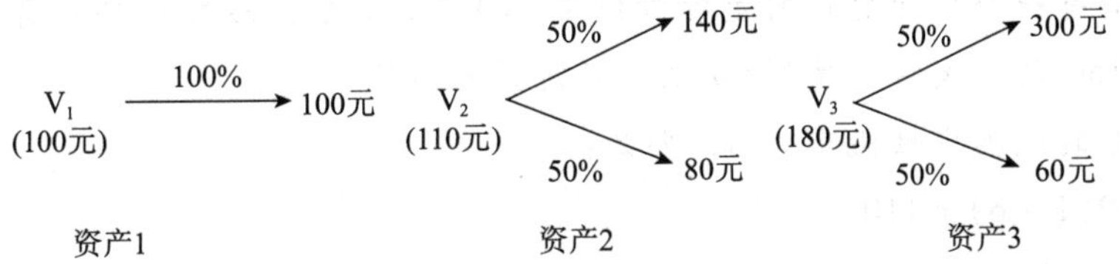

图 7－5　三种资产的未来可能价值

资产 1 的未来价值是确定的，因此资产 1 为无风险资产。资产 3 相对于资产 2 来讲，其波动率更高，因此风险也更大，我们把资产 2 看作是低风险资产，把资产 3 看作是高风险资产。

现在假定无风险利率为 0。因为资产 1 未来的价值是确定的，资产 1 的当前价格为 100 元，即 $V_1=100$ 元。假定资产 2 现在的资产价格为 110 元，即 $V_2=110$ 元。因为资产 2 与资产 3 的标的物是相同的，因此我们可以用资产复制的方法对资产 3 进行定价。假设我们买入 x 份资产 1、y 份资产 2，要使我们的资产组合与资产 3 的价值相等，我们必须满足在任何情况下资产组合的价值等于资产 3 的价值，即：

$100x+140y=300$

$100x+80y=60$

解方程后得到：$x=-2.6$、$y=4$，即卖出2.6份资产1和买入4份资产2。此资产组合完全复制了资产3在未来任何情况下的价值，因此资产组合的现值应该与资产3的现值相等。因此：

$V_2=-2.6\times100+4\times110=180$（元）

如果资产3的价格不是180元，那么市场上就有套利机会。假如资产3的价格为170元，那么交易者可以买入资产3并卖出资产组合，在未来用资产3得到的价值来支付资产组合的价值，从而得到无风险利润10元。

除了资产组合的复制的方法，我们还可以计算当前市场价格下的风险中性概率。因为市场的价格是资产的期望价值，而期望价值是对未来价格的概率加权，先假设标的资产上涨的风险中性概率为p，在利率为0的情况下，我们有以下公式：

$E(V_2)=P\times140+(1-P)\times80=110\Rightarrow P=50\%$

我们得出标的物上涨的风险中性概率为50%。在此概率下，资产2的期望价值与市场价格相等。

因为资产3与资产2的标的物是相同的，因此风险中性概率也应该相同。那么资产3的市场价格V_3可以用此风险中性概率计算得出：

$E(V_3)=50\%\times300+(1-50\%)\times60=180$

与前面的结果相等。

【案例7-3】

假设当前有一个投资资产的市场价格为110元，1个月后的价格具有两种可能性，或者上涨到150元，或者下跌到90元。当前利率为0。

假设上涨的风险中性概率为p，那么：

$150p+90(1-p)=110$

得到：$p=33.3\%$

风险中性概率是由市场价格和未来价格的可能性决定的，而不是每个投资者的主观判断。

因此，在无套利机会的假设前提下，对于任何资产，市场上存在一种风险中性概率[①]，在此风险中性概率下可求得未来风险现金流的期望值（风险中性期望），对此期望值用无风险利率折现，即可求得该风险资产的当前市场价值。

总而言之，无套利机会的假设把资产市场定价中的风险因素排除了，并把理论中的风险中性定价和现实市场的定价联系起来。

① 准确而言应该是“概率测度”。

三、外汇市场的无风险定价是什么?

投资资产有其内在价值，有一定的内在价值增长率（无论正负），而外汇本身并没有内在增长率。因此，外汇汇率的价格是由汇率双方的相对货币价值所决定的。当一方货币的相对价值升高了，相对应的货币就会升值，反之就会贬值。

一般而言，货币的市场价格是由利率所决定的。当市场资金偏紧时，货币的需求上升导致货币价格上升，因此利率也会上升；当市场资金偏松时，货币需求下降导致货币价格下降，利率也会因此下跌。所以我们说，利率就是货币的价格。

外汇期货的定价公式为：

$$F_0 = S_0 e^{(r - r_f)T}$$

其中：r_f 为外国利率；r 为本国利率；S_0为即期汇率（直接标价法）。

四、什么是套利?

（一）期货套利定义

期货套利是指利用相关市场或相关合约之间的价差变化，在不同市场或不同合约之间进行交易方向相反的交易，以期价差朝有利方向变化后平仓而获利的交易行为。期货套利和期货投机交易是两种不同的交易方式，在期货市场中更有着特殊的作用。

（二）期货套利与期货投机交易的区别

期货套利和期货投机交易的区别主要体现在：

第一，期货投机交易只是利用单一期货合约绝对的价格波动赚取利润；而套利是从相关市场或相关合约之间的相对价格差异变动套取利润。期货投机者关心和研究的是单一合约的涨跌；而套利者关心和研究的则是两个或多个合约之间的相对价差变化。

第二，期货投机交易在一段时间内只做买或卖；而套利则是在同一时间买入和卖出相关期货合约，或者在同一时间在相关市场进行反向交易，同时扮演多头和空头的双重角色。

第三，期货套利交易关注的是价差变动的收益。通常情况下，因为相关市场或相关合约价格变化方向大体一致，所以价差变化的幅度小，承担的风险也较小。而普通期货投机赚取的是单一的期货合约价格有利变动的收益，与价差的变化相比，单一价格变化的幅度较大，承担的风险也较大。

第四，期货套利的交易成本一般要低于投机交易成本。一方面，套利的风险较小，因此在保证金的收取上要小于普通的期货投机，从而大大节约了资金的占用；另一方面，通常进行期货合约的套利交易只同时涉及两个合约的买卖。在国外，为了鼓励套利交易，一般规定套利交易的佣金支出比单笔交易的佣金费用要高，但比单独做两笔的佣金费用之和要低，所以套利交易的成本较低。

（三）期货价差套利的分类

一般来说，期货套利交易主要是指期货价差套利。所谓价差套利，是指利用期货市场上不同合约之间的价差进行套利的行为。根据合约选择的不同，期货价差交易可分为跨期套利、跨品种套利和跨市套利。

跨期套利，是指在同一市场（即同一交易所）同时买入或卖出相同商品不同交割月份的期货合约，以期合约间价差朝有利方向发展后平仓获利的交易行为。同时，期现套利，即在现货和期货中同时进行交易方向相反的交易，也可视为跨期套利中的一种特殊交易。

跨品种套利，是指利用两种或三种不同的但相互关联的商品直接的期货合约价格差异进行套利，即同时买入或卖出同交割月份相互关联的商品合约，以期合约间价差朝有利方向发展后平仓获利的交易行为。

跨市套利，是指在某个交易所买入（或卖出）某一交割月份的某种合约的同时，在另一个交易所卖出（或买入）同一交割月份的同种合约，以期合约间价差朝有利方向发展后平仓获利的交易行为。

（四）价差

期货价差是指期货市场上两个不同月份或不同品种期货合约之间的价格差。与投机交易不同，在价差交易中，交易者不关注某一个期货合约的价格往哪个方向变动，而是关注相关期货合约之间的价差是否在合理的区间范围内。如果价差不合理，交易者可以利用这种不合理的价差对相关期货合约进行方向相反的交易，等价差趋于合理时再同时将两个合约平仓来获取收益。因而，价差是价差套利交易中非常重要的概念。

在价差交易中，交易者在相关合约上进行方向相反的交易。也就是说，交易者需要同时建立一个多头头寸和空头头寸，这是套利交易中的基本原则。如果缺少了多头头寸或空头头寸，就像一个人缺少了一条腿一样无法正常行走。因此，套利交易中建立多头和空头头寸被形象地称为套利交易的“腿”。

大多数套利活动都是由买入或卖出两个相关期货合约构成，因此套利交易通常具有两条“腿”。但也有例外的情况。例如在跨品种套利中，如果涉及的相关品种不止两种，如在英镑兑美元、日元兑美元和日元兑英镑三个期货合约间进行套利活动，可能包含了一个多头、两个空头或者一个空头、两个多头，在这种情况下，套利交易可能会有三条“腿”。

五、套利的关注点有哪些？

对于套利交易者而言，主要有以下几个关注点：

（一）套利交易的建仓与平仓

计算建仓时的价差，需要用价格高的一边减去价格低的一边。如 3 月份到期的欧元兑美元的外汇期货合约价格为 1.3096，5 月份到期的欧元兑美元的外汇期货合约价格为 1.3070，那么价差就是 3 月份合约的价格减去 5 月份合约的价格，即 1.3096 - 1.3070 = 0.0026。

在计算平仓时的价差时，为了保持一致性，需要用建仓时价格较高的合约减去建仓时价格较低的合约。如交易者在平仓时，3 月份到期的欧元兑美元的外汇期货合约价格为 1.3040，5 月份到期的欧元兑美元的外汇期货合约价格为 1.3055，那么价差 = 1.3040 - 1.3055 = -0.0015（而不是 0.0015）。只有计算方法一致时，才能比较价差的变化，从而计算套利者的损益。

（二）价差的变化

在套利交易中，交易者是利用相关合约之间的不合理价差来获利的。所谓不合理价差，指价差超出了合理的范围，而这个范围通常是由无风险定价的理论价格、交易成本和持仓费用等一系列因素所决定的。如果不合理的价差能在最后回归正常水平，那么套利者就能获利。具体而言，如果套利者觉得两个合约间价差过大，他会希望建仓后价差能够缩小；如果套利者觉得两个合约间价差过小，他会希望建仓后价差能够扩大。

如果在平仓时，价差比建仓的时候大，那么这个价差是扩大的；反之这个价差就是缩小的。

【案例 7 -4】

某套利者在 3 月 1 日同时买入了 6 月份到期的欧元兑美元合约和卖出了 9 月份到期的欧元兑美元合约，价格分别为 1.3125 和 1.3055。到了 3 月 10 日，价格分别变为 1.3155 和 1.3080，那么价差的变化为：

建仓时的价差 = 1.3125 - 1.3055 = 0.0070

3 月 10 日的价差 = 1.3155 - 1.3080 = 0.0075

因此，3 月 10 日的价差与建仓时候相比是扩大了。

如果到了 3 月 15 日，价格分别变为 1.3140 和 1.3075，那么当日的价差 = 1.3140 - 1.3075 = 0.0065，与建仓时候相比是缩小了。

（三）平仓盈亏的计算

计算平仓盈亏时，可以分别计算每个期货合约的盈亏，然后加总；也可以通过价差的变化来计算盈亏。

【案例 7-5】

续案例 7-4，如果套利者在 3 月 10 日平仓，那么在两个合约中套利者的盈亏分别为：

买入 6 月份合约盈利 = 1.3155 - 1.3125 = 0.0030 = 30 个点位

卖出 9 月份合约亏损 = 1.3080 - 1.3055 = 0.0025 = 25 个点位

所以套利者套利的总结果为盈利 5 个点位（30 - 25），因为 1 个点位代表 12.50 美元，因此套利者盈利 = 12.50 × 5 = 62.5（美元）。

同时，我们可以从价差的变化来计算盈亏。在建仓时，套利者是买入价格高的合约，卖出价格低的合约，因此套利者是买入价差；当价差扩大时，套利者获利；价差缩小时，套利者亏损。

如果套利者在 3 月 10 日平仓，价差扩大了 5 个点位，因此套利者是获利的，获利金额 = 12.50 × 5 = 62.5（美元）。

六、什么是期现套利?

（一）期现套利的基本概念

期现套利，即在现货和期货中同时进行交易方向相反的交易，通过卖出高估的期货合约或现货，同时买入被低估的期货合约或现货的方式达到获利的目的。与跨期套利不同的是，期现套利是在期货和现货间进行的套利活动。

期现套利的基础是确定期货价格。期货理论价格可以由现货价格和无风险利率来确定，期货的交割制度会确保期货价格与现货价格不会产生较大偏离，并在到期交割日趋向一致。

但是市场交易使得期货的实际价格不可能始终等于由公式算出来的理论价格，而是使其围绕着理论价格上下波动。在期货价格波动中，期货价格可能会偏离合理的价格区间，而在交割制度的保证下，期货价格最终一定会回到合理的价格区间内。因此，在价格回归这段时间，交易者就可以利用价格的不合理波动进行套利。例如，当期货价格高于理论价格时，卖出期货、买入现货并持有到期，在到期日或到期日前出现有利情况下将期货和现货的头寸同时平仓了结，即正向套利；当期货价格低于理论价格时，买入期货并卖出现货，在到期日或到期日前出现有利情况下将期货和现货的头寸同时平仓了结，即反向套利。

在实际的市场环境中，由于交易成本和冲击成本因素的存在，会影响套利策略的实施。这类市场因素的存在，使得期货和现货价格出现一个无套利机会的区间，只有在超出区间范围才会真正出现无风险套利机会。

无套利区间，是指考虑到交易成本等一系列因素后，期货无风险理论价格下移和上移相应价位所形成的区间（见图 7－6）。如果期货价格超出了无套利区间，那么市场就存在套利机会；但是如果期货价格并没有超出无套利区间，那么套利者进行套利很可能会亏损。

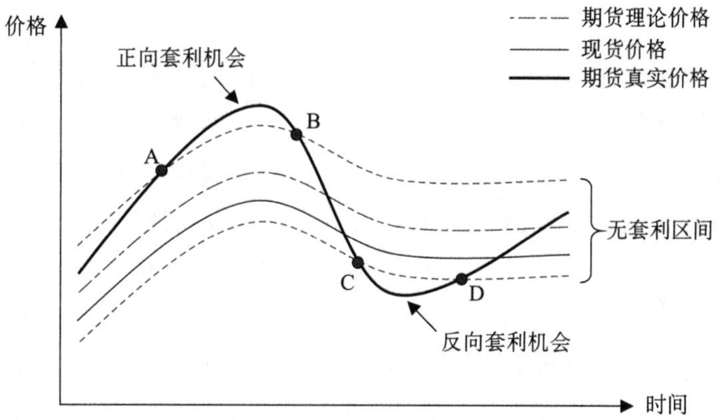

图 7－6　无套利区间

图 7－6 中，虚线代表由期货理论价格和交易成本等因素决定的无套利区间。当期货真实价格在 A 点超出无套利区间时，套利者可以通过同时卖出期货和买入现货，等待期货真实价格在 B 点回到无套利区间同时价差缩小时获利；当期货真实价格在 C 点跌离无套利区间时，套利者可以通过同时买入期货和卖出现货，等待价格在 D 点重回无套利区间同时价差缩小时获利。

【案例 7－6】

3 月 1 日，交易者发现欧元兑美元的现货价格为 1.3093，而 6 月份的欧元兑美元的期货价格为 1.3153，期现价差为 60 个点。同时，交易者认为 6 月份的期货理论价格为 1.3123，无套利区间大概为 1.3113～1.3133。因此，交易者判断当前的期货价格超出了无套利区间，期现价差将会缩小。因此交易者卖出10手6月份的期货，并买入相应金额的现货。

4月1日，现货和期货价格分别变为1.3102和1.3142，价差缩小了40个点。交易者同时将现货和期货平仓，从而完成套利交易（交易结果见表7－1）。

表7－1　　交易结果

3月1日	买入与期货价格合约价值对应的现货，价格为1.3093	卖出10手6月份欧元兑美元期货合约，价格为1.3153	价差为60个点
4月1日	卖出与期货价格合约价值对应的现货，价格为1.3102	买入10手6月份欧元兑美元期货合约，价格为1.3142	价差为40个点
各自盈亏情况	盈利9个点	盈利11个点	价差缩小20个点
最终结果	总盈利＝12.5×10×20＝2 500（美元）		

（二）无套利区间应该如何计算

无套利区间的计算关键就是期货理论价格的计算及交易成本和冲击成本等因素的计算。

交易成本是指达成交易所要付出的成本。在外汇期货和外汇现货中，交易成本各有不同。对于外汇期货，交易成本主要是指交易所和期货经纪商收取的佣金、中央结算公司收取的过户费等买卖期货产生的费用。有部分费用是灵活变通的，因为对不同的投资者，交易所或期货经纪商会给予不同的优惠，因此他们的交易成本也有所不同。

对于外汇现货而言，交易成本有不同的计算方式。对于在收取佣金的外汇交易商处交易的投资者而言，交易成本与期货交易相似，就是支付给外汇交易商的佣金和其他一些费用。但是对于在其他收取点差的外汇交易商处交易的投资者而言，交易成本就是点差，即买卖价差。如果买卖差价是10个点，那么当投资者进行正向套利买入现货时，投资者想卖出现货的时候就必须付出10个点的价差，这就是外汇现货的交易成本。值得注意的是，在外汇期货中也有买卖价差的存在，但是一些主力合约（市场主要买卖的合约）价差往往比较小，并不是交易成本的主要构成部分。

除此以外，交易成本还包括保证金成本。全球不同的市场，保证金产生的利息归属不同。有些市场保证金利息属于投资者，而有些市场保证金利息属于期货经纪商或交易所。因此，保证金带来的资金使用成本也是交易成本的一部分。

冲击成本，也称“流动性成本”，主要是指规模较大的套利资金进入市场后对市场价格的冲击，使交易未能按照预订价位成交，从而多付的成本。例如，当前欧元兑美元期货卖价为1.3000，交易者试图以1.3000的价位买入期货，但是在这价位的卖单数量不足，交易者不得不以高出1.3000数个点位的方式买入期货，才能完成全部买单操作。当冲击成本过高时，会影响套利的收益。在流动性不好的市场，冲击成本往往会比较大。

对于机构交易者而言，冲击成本很难摆脱。当机构交易者进入市场时，如果急于建仓，短时间大量买进会抬高价格，势必使建仓成本远高于预期成本。同样，在大量卖出时，也会打压价格，使卖出价格低于预期价格。而对于散户而言，由于买卖量都相对较小，因此对价格影响不大，冲击成本几乎为零。

因此，在计算无套利区间时，上限等于期货的理论价格加上期货和现货的交易成本和冲击成本，下限等于期货的理论价格减去期货和现货的交易成本和冲击成本。

（三）外汇期现套利的特点

对于不同的期货品种，期现套利有不同的特点。例如对于商品期货的期现套利来说，关键在于对现货的买卖。如对铜期货套利而言，需要交易者有办法在现货市场买进或卖出铜，才会有期现套利的机会；而对于股指期货的套利，关键在于如何买卖现货股票实现现货对指数的复制。

对于外汇的期现套利，情况则相对简单。因为外汇现货市场比较活跃，而且交易者可以通过全球的外汇交易商买卖外汇现货，因此买卖现货的途径较多。同时，因为外汇期货标的物就是外汇现货汇率，没有采取如股指期货的加权或利率期货的现货选择等编制方法，因此对期现套利的技术要求也相对较低。

但是，对于外汇期现套利而言，也有自身的特点。如外汇现货与期货的交易中，因为合约大小不同，导致交易者在进行期现套利时需要进行计算，使得现货与期货涨跌同等点位时给交易者带来同等的损益，这样才能保证期现套利的顺利完成；否则，期现套利就会增加额外的风险。

例如，对于芝加哥商业交易所（CME）的欧元兑美元期货而言，合约大小是125 000欧元，最小变动价位是0.0001点，即每变动0.0001点，合约价值变动12.50美元。因此，如果我们持有1手现货合约，那么在期现套利时，我们在现货市场中需要持有与期货持仓相反的仓位，并且使得现货价格每变动0.0001点，持有的现货仓位价值变动为12.50美元。

在现货市场中，不同交易商的交易机制不尽相同。

【案例7－7】

外汇交易商福汇公司（FXCM）的外汇交易，每手合约的价值为100 000基准货币。在欧元兑美元（EUR/USD）交易中，一手合约价值100 000美元；在欧元兑英镑（EUR/GBP）交易中，一手合约价值100 000英镑。表7－2为福汇公司（FXCM）交易在某一天某时刻的报价。

表 7－2　　福汇公司某日某时的外汇现货报价（交易单位为 0.01 手）

货币	卖出	买进	差价	卖出隔夜利息（$）	买入隔夜利息（$）	每点价值（$）	维持保证金要求（$）
EUR/USD	1.29673	1.29699	2.6	0.03	－0.14	0.10	7.50
USD/JPY	95.739	95.760	2.1	－0.02	0.00	0.10	5.00
GBP/USD	1.49461	1.49481	2.0	－0.12	0.06	0.10	9.00
USD/CHF	0.95151	0.95172	2.1	－0.12	0.05	0.11	5.00
USD/CAD	1.02682	1.02706	2.4	0.12	－0.25	0.10	5.00
EUR/GBP	0.86753	0.86772	1.9	0.08	－0.25	0.15	7.50
EUR/JPY	124.158	124.190	3.2	0.01	－0.04	0.10	7.50
GBP/JPY	143.099	143.143	4.4	－0.21	0.09	0.10	9.00
EUR/NZD	1.58356	1.58391	3.5	0.64	－1.37	0.08	7.50

为了吸引交易者的参与，在外汇现货交易中，许多外汇交易所允许客户进行交易手数为 0.01 手。如在案例 7－7 中，欧元兑美元（EUR/USD）交易中，如果客户买入 0.01 手合约，那么合约价值＝1.29699×0.01×100 000＝1 296.99 美元。在外汇现货交易中，最小变动单位是 0.00001，即 0.1 个点。表 7－2 显示在福汇公司的欧元兑美元交易中，外汇价格每变动 0.1 个点，合约价值变动 0.1 美元（合约价值变动的货币单位与交易者账户内的存入的币种一致）；如果外汇价格变动了 1 个点，那么合约价值就会变动 1 美元。因此，在期现套利中，为了与期货的最小变动 12.5 美元匹配，那么交易者每手期货仓位需要建立 0.125 手（0.01×1×12.5）的现货仓位，或者说，当交易者拥有 0.125 手现货仓位时，其可以用 1 手的期货仓位进行期现套利。

如果说交易者并不按最小价值变动来匹配期货与现货仓位的话，交易者将面临额外的风险，期现套利将很大可能失败并造成亏损。

【案例 7－8】

3 月 1 日，交易者发现欧元兑美元的现货价格为 1.30930，而 6 月份的欧元兑美元的期货 1.3153，期现价差为 60 个点。同时，交易者认为 6 月份的期货理论价格为 1.3123，无套利区间大概为 1.3113～1.3133。因此，交易者判断当前的期货价格超出了无套利区间，期现价差将会缩小。因此交易者卖出 10 手 6 月份的期货，按照仓位匹配的方法，交易者应该买入 1.25 手现货，但是交易者只买入了 1 手现货。

4 月 1 日，现货和期货价格分别变为 1.31030 和 1.3142，价差缩小了 40 个点。交易者同时将现货和期货平仓，从而完成套利交易，具体计算过程及交易结果见表 7－3。

表7－3 具体计算过程

3月1日	买入 1 手现货，价格为1.30930	卖出10手6月份欧元兑美元期货合约，价格为1.3153	价差为60个点
4月1日	卖出 1 手现货，价格为1.31020	买入10手6月份欧元兑美元期货合约，价格为1.3161	价差为59个点
各自盈亏情况	盈利9个点	亏损8个点	价差缩小1个点
盈亏金额	盈利＝9×100×1＝900（美元）	亏损＝12.5×10×8＝1 000（美元）	
最终结果	总亏损＝1 000－900＝100（美元）		

可以看到，尽管价差如交易者所希望的缩小了，但是因为交易者的期货与现货仓位没有匹配，交易者还是最终亏损。如果交易者的期现仓位匹配，那么交易结果见表7－4。

表7－4 期现仓位匹配的情况

3月1日	买入 1.25 手现货，价格为1.30930	卖出10手6月份欧元兑美元期货合约，价格为1.3153	价差为60个点
4月1日	卖出 1.25 手现货，价格为1.31020	买入10手6月份欧元兑美元期货合约，价格为1.3161	价差为59个点
各自盈亏情况	盈利9个点	亏损8个点	价差缩小1个点
盈亏金额	盈利＝9×100×1.25＝1 125（美元）	亏损＝12.5×10×8＝1 000（美元）	
最终结果	总盈利＝1 125－1 000＝125（美元）		

交易者在套利交易者盈利了125美元，恰好是价差变化乘以交易手数带来的价值变化。

值得注意的是，现货买卖中是有利息收入或支出的。交易者如果买入欧元兑美元，那么交易者将支出欧元的利息同时收入美元利息。由于两种货币利息不同，因此交易者收入或付出的利息也不同。根据两国的利率差，交易者根据买卖方向收取或者支付利息。案例7－7的表7－2中，分别显示了买入和卖出收到的隔夜利息。如在第一栏欧元兑美元（EUR/USD）的交易中，如果交易者进行买入0.01手操作，那么交易者将付出0.14美元的利息；如果交易者卖出0.01手，那么交易者将收入0.03美元的利息。这种利息收入可以当成是外汇现货的持仓成本。

因此，交易者在进行套利交易中，要计算利息带来的持仓成本，以调整无套利区间的计算。

七、什么是跨期套利?

跨期套利，是指在同一市场（即同一交易所）同时买入或卖出相同商品不同交割月份的期货合约，以期合约间价差朝有利方向发展后平仓获利的交易行为。

一般而言，把远月合约价格大于近月合约价格的市场称为“正向市场”；而把远月合约价格小于近月合约价格的市场称为“反向市场”。套利者进行跨期套利的原因是套利者预期未来的行情会使价差发生变化。根据交易者对市场价差未来走势的判断，跨期套利分为牛市套利、熊市套利和蝶式套利三种。

（一）牛市套利

牛市套利是指当市场出现供给不足、需求旺盛的情形，导致较近月份的合约价格上涨幅度大于较远期的上涨幅度，或者较近月份的合约价格下降幅度小于较远期的下跌幅度。同样的情形也适合用于现货和期货的关系。无论哪种情形，买入较近月份的合约（或现货）同时卖出远期月份的合约进行套利盈利的可能性比较大，我们称这种套利为牛市套利。

【案例 7－9】

1 月 15 日，交易者发现当年 3 月份的欧元兑美元期货价格为 1.3012，6 月份的欧元兑美元期货价格为 1.3100，两种相差 88 个点。交易者估计欧元兑美元汇率将上涨，同时 3 月份和 6 月份的合约价差将会缩小，所以交易者买入 10 手 3 月份的欧元兑美元期货合约，同时卖出 10 手 6 月份的欧元兑美元期货合约。

1 月 30 日，3 月份的欧元兑美元期货合约和 6 月份的欧元兑美元期货合约价格分别上涨到 1.3055 和 1.3110，两者价差缩小为 55 个点。交易者同时将两种合约平仓，从而完成套利交易（见表 7－5）。

表 7－5　　计算过程

1 月 15 日	买入 10 手 3 月份欧元兑美元期货合约，价格为 1.3012	卖出 10 手 6 月份欧元兑美元期货合约，价格为 1.3100	价差为 88 个点
1 月 30 日	卖出 10 手 3 月份欧元兑美元期货合约，价格为 1.3055	买入 10 手 6 月份欧元兑美元期货合约，价格为 1.3110	价差为 55 个点
各自盈亏情况	盈利 43 个点	亏损 10 个点	价差缩小 33 个点
最终结果	盈利 33 个点，总盈利 = 12.50 × 10 × 33 = 4 125（美元）		

市场如交易者预计一样上涨，而最终的交易结果也使交易者获得盈利。

如果市场走势与交易者预计不一样会怎么样呢？

假如1月30日，3月份和6月份的合约价格不涨反跌，价格分别下跌到1.2998和1.3050，两者价差缩小到52点。交易者同时将两种合约平仓，从而完成套利交易。交易结果见表7-6。

表7-6　牛市套利举例

1月15日	买入10手3月份欧元兑美元期货合约，价格为1.3012	卖出10手6月份欧元兑美元期货合约，价格为1.3100	价差为88个点
1月30日	卖出10手3月份欧元兑美元期货合约，价格为1.2998	买入10手6月份欧元兑美元期货合约，价格为1.3050	价差为52个点
各自盈亏情况	亏损14个点	盈利50个点	价差缩小36个点
最终结果	盈利36个点，总盈利＝12.50×10×36＝4 500（美元）		

可见，交易者预计外汇期货价格将上涨，但半个月后外汇期货价格不涨反跌。虽然外汇价格走势与交易者的判断相反，但最终交易结果仍然是交易者获得了4 500美元的盈利。因此，在牛市套利中，只要合约间的价差缩小，套利者就能获取盈利，而市场方向与套利者获利与否无关。

（二）熊市套利

熊市套利是指当市场供给过剩、需求相对不足时，较近月份的合约价格下降幅度往往要大于较远期合约价格的下降幅度，或者较近月份的合约价格上升幅度小于较远期合约价格的上升幅度。在这种情况下，卖出较近月份的合约同时买入远期月份的合约进行套利，盈利的可能性比较大。我们称这种套利为“熊市套利”。

【案例7-10】

1月15日，交易者发现当年3月份的英镑兑美元期货价格为1.5017，6月份的欧元兑美元期货价格为1.5094，两种相差77个点。交易者估计英镑兑美元汇率将上涨，同时3月份和6月份的合约价差将会扩大。所以交易者卖出50手3月份的英镑兑美元期货合约，同时买入50手6月份的英镑兑美元期货合约。

到了1月30日，3月份的英镑兑美元期货合约和6月份的英镑兑美元期货合约价格分别上涨到1.5043和1.5135，两者价差扩大为92个点。交易者同时将两种合约平仓，从而完成套利交易，交易结果见表7-7。

表 7－7 熊市套利

1月15日	卖出50手3月份英镑兑美元期货合约，价格为1.5017	买入50手6月份英镑兑美元期货合约，价格为1.5094	价差为77个点
1月30日	买入50手3月份欧元兑美元期货合约，价格为1.5043	卖出50手6月份欧元兑美元期货合约，价格为1.5135	价差为92个点
各自盈亏情况	亏损26个点	盈利41个点	价差扩大15个点
最终结果	盈利15个点，总盈利＝6.25×50×15＝4 687.5（美元）		

与牛市套利类似，熊市套利的结果并不由交易者判断的市场方向和市场的实际走向是否一致决定，而是以价差是否扩大决定。在熊市套利中，只要两个合约间的价差扩大，套利者就能获取盈利。例如在例7－10中，如果价格不升反降，套利者的获利情况见表7－8。

表 7－8 熊市套利

1月15日	卖出50手3月份英镑兑美元期货合约，价格为1.5017	买入50手6月份英镑兑美元期货合约，价格为1.5094	价差为77个点
1月30日	买入50手3月份欧元兑美元期货合约，价格为1.5005	卖出50手6月份欧元兑美元期货合约，价格为1.5088	价差为83个点
各自盈亏情况	盈利12个点	亏损6个点	价差扩大6个点
最终结果	盈利6个点，总盈利＝6.25×50×6＝1 875（美元）		

因此，在牛市套利中，只要合约间的价差扩大，套利者就能获取盈利，而市场方向与套利者获利与否无关。

（三）蝶式套利

蝶式套利是一个共享居中交割月份、一个牛市套利和一个熊市套利的跨期套利的组合。由于近期和远期合约的期货合约分别在居中月份的两侧，形同蝴蝶的两个翅膀，因此称之为“蝶式套利”。具体操作方法是：买入（或卖出）近期月份合约，同时卖出（或买入）居中月份合约，并买入（或卖出）远期月份合约。其中，居中月份合约的数量等于近期月份和远期月份数量之和。这相当于在近期和居中月份之间的牛市（或熊市）套利和在居中和远期月份之间的熊市（或牛市）套利的一种组合。

【案例 7－11】

1月15日，交易者发现3月、6月和9月的澳元兑美元期货价格分别为1.0255、1.0185、1.0119。交易者认为3月和6月的价差会缩小而6月和9月的价差会扩大。所以交易者买入50手3月的澳元兑美元期货合约、卖出100手6月合约、买入50手9

月的合约。

1月30日，3个合约均出现不同程度的下跌，3月、6月和9月的澳元兑美元期货价格分别为1.0255、1.0185、1.0119。交易者同时将三个合约平仓，从而完成套利交易，交易结果见表7-9。

表7-9 蝶式套利举例

1月15日	卖出50手3月份澳元兑美元期货合约，价格为1.0255	买入100手6月份澳元兑美元期货合约，价格为1.0185	卖出50手9月份澳元兑美元期货合约，价格为1.0119
1月30日	买入50手3月份澳元兑美元期货合约，价格为1.0235	卖出100手6月份澳元兑美元期货合约，价格为1.0175	买入50手9月份澳元兑美元期货合约，价格为1.0105
各自盈亏情况	盈利20个点	亏损10个点	盈利14个点
最终结果	总盈利 = 10 × 50 × 20 - 10 × 100 × 10 + 10 × 50 × 14 = 7 000（美元）		

由此可见，蝶式套利是两个跨期套利的组合。与普通的跨期套利相比，蝶式套利从理论上看风险和利润都较小。

八、什么是跨市套利？

在期货市场上，许多交易所都交易相同或相似的期货商品。如芝加哥商业交易所（CME）、纽交所伦敦国际金融期货交易所（NYSE - Liffe）和东京金融交易所（Tokyo Financial Exchange）都推出了多种币种的外汇期货合约。一般来说，因为市场、合约大小和流动性等不同，这些品种在各交易所间的价格会有一个相对稳定的差额。一旦这一差额发生短期变化，交易者就可以在这两个市场间套利，购买价格相对较低的合约，卖出价格相对较高的合约，一起在期货价格趋于正常时平仓，赚取低风险利润。

【案例7-12】

3月1日，芝加哥商业交易所的6月欧元兑美元期货价格为1.2997，而纽交所伦敦国际金融期货交易所的6月欧元兑美元期货价格为1.3095。交易者认为，当前两者价差98个点太高，两者价差将会缩小。因此，交易者决定卖出20手纽交所伦敦国际金融期货交易所的6月欧元兑美元期货合约，同时买入20手芝加哥商业交易所的6月欧元兑美元期货合约。

3月30日，芝加哥商业交易所和纽交所伦敦国际金融期货交易所的6月欧元兑美元期货价格分别变为1.2985和1.3065，交易者同时将两个方向的合约平仓，那么交易者获利见表7－10。

表7－10　跨市套利举例

3月1日	卖出20手纽交所伦敦国际金融期货交易所的6月份欧元兑美元期货合约，价格为1.3095	买入20手芝加哥商业交易所6月份欧元兑美元期货合约，价格为1.2997	价差为98个点
3月30日	买入20手纽交所伦敦国际金融期货交易所的6月份欧元兑美元期货合约，价格为1.3065	卖出20手芝加哥商业交易所6月份欧元兑美元期货合约，价格为1.2985	价差为80个点
各自盈亏情况	盈利30个点	亏损12个点	盈利18个点
最终结果	总盈利＝12.5×20×18＝4 500（美元）*		

*在现实中，各个交易所的合约大小不一样，每个点位代表的合约价值也不一样。本例忽略了这种差异，统一设定一个合约中每一点位价值12.5美元。

值得注意的是，外汇市场是一个全球市场，在期货交易中，每个交易所都会因为其所在时区的不同，导致开盘和收盘的时间对于不同时区有所不同。因此，套利者在不同交易所进行套利时，应该考虑时区带来的影响，应选择在交易时间重叠的时段进行交易。

此外，交易者还需要留意不同交易所合约之间交易单位和报价体系的不同。跨市套利虽然是在同一品种间进行的，但是由于合约交易大小和报价体系不同，交易者应将不同交易所合约的价格按相同计量单位进行折算，才能进行价格比较。

九、什么是跨品种套利?

一般来说，商品价格总是围绕其价值上下波动，而不同的商品因为其内在的某种联系，如需求替代品、需求互补品、生产替代品或生产互补品等，使得他们的价格存在某种稳定合理的关系。但受市场、季节、政策等因素的影响，这些有管理的商品直接的比值关系又通常偏离合理区间，表现出一种商品被高估、另一种被低估的情况，为套利带来了可能。

跨品种套利一般分为两种：一种是相关商品间的套利，如铜和铝都可用作生产电线的原材料，可替代性使得两者的价格趋于同向发展；另一种是原料与成品间的关系，如大豆与其两种制成品豆油和豆粕之间的套利。

外汇期货是期货市场跨品种的一个特例。因为外汇是两种币种直接的交换比率，所以当涉及两种外汇的跨品种套利时，一般能直接找到第三种外汇品种（交叉汇率）来代替这种套利交易。例如，当交易者同时买入欧元/美元期货和卖出英镑兑美元期货时，其操作等于直接买入欧元兑英镑期货合约。一般而言，在外汇市场流动性较强的主要是少数币种，而各币种两两之间都会存在相应的外汇产品（现货或期货）。因此，在外汇期货市场中，跨品种套利往往会变成单品种的投机交易。

十、套利交易中存在哪些风险？

套利交易的风险也不可低估。如果出现了极端价格变动，风险也会大幅提高。例如在金融危机导致价格波动加剧的时期，如果保证金占用过多，杠杆过大，价格剧烈波动时也容易出现保证金不足的情况。具体而言，套利交易中有以下几种风险：

（一）交易风险

交易风险，是指两笔或三笔交易无法严格同时成交，使套利组合的成交部分暴露于价格波动的情况，以及平仓时无法在获利价格成交的情况。

不同市场交易时间不同也会给套利者带来风险。例如套利者发现在伦敦交易的外汇期货和在日本交易的外汇现货出现了获利价差，因为伦敦交易时间与日本交易时间不一致导致投资者无法在两个市场同时完成组合操作。

（二）配对风险

套利交易的另一个风险是来自同时买卖的对象价格关系失效。套利者也许相信某对资产之间存在密切的价格关联性，于是卖空价格被高估的资产，买入价格被低估的资产，希望未来资产价差缩小从而获利。但套利者的判断可能失误，资产组合的价格关联性也会因为市场波动而失效，使此类套利交易面临超出预期的风险。

（三）交易对手风险

由于套利交易涉及未来的资金交割，因此面临交易对手违约风险。如果交易对手只有一个，或众多相关的交易都涉及一个交易对手，则风险进一步提高，特别是在金融危机时，众多交易对手违约，通过杠杆效应会将风险放大。

例如在外汇市场发生长期单边上涨或单边下降行情时，如果外汇做市商没有做好风险控制，损失大量资金，就容易造成破产而无法兑付交易者的盈利。

（四）流动性风险

正向套利者可以被视为预期价差回归“正常值”者。如果资产组合相关性违背预期，即正常比价或差价关系未能恢复，甚至进一步偏离常值，或保证金要求提高，套利者可能面临资金流动性不足的风险。历史上很多套利者在价差回归常值之前即用尽保证金且无法及时借款补充，即使价差最终回归获利区间，套利者也有可能以交易亏损告终。

金融危机时，各种资产的价格关联关系可能被打破，投资者争相将资金由风险资产（如股票、期权）转向安全资产（美国政府债券或银行存款），资金流向逆转，流动性降低使借助杠杆的投资者发现筹集资金变得极为困难。

十一、套利操作中有哪些注意要点？

（一）套利必须坚持同时进出

进行套利时，必须坚持同时进出，也就是开仓时同时买入卖出，平仓时同时卖出买入。在实际操作中，套利者套利开仓时会遵守同时买入和卖出的准则。但是当准备平仓时，套利者可能会有选择地先平仓价格有利的那笔交易。这样会使套利操作只剩下一边的“腿”，套利操作变成投机交易。假如市场真按交易者所愿发展，那么交易者当然能够获利；但是一旦价格对其不利，将遭受更大损失。因此，交易者在进行套利时必须坚持同进同出的原则。

（二）下单报价时明确指出价格差

国际上相关交易所规定，在套利交易中，无论是开仓还是平仓，下达交易指令时，要明确写明买入合约与卖出合约之间的价格差。套利的关键在于合约间的价格差，与价格的绝对水平没有关系。以价格差代替具体价格，交易可以更加灵活，只要价差符合，可以按任何价格成交。

（三）不能因为低风险和低额保证金而做超额套利

套利确实有降低风险的作用，而国外交易所为了鼓励套利，套利的保证金数额比一般投机交易低 25%~75%。可是，交易者不宜因此把交易数量盲目放大。如果价差并不向预期发展，交易者面临的亏损额与其合约数量是成正比的，无形中增加了风险。此外，超额套利后，佣金也随套利量的增加而增加，套利的优势也就无法正常发挥。

（四）注意套利的佣金支出

一般来说，套利就是同时做两笔交易，期货经纪商要从投资者的套利中收取双份的佣金。在如何征收套利的佣金上，各个交易所的规定不同。按照国外的管理，套利的佣金支出比一个单盘交易的佣金费用要高，但又不及一个单盘交易的两倍。当投资者不能将进行套利的两笔交易同时进场和出场时，期货经纪商和交易所都不会承认这是一笔套利交易，佣金仍要按两笔单盘交易收取。虽然佣金费用占交易额的比例较小，但交易额巨大时，这也是一笔不小的支出。

十二、什么是套汇交易?

套汇交易，就是利用在不同外汇市场（或外汇交易商）直接的价格差异，在低价的市场买进，在高价的市场卖出，利用低买高卖赚取差额利润。

例如，如果一个外汇交易商对欧元兑美元的卖价报价为1.3200，而另一个外汇交易商的买价报价为1.3201，那么交易者就可以从第一个交易商中买入欧元，然后在第二个交易商处卖出欧元，赚取1个点位的无风险利润。

与套利交易相似，套汇交易需要价差不合理的存在，这是套利交易和套汇交易的前提。在套利交易中，交易者需要估计价格的无套利区间，当价差偏离无套利区间时，才会存在套利盈利的可能性。在套汇交易中，两个外汇市场存在不合理的报价时，才存在套汇盈利的可能性。

十三、套汇机会分为哪几种?

套汇交易一般分为两种：第一种是直接套汇，即利用两个不同外汇市场上某种货币汇率直接的差异，同时在两个市场低买高卖，从而赚取汇率的差额利润。第二种是间接套汇，又称为“三角套汇”，是当三个首尾相连的汇率（如欧元—美元、美元—日元、日元—欧元）发生差异时，利用同一时间的低买高卖，从而赚取差额利润。

（一）直接套汇

在外汇现货交易中，外汇交易商如花旗银行（Citigroup）、巴克莱银行（Barclays Bank）为交易者提供外汇报价时是通过买卖价差（Bid - ask Spread）来赚取利润。一个外汇交易商提供的买价（Bid Quote）会比卖价（Ask Quote）低，而买卖价直接的价差就是买卖价差，即点差。

正因为买卖价差的存在，外汇市场上很多外汇交易商直接的报价差异并不能给交易者带来套汇机会。这种情况不仅在直接套汇中存在，在三角套汇中也存在。

【案例7-13】

纽约某外汇交易商欧元兑美元的报价是1.1235-39（即1.1235-1.1239），在伦敦交易商的报价是0.8897－900（直接报价法），那么其中是否有套汇交易的存在呢？

为了比较两者报价的差异，我们首先须统一两者报价方式。可以把伦敦的直接报价法转换成间接报价法，或者把纽约的间接报价法转换成直接报价法。我们采取前一种方法。对于伦敦交易商的报价来说，买价是1/0.8900＝1.1236美元/欧元，而卖价则是1/0.8897＝1.1240美元/欧元。我们对比纽约交易商的报价，可以明显地发现其与伦敦交易商报价之间存在差异，但是这种差异并不能带来套汇交易的机会。假设一个交易者在伦敦把1 000欧元换成美元，那么他可以在交易商中通过卖出欧元换得1 123.6美元。交易者用同等数量的美元在纽约交易商处通过买入欧元而得到欧元，得到的数目为1 123.6/1.1239＝999.7欧元。与初始的1 000欧元相比，交易者损失了0.3欧元。交易者也可以尝试其他操作，但最终得到的金额都会比初始金额少，因此这两个市场并不存在套汇交易的机会。

【案例7－14】

假设在纽约市场中，美元兑日元的报价为96.375－84日元/美元；而在日本的市场中，美元兑日元的报价为96.380－88日元/美元，那么这两个市场之间是否存在套汇机会呢？

假设交易者拥有1 000美元，那么他在纽约市场中可以把1 000美元换成96 375日元（1 000×96.375），然后把96 375日元在日本市场换成999.87美元（96 375/96.388）。与期初相比减少了0.13美元，因此这两个市场间并不存在套汇机会。

那么在什么情况下，市场才会存在套汇机会呢？市场存在套汇机会时，两个市场中的买卖价必须分布两边。也就是说，一个市场的卖价必须小于另一个市场的买价。在案例7－14中，若使套汇交易机会存在，在纽约市场报价不变的情况下，伦敦市场的卖价必须小于纽约市场的买价1.1235美元/欧元；或者伦敦市场的买价必须高于纽约市场的卖价1.1239美元/欧元。如果伦敦市场的报价为1.1242－46或1.1207－12，那么市场上就存在套汇交易的机会。在前一个报价中，交易者可以在伦敦用1 000欧元换取1 124.2美元，然后在纽约把1 124.2美元换成1 000.27欧元（1 124.2/1.1239），赚取0.27欧元的无风险利润。在后一个报价中，交易者可以在伦敦市场用1 000美元换取891.90欧元（1 000/1.1212），然后在纽约把891.90欧元换成1 002.05美元（891.90×1.1235），赚取无风险利润2.05美元。

图7－7显示了3种两个市场买卖价的情况，并说明套汇机会是否存在。

从图7－7可以总结得出，只有当一个市场的卖价低于另一个市场的买价时，市场上才存在套汇机会。在现实生活中，这种套汇机会非常罕见。即使真的存在套汇机会，盈利的空间也非常小。

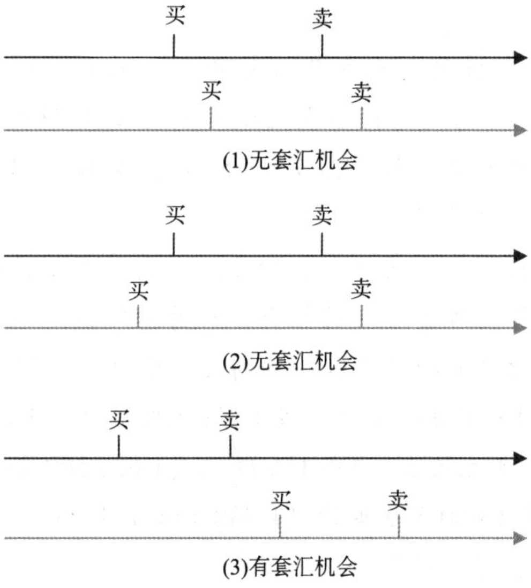

图 7 - 7 套汇机会的判断

【案例 7 - 15】

假设在纽约市场中，美元兑日元的报价为 96.375 - 84 日元/美元；而在日本的市场中，美元兑日元的报价为 96.380 - 88 日元/美元，那么这两个市场之间是否存在套汇机会呢？

从两个市场的报价上我们可以发现，市场处于图 7 - 7 中的第（1）种情况，因此市场并没有套汇机会。

而如果纽约市场的报价不变，日本市场的报价变成 96.386 - 88。那么市场中是否存在套汇机会呢？

答案是肯定的。可以发现，如果日本市场的报价变成了 96.386 - 88，那么两个市场报价的关系就处于图 7 - 7 中的第（3）种情况，因此市场存在着套汇机会。

我们也可以发现，在任何市场中，买卖价差越大，那么套汇发生的概率就越小。价差越小，套汇机会就越有可能发生，因此在外汇市场，买卖价差通常都会比较大，防止市场直接套汇机会的发生。

（二）间接套汇

间接套汇又称为“三角套汇”，是利用三种相关币种之间的交叉汇率报价差异来实现无风险盈利的套汇交易。

在外汇市场交易时，经常会出现两个币种同时交易的情况。交叉汇率就是两种币种间的汇率，而这种汇率是用两种币种每种与一个公共币种的汇率计算所得。

【案例 7－16】

设公共币种为欧元，当前美元和英镑兑欧元的汇率分别为 0.8788 欧元/美元和 1.4373 欧元/英镑。那么美元兑英镑的交叉汇率则是 1.4373/0.8788＝1.6355 美元/英镑。如果当前美元兑英镑的直接报价为 1.6365 美元/英镑，那么就出现直接报价的汇率和交叉汇率之间存在差异的情况。

如果交易者利用这种差异，同时在三种外汇中进行买卖，那么这种差异就给交易者带来了三角套汇而获得无风险盈利的机会。交易者可以通过把英镑换成美元，然后把美元换成欧元，最后把欧元换成英镑而得到无风险盈利。假设交易者拥有 1 000 000 英镑。交易者第 1 步把 1 000 000 英镑换成 1 636 500 美元（1 000 000×1.6365）；第 2 步，交易者把 1 636 500 美元换成 1 438 156 欧元（1 636 500×0.8788）；第 3 步，交易者把 1 438 156 欧元换成 1 000 596 英镑（1 438 156/1.4373）。与之前相比，交易者能赚取无风险利润 596 英镑（见图 7－8）。

在现实生活中，这种三角套汇的机会也是十分罕见的。首先，买卖价差的存在使外汇的买卖交易产生成本，这种成本会使三角套汇的机会消失。即使这种三角套汇机会存在，市场上的套汇行为也会使机会很快消失。在例 7－16 中，第 1 步交易者需要卖英镑买美元，而套汇行为会推使美元汇率上涨，因此汇率 1.6365 美元/英镑将会下跌；第 2 步交易者需要卖美元买欧元，套汇行为推使欧元汇率上涨，因此汇率 0.8788 欧元/美元将会下跌；第 3 步交易者需要卖欧元买英镑，推使英镑汇率上涨，因此汇率

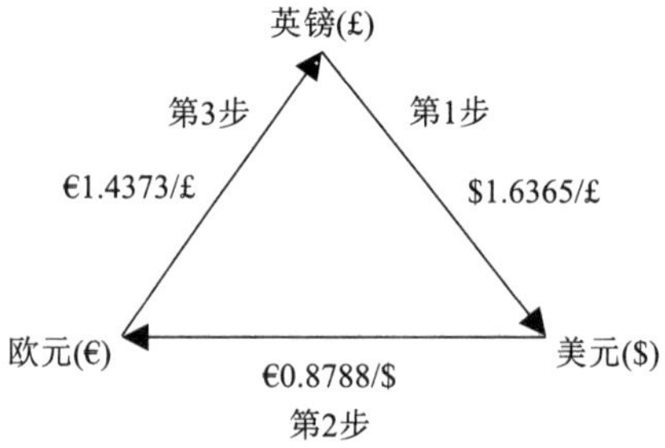

图 7－8　无买卖价差的三角套汇

1.4373 欧元/英镑将会上升。无论是哪一步的套汇行为，套汇行为的本身都会使市场发生变化，从而迅速缩减套汇的盈利空间，最终结果则是套汇机会的消失。

那么，如果买卖价差存在时情况是怎么样呢？

【案例 7－17】

假设买卖价分别是案例 7－16 所述价格的正负两个点位，如英镑兑美元的中间价为 1.6355 美元/英镑，那么买卖价则为 1.6363－67（见图 7－9）。

假设交易者期初仍拥有 1 000 000 英镑。交易者第 1 步把 1 000 000 英镑换成 1 636 300美元（1 000 000×1.6353）；第 2 步，交易者把 1 636 300 美元换成 1 437 653

欧元（1 636 500 × 0.8786）；第 3 步，交易者把 1 437 653 欧元换成 1 000 106 英镑（1 437 653/1.4375）。与之前赚取 596 英镑的无风险利润相比，在买卖价差的存在下交易者只能赚取无风险利润 106 英镑（见图 7－9）。因此在很多市场中，即使从中间价计算出现套汇机会，因为买卖价差的存在，实际上消除了套汇的机会。

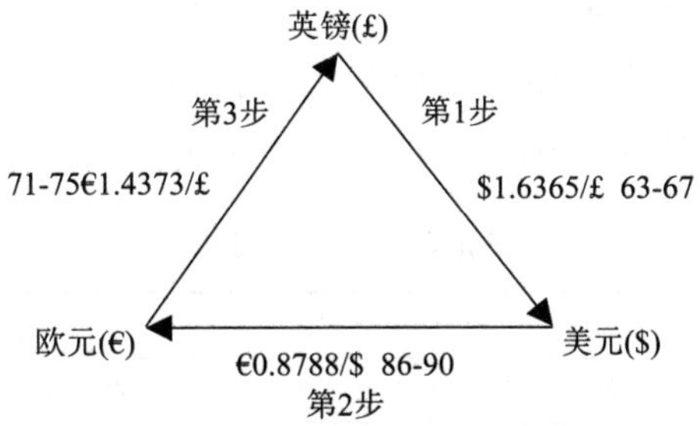

图 7－9 买卖价差存在的三角套汇

交叉汇率（Cross Rate）

在国际外汇市场上，一般而言每个货币与美元之间都有一个外汇汇率，这是由于当前美元的霸权地位决定的。而一种非美货币与另一种非美货币的汇率，往往需要通过这两种货币兑美元的汇率进行计算，这种计算出来的汇率就称为“交叉汇率”。交叉汇率在外汇交易中又被称为“交叉盘”，如欧元兑英镑或英镑兑日元都属于交叉汇率。

在市场给出基本汇率的报价后，一国货币对任意另一国的货币汇率就可以通过基本汇率加以计算，得出交叉汇率。在市场上，一些非美大国之间的交叉汇率都会有直接报价，且买卖价差与直接汇率相似。如在表 7－2 的报价中，欧元兑英镑与欧元兑日元的买卖点差为 1.9 和 3.2，与欧元兑美元或美元兑日元的点差相似。因此，交易者在买卖非美主要国家的交叉盘中，交易成本与直接盘相似。

但是，如果一些非大国之间的交叉汇率没有直接报价，那么交易者则需要通过买卖两种直接汇率的方式来得到交叉汇率。例如在福汇公司的报价中，欧元与港币之间就没有直接报价。因此，交易者如果想买卖欧元兑港币的外汇，则需要通过买卖欧元兑美元和美元兑港币来进行。

如果需要通过买卖两个直接汇率来得到交叉汇率，那么买卖价差将会扩大，从而增加交易者的交易成本。如当前欧元兑美元的报价为 1.2905－06，买卖价差为 1 个点；美元兑港元的报价为 7.7603－05，买卖价差为2 个点。这样，欧元兑港元的买价为两个直接汇率的买价相乘，即1.2905 × 7.7603 = 10.0147；卖价为两个直接汇率的卖价相乘，即 1.2906 × 7.7605 = 10.0157，从而买卖价差被扩大到 10 个点。因此，交易者需要多付几个点的交易成本。

买卖价差越大，套汇存在的机会就越小。因此，在三角套汇中，如果三种货币之间有需要利用两个直接汇率到得到交叉汇率的，套汇机会就比较少。

那么，有没有快速的方法判断市场上是否有三角套汇的机会呢？

答案是有的。我们可以参考直接套汇中的方法，根据两个市场的买卖价关系来判断市场上是否有套汇的机会。但是，在比较之前必须把其中两只外汇汇率的报价转换成一种外汇汇率的报价，即把三角形的两条边转换成第三条边的报价方式，然后把其当作两个不同的市场，才能用于比较。具体操作见表7－11。

表7－11　三角套汇机会的判断

货币对	买价	卖价	组合方法	买价	卖价
A/B	买价1	卖价1	买A/C买C/B	卖价3×卖价2	买价3×买价2
B/C	买价2	卖价2	买B/A买A/C	卖价3×卖价1	买价3×买价1
C/A	买价3	卖价3	买C/B买B/A	卖价2×卖价1	买价2×买价1

在三角套汇中，任意一种外汇都可以用另外两种外汇的组合表示。如买入外汇货币对A/B，即买入A和卖出B，可以用一边买入A、卖出C，另一边买入C、卖出B，即A/C×C/B来表示。当市场上只有B/C交易而没有C/B交易时，可以用卖出B/C来代替买入C/B。在计算组合买价时，如果买入某外汇，那么我们需乘以此外汇的买价；当卖出某外汇时，我们需要除以此外汇的卖价。同理，当计算组合卖价时，如果需要买入某外汇，那么需要乘以外汇的卖价；如果需要卖出某外汇，那么需要除以此外汇的买价。

【案例7－18】

综合举例（见表7－12）。

表7－12　三角套汇机会的判断举例

货币对	买价	卖价	组合方法	组合买价	组合卖价
EUR/GBP	1.4371	1.4375	买EUR/USD买USD/GBP	0.8786×1.6363＝1.4377	0.8790×1.6367＝1.4386
EUR/USD	0.8786	0.8790	买EUR/GBP卖USD/EBP	1.4371÷1.6367＝0.8780	1.4375÷1.6363＝0.8785
USD/GBP	1.6363	1.6367	买EUR/GBP卖EUR/GBP	1.4371÷0.8790＝1.6349	1.4375÷0.8786＝1.6361

根据组合的方法和图7－8显示的套汇机会，我们可以从三个货币对和组合货币对发现两个市场存在其中一个卖价报价小于另一个市场的买价报价，因此市场上存在三角套汇的机会的。

那么，在发现套汇机会后，应该怎么操作才能实现套汇收益呢？

图7－8的套汇机会显示，当两个市场中存在一个市场的买价报价高于另一个市场的卖价报价时，交易者可以从低卖价的市场买入外汇，然后把外汇在高买价的市场卖

出，实现无风险套利。

因此，我们把组合外汇看成一个市场，把原外汇报价看成另一个市场。例如在第一个货币对欧元兑英镑（€/£），组合市场的买价比原市场的卖价高，因此交易者进行套汇交易时，需要在原市场买入欧元兑英镑，并在组合市场卖出欧元兑英镑。因为组合方法是买入欧元兑美元并买入美元兑英镑，因此在组合市场中我们需要卖出欧元兑美元并卖出美元兑英镑。具体而言，就是买入欧元兑英镑、卖出欧元兑美元并卖出美元兑英镑。

在第二个货币对欧元兑美元（€/$）中，我们发现组合市场的卖价比原市场的买价要低。因此交易者进行套汇时，需要在组合市场买入欧元兑美元，并在原市场卖出。具体而言，就是买入欧元兑英镑，卖出美元/英镑和卖出欧元兑美元。

在第三个货币对中，我们发现组合市场的卖价比原市场的买价要低。因此交易者进行套汇时，需要在组合市场买入美元兑英镑，并在原市场卖出。具体而言，就是买入欧元兑英镑、卖出欧元兑美元同时卖出美元兑英镑。

细心的读者可以发现，无论我们从哪个货币对出发，最后套汇的具体操作是一样的。因此，交易者只要从一种货币对中检验出存在套汇机会，就可以进行相应策略操作，而不需要完全把所有的货币对进行检验。

【案例7－19】

假设当前市场中，欧元兑美元的报价为1.3035－37EUR/USD，英镑兑美元的报价为1.5126－28GBP/USD，欧元兑英镑的报价为0.8617－19EUR/GBP，那么市场上是否存在三角套汇的机会呢？

根据上文的方法，我们从货币对欧元兑美元出发检验是否存在套汇机会（见表7－13）。

表7－13

货币对	买价	卖价	组合方法	组合买价	组合卖价
EUR/USD	1.3035	1.3037	买 EUR/GBP 买 GBP/USD	0.8617×1.5126＝1.3034	0.8619×1.5128＝1.3039

可以发现，原市场报价和组合报价的关系处于图7－7的第（2）种情况，因此当前市场并不存在套汇机会。

如果欧元兑美元的报价变为1.3031－33/$的话，那么三个货币对的关系如表7－14所示。

表7－14

货币对	买价	卖价	组合方法	组合买价	组合卖价
EUR/USD	1.3031	1.3033	买 ERU/GBP 买 GBP/USD	0.8617×1.5126＝1.3034	0.8619×1.5128＝1.3039

可以发现，原市场报价和组合报价的关系处于图 7－7 的第（3）种情况，因此市场中存在套汇机会。套汇的操作为买入欧元兑美元、卖出欧元兑英镑并卖出英镑兑美元。

为什么没有四角套汇？

既然存在三角套汇，那么有没有四角套汇、五角套汇甚至多角套汇呢？

事实上，如果市场上没有三角套汇的机会，也不会存在四角套汇甚至多角套汇的机会。同理，如果市场上存在三角套汇的机会，那么交易者不需要进行更多角的套汇就可以得到无风险利润，也减少了买卖多一种外汇所付的交易成本。

证明上述论题的过程比较复杂，读者可以简单理解如下：当市场存在直接套汇的机会时，一定是某一角的汇率报价出现了偏差，套汇者才能利用此偏差进行套汇获利。而因为每个市场（或每个外汇交易商）对一个外汇品种只有一个报价，因此二角套汇必须发生在两个不同的市场之间。

而三角套汇可以在同一个市场内进行。当市场在三种货币对报价中有一对的货币对报价出现偏差时，交易者就可以进行三角套汇，如图 7－10 中欧元与英镑的报价并没有出现偏差，但美元与欧元的报价出现偏差时，就会出现三角套汇机会。

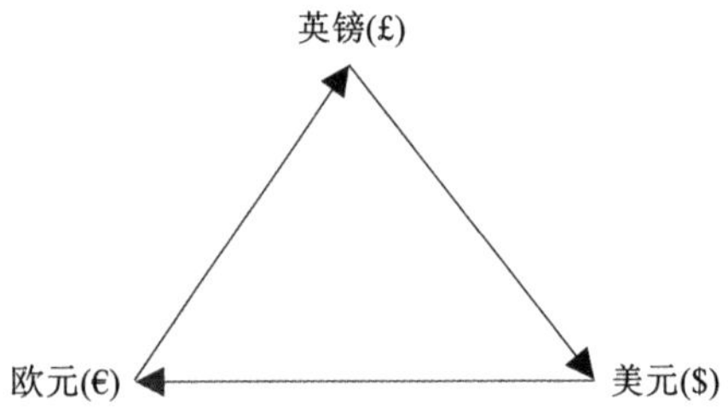

图 7－10　三角套汇中的报价偏差

假设当前市场上英镑、欧元和美元间不存在三角套汇的机会，如果第四种货币日元的报价出现偏差，那么交易者是否应该进行四角套汇呢？

从图 7－11 可以看到，日元的报价出现了偏差，交易者可以通过包含日元在内的三种货币之间的套汇交易来实现无风险盈利。交易者也可以通过四种货币来进行套汇交易，但由于第四种货币的报价无偏差，因此多交易一个货币币种只会增加交易者的交易成本，而无法增加套汇的盈利。因此，当有一种货币的报价出现偏差时，套汇者只会进行三角套利，而不会进行多于三角的多角交易。

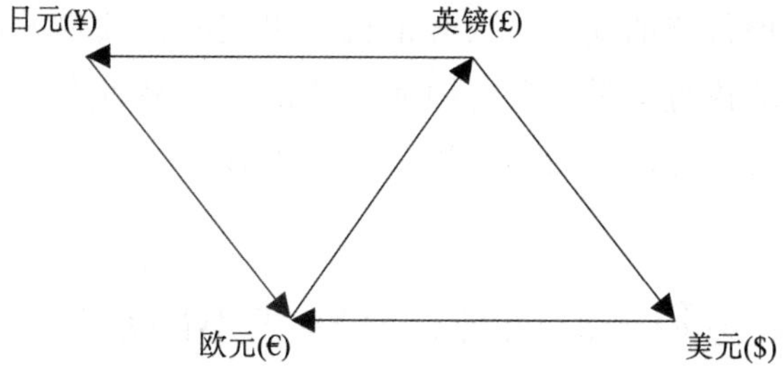

图 7－11 四角套汇中的报价偏差

如果有两种或以上的货币出现报价偏差时，就可以进行多角套汇，减少交易成本。如图 7－12 所示，如果日元兑欧元和英镑兑美元报价同时出现偏差，那么交易者可以进行两次三角套汇，也可以进行一次四角套汇，减少交易成本（减少了一次买卖欧元兑英镑的成本）。

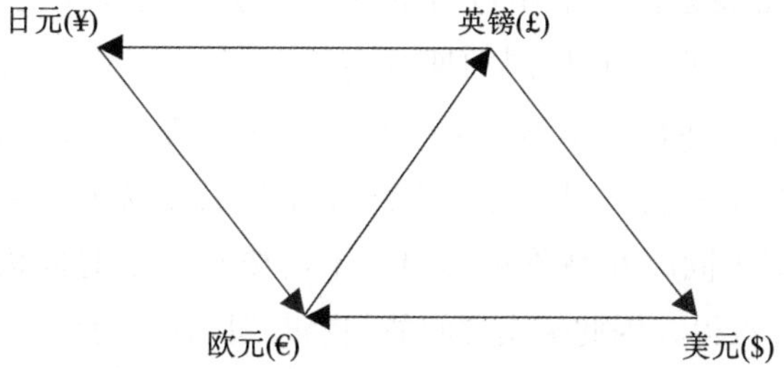

图 7－12 四角套汇中的报价偏差

多角套汇的前提是三角套汇的机会已经存在。同时，两种或多种报价出现偏差的情况几乎不可能出现。

十四、如何发现和利用套汇机会？

在现实市场交易中，发现套汇机会并利用套汇机会获利一般需要具备两个条件：

第一，市场报价存在汇率差异。无论是直接套汇还是间接套汇，市场存在报价的差异是套汇机会存在的前提。但是，外汇市场经过多年发展，外汇做市商都有一套成熟的报价体系，能根据市场行情做出迅速变化，因此套汇机会出现的概率比较低。

第二，套汇交易者拥有一定的专业知识和技术经验，能够在套汇机会出现时，捕捉到汇率的差异并迅速进行正确的市场操作。在套汇机会出现时，市场上的套汇力量会迅速进入市场并影响价格，使套汇机会稍纵即逝。因此，交易者需要拥有一定的专业知识和技术经验，从而能在其他交易者发现套汇机会之前进行套汇。例如，交易者可以运用先进的电脑技术，时刻监控市场报价的变动，同时配以高速的下单系统和指令传达网络，使套汇交易指令快速执行。

但是对于一般的散户交易者而言，上述要求较难实现。首先，散户并没有先进的电脑技术时刻监控市场价格的变动。当套汇机会出现时，散户大都不能及时发现。其次，散户并不能快速地执行交易指令。因此即使散户交易者发现了套汇机会，在交易指令发出时，价格可能已经改变而套汇机会也因此消失。

十五、套利交易和套汇交易存在哪些不同点？

第一，套利交易是在两个不同合约间进行的套利。这两个合约，可以是相同的外汇品种但到期时间不同的合约（跨期套利与期现套利），也可以是相同的外汇品种但交易场所不同的合约（跨市套利）。套汇交易，是在两个相同品种的外汇中，或者三个不同品种但存在三角关系的外汇中进行的交易。套汇交易中外汇品种到期期限应该一致（同是现货或同是到期时间相同的期货合约）。

第二，套利交易是一种在价差不正常时开仓，并等待价差回归正常水平后平仓的操作。因此套利交易需要在一定时间内持有合约。在套汇交易中，买卖是瞬时且同时发生的。交易者在低价位买进同时在高价位卖出，不需要在一定时间内持有仓位。同时，因为套汇交易的机会十分难得，因此买卖之间的间隔时间越短，套汇交易的成功机会就越大。

第三，套利交易是有风险的交易。套利交易是交易者根据价差未来变化的判断而进行的交易，只有当未来价差走势与交易者判断一致时，套利交易才能获得盈利。如果价差走势与交易者判断相反，套利交易将会产生亏损，因此套利交易是有风险的。在套汇交易中，只要两个交易商间出现套汇的机会，交易者就能通过套汇交易实现盈利，而不需要承受市场的风险。

第四，套利交易的机会比套汇交易多。套利交易是交易价差的变化，而价差是时时刻刻存在的。只要判断对了价差的发展，套利交易就能盈利。套汇交易需要交易商之间的报价差异，而这种差异会稍纵即逝，因此套汇交易的机会比套利交易少。

第八章　外汇期货在资产组合管理中的应用

一、什么是资产组合理论？

对金融活动的主要参与者——投资者来说，金融决策与管理的内容就是资产组合。对一个理性的投资者而言，风险与收益的最优匹配是在一定风险下追求更高的收益，或在一定收益下追求更低的风险。但投资者在构建资产组合时总是会面临的一些问题是：

构建资产组合的原则是什么？

选择哪些资产构成这一组合？

资金如何在这些资产中分配？

因此，对风险与收益的量化以及对资产组合效用的分析，是构建资产组合时首先要解决的一个前提。

早期的资产市场很不规范，交易者往往根据多年实践经验凭借雄厚的资金操纵价格以牟取暴利。1952 年，哈里・马科维茨（H. Markowitz）提出资产组合理论，资产市场的投资才逐渐走向科学化和职业化。马科维茨的研究开创了一个全新的领域，最终形成以不确定性经济学（Economics of Uncertainty）为理论基石、建立在有效市场和理性投资者假说基础上的现代金融理论体系，其核心是讨论怎样在不确定环境下进行资源的跨时配置。

现代资产组合理论又称“投资分散理论”，由马科维茨提出，并由夏普（Sharpe）等人加以完善发展。马科维茨关于资产组合分析的开创性的研究成果发表在 1952 年《财务学杂志》（Journal of Finance）以及随后于 1959 年出版的书中。马科维茨的资产组合分析方法涉及的基本假设是投资者从根本上讲都是回避风险的。这一假定意味着投资者若接受高风险的话，必定要求高回报率来补偿。所以，如果在具有相同回报率的两个证券之间进行选择的话，任何投资者都会选择风险较小的，从而舍弃风险较大的。用技术性更强一点的术语来说，这一假定意味着投资者要使期望的效用最大化，而不仅仅是使期望的回报率最大化。在这里效用作为满意程度的一种度量，既要考虑回报，又要考虑风险。

关于投资者是回避风险的假设看起来是合理的，并且为大量的证据所支持。首先，马科维茨发现投资者通常持有多样化的资产组合。如果投资者不是回避风险的，那么合乎逻辑的行动应当是只持有承诺最高回报率的那一个证券，以实现最大的期望回报率。支持投资者是回避风险的这一假设的进一步证据是这样一个事实，即个人购买各种类型的保险，例如人寿保险、财产保险、健康保险、意外伤害保险甚至汽车保险。购买保险的个人愿意支付保险费用以回避未来的不确定性。也就是说，尽管保险的成本超过了保险的期望收益，但他们需要规避未来潜在的巨大损失。最后，具有不同风险等级的证券，随着时间的变化其实现的回报率也不相同，高风险伴随着高回报率。这就是投资者接受高风险就会要求高回报的证据。

在回避风险的假定下，马科维茨建立了一个资产组合分析的模型，其要点总结如下：第一，资产组合的两个相关特征——资产的期望回报率和可能的回报率围绕其期望值偏离程度的某种度量，其中方差作为一种度量在分析上是最易于处理的。第二，理性的投资者将选择并持有有效的资产组合，即那些在给定的风险水平下使期望回报最大化的资产组合，或那些在给定期望回报率的水平上使风险最小化的资产组合。第三，通过对每种资产的期望回报率、回报率的方差和每种资产与其他资产之间回报率的相互关系这三类信息的适当分析，辨识出有效资产组合在理论上是可行的。第四，运用上述数据，计算出有效资产组合的集合。计算结果当然指明了各种资产在投资者的资金中占多大份额，以便实现资产组合的有效性，即对于给定的风险程度使期望回报率最大化，或对于给定的期望回报率使风险最小化。

有效的概念可用图 8－1 给予最好的解释。其中，纵轴表示期望回报率；横轴表示风险，以回报率的标准差（或称“均方差”）来度量。图中阴影部分表示已给证券的所有可能的投资组合。每一个可能的投资组合都有一个确定的回报率和一个确定的风险水平。这样，每一个投资组合都可由图上阴影中的一个点来表示。注意，图中的有效集合是点 A、B 之间阴影区域的左上边界。在这一有效前沿上的投资组合优于该边界下方的投资组合。具体地说，有效前沿上的投资组合比其他承担同一风险的投资组合具有更高的期望回报率，或者说比其他具有同一期望回报率的投资组合承担更小的风险。例如投资组合 C，它并不在有效的边界上，明显劣于在有效边界上的投资组合 D 和 E。投资组合 D 和 C 承担同一水平的风险，但 D 比 C 有更高的期望回报率；而 E 与 C 具有相同的期望回报率，但 E 比 C 承担更小的风险。

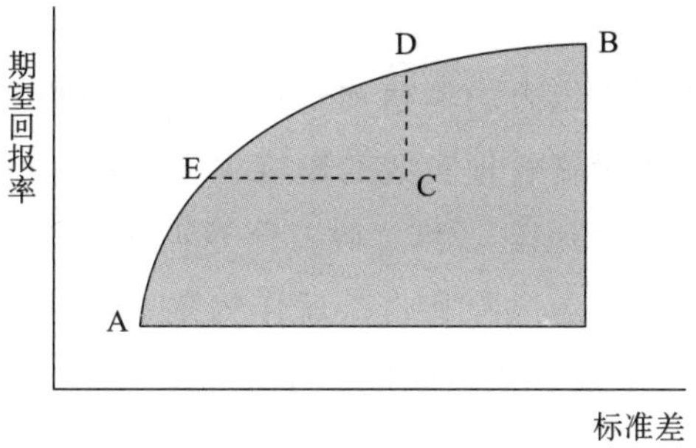

图 8－1　投资组合的可能性

理性的投资者就这样偏好于持有有效的投资组合，即那些在有效边界上的而不是在其下方的投资组合。一个投资者在有效边界上具体选择哪一个投资组合，依赖于其回避风险的程度。一个高风险回避者将选择有效边界的左下部分所代表的投资组合，而一个低风险回避者会选择右上部分的某点。用技术性更强一点的术语来说，这种选择依赖于投资者回避风险的程度，而这种程度可以用该投资者的风险—回报效用函数的性质和形态来描绘。

简单地说，资产组合的构建就是选择纳入资产组合的资产并确定其适当的权重，即各资产所占该资产组合的比例。马科维茨模型表明，构建资产组合的合理目标应是在给定的风险水平下形成一个具有最高回报率的资产组合。具有这种特征的资产组合称为“有效的资产组合”，已经被广泛接受为最优资产组合构建的典范。此外，马科维茨模型还为构建能实现最有效这一目标的资产组合提供了一种明确的过程，这种过程被称为最优化。这种最优化过程已经被广泛地应用于大型计划的投资者确定资产组合中各主要资产类型的最佳组合的活动中，这一过程通常被称为资产配置。因为大多数情况下，实际中可考虑的主要资产类型是有限的，所以它是可操作的。

那么资产组合的构建过程是怎样的呢？

首先，需要界定适合于选择的资产范围。对于大多数计划投资者其注意的焦点集中在普通股票、债券和货币市场工具这些主要资产类型上。近年来，投资者已经把诸如国际股票、外汇、非美元债券也列入了备选的资产类型，使得投资具有全球性质。有些投资者把房地产和风险资本也吸纳进来，进一步拓宽投资的范围。

其次，投资者还需计算出各个资产类型潜在回报率的期望值及其承担的风险。此外，更重要的是要对这种估计予以明确说明，以便比较众多的资产类型之间哪些更具吸引力。进行投资所形成资产组合的价值很大程度上取决于这些所选资产的质量。

构建过程的第三阶段，即实际的最优化，必须包括资产组合内各种资产的确定。在把各种证券集合到一起形成所要求的组合的过程中，不仅有必要考虑每一资产的风险—回报率特性，而且还要估计到这些资产随着时间的推移可能产生的相互作用。正像我们注意到的那样，马科维茨模型用客观的方式为确定最优资产组合提供了概念性框架和分析方法。

资产组合理论为有效资产组合的构建和资产组合的分析提供了重要的思想基础和一整套分析体系，其对现代投资管理实践的影响主要表现在以下四个方面：

第一，马科维茨首次对“风险”和“收益”这两个投资管理中的基础性概念进行了准确的定义。从此，同时考虑风险和收益就作为描述合理投资目标缺一不可的两个要件（参数）。在马科维茨之前，投资顾问和基金经理尽管也会顾及风险因素，但由于不能对风险加以有效衡量，也就只能将注意力放在投资的收益方面。马科维茨用投资回报的期望值（均值）表示投资收益（率），用方差（或标准差）表示收益的风险，解决了对资产的风险衡量问题，并认为典型的投资者是风险回避者，他们在追求高预期收益的同时会尽量回避风险。据此，马科维茨提供了以均值—方差分析为基础的最大化效用的一整套组合投资理论。

第二，资产组合理论关于分散投资的合理性阐述为基金管理业的存在提供了重要的理论依据。在马科维茨之前，尽管人们很早就对分散投资能够降低风险有一定认识，但从未在理论上形成系统化的认识。资产组合的方差公式说明资产组合的方差并不是组合中各个资产方差的简单线性组合，而是在很大程度上取决于资产之间的相关关系。单个资产本身的收益和标准差指标对投资者可能并不具有吸引力，但如果它与资产组合中的资产相关性小甚至是负相关，它就会被纳入组合。当组合中的资产数量较多时，资产组合的方差大小在很大程度上更多地取决于资产之间的协方差，单个资产的方差则会居于次要地位。因此，资产组合的方差公式对分散投资的合理性不但提供了理论上的解释，而且提供了有效分散投资的实际指引。

第三，马科维茨提出的“有效资产组合”的概念，使基金经理从过去一直关注于对单个资产的分析转向了对构建有效资产组合的重视。自 20 世纪 50 年代初，马科维茨发表其著名的论文以来，投资管理已从过去专注于选择资产转为对分散投资和组合中资产之间的相互关系上来。事实上资产组合理论已将投资管理的概念扩展为组合管理，从而也就使投资管理的实践发生了革命性的变化。

第四，马科维茨的资产组合理论已被广泛应用于资产组合中各主要资产类型的最优配置的活动中，并被实践证明是行之有效的。

二、外汇期货在资产组合中起到什么作用?

外汇期货或汇率作为诸多投资标的而言，有其自身特点。随着近年来我国在汇率制度上的变化以及在进出口外贸金额的增加，外汇在普通进出口企业、跨国公司、投资公司以及基金的资产配置中越来越受重视。外汇期货不单单是国外货币，汇率也不仅仅是跳动的数字，它们逐渐成为投资者的资产配置、企业风险管理的工具。因外汇的特点以及投资者使用外汇的目的不同，而在资产组合中起到不同的作用：

1. 外汇期货或汇率产品作为一种另类投资，长期来看和股权、债券等常见的投资标的相关性较低，可以作为一般投资机构用于降低系统性风险而在资产组合中进行配置。例如通常来说股票组合能够获得一些超额的主动投资收益，但是往往难以避免系统性的风险。对于这类资产组合而言，除了利用股指期货来规避风险外，还可以配置一些外汇现货或者汇率产品用以规避股票市场中的系统性风险。对于国内企业而言，外汇的配置类似在资产组合中持有美元或者欧元，等于在一定时期内看空人民币看多美元或者欧元。这类外汇的持有会有一定的时间周期。当然，持有这类外汇配置不一定换回本币，同样可以以市场价格兑换成其他货币，其灵活性和作为一种资产的特性便体现在此处，外汇的持有其实质是货币的持有。当然，在近几年来看，人民币处于升值的通道，持有美元或欧元时间较长的话往往容易有亏损的风险。而如果持有一些外汇期货头寸或者汇率产品，或许情况有所不同。例如，持有澳元/美元期货的多头头寸或者持有美元/日元期货的多头头寸，不仅和国内配置的股票资产组合的关联性降低，而且持有的时间周期也有所降低，其灵活和投机性便体现出来了。

因而，外汇期货或汇率产品作为资产组合的一部分能够降低资产组合的风险程度，在一定时期内降低原先资产组合的市场风险。

2. 由于影响外汇汇率波动的一些因素和一国的宏观经济形势有关，因而在对一国或全球宏观形势进行了调查研究之后，往往需配置外汇或者汇率产品。对部分宏观对冲基金来说，外汇或者汇率产品往往是其策略中的投资标的或者对冲工具。利用对某国宏观经济的判断，预测中长期走势，利用汇率产品进行投资以获取利润往往有其优势：

（1）投资于外汇现货市场往往不缺乏流动性，而投资于外汇衍生品则更容易获得高额利润。

（2）外汇市场对宏观经济变化更为敏锐且不必像债券或者股权投资那样需要进入一国投资，在离岸市场即可投资。例如在 CME 集团下即可进行全球重要货币对美元汇率的期货交易。当然，外汇市场的复杂性使得这类投资的风险度相对较高。

全球对冲基金沽空日元

2012 年底至 2013 年春季，做空日元的投资成了华尔街最火的交易。熟悉索罗斯公司头寸的人士说，自 2012 年 11 月以来，索罗斯已经通过做空日元获利近 10 亿美元。另外一些通过做空日元而大笔获利的包括绿光资本（Greenlight Capital Inc.）以及海曼基金（Hayman Capital）。

规模日益庞大的日元做空交易本身就增大了日元贬值的压力，在将近4个月的时间里，日元已经下跌了将近20%。德国和法国等国谴责了日本的货币政策。2012年年末，安倍晋三当选日本首相之前，诸多投资者已经开始了做空日元的交易。2012年12月25日，日本首相安倍晋三表示政府将寻求大胆的货币政策、灵活的财政政策和增长策略。就具体措施来看，在安倍晋三的强力引导和直接干预下，日本经济政策选择了“三松”道路，即财政政策、货币政策和汇率政策同步趋向大幅宽松。为了应对长期以来日本经济的疲软，安倍晋三在2013年1月11日如期推出迄今最大规模的经济景气刺激计划，总额超过20万亿日元。此类举动加大了市场对于日元贬值的预期。很快，对冲基金和其他投资者，开始加大规模做空日元。

随着亚洲开发银行前行长黑田东彦在2013年3月20日起就任日本央行行长。市场开始预期黑田将推出新的货币宽松政策。果不其然，2013年4月4日，日本央行公布最新利率决议及货币政策，宣布维持指标利率在0～0.10%不变，同时宣布提前实施无限量资产购买计划，并购买到期期限更长的公债。日本央行同时宣布，政策目标将从隔夜拆借利率转向基础货币，将在两年内把日债和上市交易基金持有量增加1倍，并将以每年60万亿～70万亿日元的速度增加基础货币，所持日本国债的平均到期年期将延长1倍。

这意味着新一轮的日元贬值序幕拉开，未来恐怕会有越来越多的资金投入到日元这个市场里获取利润。

3. 利用外汇期货对原有的资产组合进行风险管理。对于一些专注于投资外汇市场的机构而言，外汇期货提供了一种对自身头寸进行风险管理的工具。尤其是对于一篮子货币的投资，则有可能利用美元指数期货进行风险规避。

总之，外汇期货作为一个受宏观经济和一国政策影响较大的投资品种，适合希望分散风险的投资组合以及在一些宏观策略的资产组合之中进行配置。适当的时候可以进行一些风险管理配置，避免当今全球一体化的情况下受系统性风险影响。

三、哪些机构或者个人适合配置外汇资产？

外汇市场作为一个国际性的资本投机市场的历史要比股票、黄金、期货、利息市场短得多，然而，它却以惊人的速度迅速发展，其规模已远远超过股票、期货等其他金融商品市场，已成为当今全球最大的单一金融市场和投机市场。外汇作为一种投机资产受到宏观对冲基金等投机者的追捧；同时，外汇作为一种风险分散资产，也受到银行及风险厌恶型投资者的喜爱。

宏观对冲基金是一种主要利用各国宏观经济不稳定性进行套利活动的基金。该类基金一般会收集世界各国的宏观经济情况并进行研究，当发现一国的宏观经济变量偏离均衡值，便集中资金对目标国的股市、利率、汇率、实物进行大笔的反向操作。当该国宏观经济形势发生变化，宏观基金将从中获得巨额收益。这类对冲基金根据国际经济环境的变化利用股票、货币汇率等投资工具在全球范围内进行交易。

对普通投资者而言，外汇交易也可以成为一个有吸引力的投资机会，投资者既可以系统性地买入并持有外币待其大幅升值，也可利用不同币种的利息差进行跨币种套利，还可根据对基本面和技术面的分析，进行不同外汇之间的短线投机交易。

延伸阅读

外汇投机与量子基金的兴衰

量子基金是全球著名的大规模对冲基金，美国金融家乔治·索罗斯旗下经营的五个对冲基金之一。量子基金是高风险基金，其在世界范围内投资于股票、债券、外汇和商品，主要采取私募方式筹集资金。据说，索罗斯为之取名“量子”，是源于索罗斯所赞赏的一位德国物理学家、量子力学的创始人海森堡提出“测不准原理”。索罗斯认为，就像微粒子的物理量子不可能具有确定数值一样，资本市场也经常处在一种不确定状态，很难精确度量和估计。

由于量子基金在需要时可通过杠杆融资等手段取得相当于几百亿元甚至上千亿元资金的投资效应，因而其成为国际金融市场上一个举足轻重的力量。同时，由于索罗斯的声望，量子基金的资金行踪和投注方向无不为规模庞大的国际游资所追随。在 20 世纪 90 年代的几起严重的货币危机事件中（如英镑危机、墨西哥经济危机和东南亚金融风暴），索罗斯及其量子基金都负有直接责任。

在欧洲，量子基金引发了英国的英镑危机和意大利里拉危机。20 世纪 90 年代初为配合欧共体内部的联系汇率，英镑汇率被人为固定在一个较高水平，引发国际货币投机者的攻击，量子基金率先发难，在市场上大规模抛售英镑而买入德国马克。英格兰银行虽下大力抛出德国马克购入英镑并配以提高利率的措施，仍不敌量子基金的攻击而退守，英镑被迫退出欧洲货币汇率体系而自由浮动，短短 1 个月内英镑汇率下挫 20%，而量子基金在此英镑危机中获取了数亿美元的暴利。在此不久后，意大利里拉亦遭受同样命运，量子基金同样扮演主角。

在美洲，量子基金引发了墨西哥金融危机。1994 年，索罗斯的量子基金对墨西哥比索发起攻击。墨西哥在 1994 年之前的经济良性增长，是建立在过分依赖中短期外资贷款的基础之上的。为控制国内的通货膨胀，比索汇率被高估并与美元挂钩浮动。由量子基金发起的对比索的攻击，墨西哥外汇储备在短时间内告罄，不得不放弃与美元的挂钩，实行自由浮动，从而造成墨西哥比索和国内股市的崩溃，而量子基金在此次危机中则收入不菲。

在亚洲，量子基金引发了1997年开始的东南亚金融危机。与1994年的墨西哥一样，许多东南亚国家如泰国、马来西亚和韩国等长期依赖中短期外资贷款维持国际收支平衡，汇率偏高并大多维持与美元或一揽子货币的固定或联系汇率，这给国际投机资金提供了一个很好的捕猎机会。量子基金扮演了狙击者的角色，从大量卖空泰铢开始，迫使泰国放弃维持已久的与美元挂钩的固定汇率而实行自由浮动，从而引发了一场泰国金融市场前所未有的危机。危机很快波及所有东南亚实行货币自由兑换的国家和地区，迫使除了港币之外的所有东南亚主要货币在短期内急剧贬值。东南亚各国货币体系和股市的崩溃以及国内通货膨胀的巨大压力，给这个地区的经济发展蒙上了一层阴影。

然而，1998年后，投资失误使量子基金遭到重大损失。先是索罗斯对1998年俄罗斯债务危机及对日元汇率走势的错误判断使量子基金遭受重大损失，之后投资于美国股市网络股也大幅下跌。索罗斯的量子基金损失总数达近50亿美元，量子基金元气大伤。2000年4月28日，索罗斯不得不宣布关闭旗下两大基金“量子基金”和“配额基金”（Quota Fund），基金管理人德鲁肯米勒和罗迪蒂“下课”。量子基金这一闻名世界的对冲基金至此寿终正寝。同时，索罗斯宣布将基金的部分资产转入新成立的“量子捐助基金”继续运作。他强调，“量子捐助基金”将改变投资策略，主要从事低风险、低回报的套利交易。

银行及保险等金融企业往往持有大量外汇资产，若外币种类过于单一，则风险较大。这时对外汇资产进行分散处理将会极大地降低风险。这是因为股票、债券和商品价格同时下跌在理论上是可能的，但所有外汇货币同时下跌在理论上却是不可能的。因为，货币的价值是以其他货币来表示的，一种货币贬值，另一种货币必然升值。因此，外汇资产的分散化对资产组合的稳定作用显而易见。中国外汇储备于2011年3月突破3万亿美元，其中美元资产占据半壁江山。美国国债长期被认为是流动性与安全性最强的资产，但2008年金融危机之后，美国超低利率水平加上连续的量化宽松政策，导致美联储总负债上升约两倍。无论是财政赤字的货币化，还是通胀与美元贬值，都将严重损害持有美国国债的债权人的利益。因此，中国外汇储备在货币上多样化、分散化就显得尤为重要，如提高其他主要可兑换货币、储备货币、新兴市场货币在外汇占款中的比例。

历史数据表明，活跃的外汇币种的价格走势与主要的股权和固定收益类资产没有多大的相关性。因此，将外汇作为一个资产类别加入到投资组合中，其效果除了为投资组合通过增加无关联性资产来获取多元化收益外，外汇资产也为投资者提供了分散资产种类（股票和债券以外）及降低资产组合总体波动性的机会。

四、哪些汇率适合组建外汇期货组合？

在选择汇率之前，我们需要考虑哪些货币适合构建外汇组合，并推导出哪些汇率适合组建外汇期货组合。

（一）美元

美元作为全球经济贸易中最重要的货币，属于硬通货，各国央行都或多或少储备美元。美元能够适应大部分的外汇资产组合，常以规避风险为主。

（二）欧元

欧元作为欧元区的主要货币，也是欧洲一体化进程的一个体现。作为能够有实力对抗美元的货币，欧元带领了整个非美货币的走势。通常在美元弱势的时候，基金会多配置欧元多头头寸。

（三）日元

日本作为一个出口导向型的国家以及一个经济大国，其货币也受到诸多海外基金的追捧。因日本国内对日元干预较多，适合一些投机以及宏观驱动型的基金配置。

（四）英镑

英国因为在地理上离欧洲较近，故而受欧洲大陆政治经济影响较大，其货币走势往往也和欧元走势有较大的正相关性。英镑和欧元类似，外汇资产组合中一般也会配置一些英镑头寸。

（五）澳元

澳元作为一个商品货币，其走势已经和全球矿产资源价格走势以及中国经济发展密切相关。因人民币无法自由兑换，近年来诸多机构配置澳元以获得一些资源升值、人民币升值的利益。故而澳元能够作为资产组合中可配置的外汇之一。

（六）瑞士法郎

瑞士作为传统的中立国家，其货币具有美元所不具备的避险功能。故而可以作为一种对冲工具进行外汇资产配置。

上述货币相关的汇率较多地出现在基金的外汇资产组合配置之中。一般而言，对于外汇期货来说，较多与美元匹配汇率，例如，欧元/美元、美元/日元、英镑/美元以及澳元/美元。因此通常在建立外汇资产组合的时候，根据预先制定的策略，使用上述这些外汇期货进行资产组合以获取可能的利益。

第九章　外汇及其衍生品在风险管理中的应用

一、使用外汇工具进行风险管理的意义是什么？

外汇工具指的是外汇及其衍生品，包括了外汇现货、外汇期货、外汇期权、外汇互换、汇率掉期等。这些工具各自有自身的特色，均能应用在对企业的风险管理运作之中。风险管理的本质是辅助企业在经营活动中控制遇到的风险。传统概念中，运用外汇工具进行风险管理的企业或者公司，一般具有国际贸易经营背景。除了这类企业或者公司外，只要自身经营或者投资之中和外汇相关，则都有可能运用外汇工具进行风险管理。

大致来讲，在具体的经营活动中，通常企业会遇到这样几个基本的外汇风险：

（1）交易风险：企业在外汇交易中因汇率变动可能造成的损失。

（2）会计风险：企业在对财务报表进行会计处理时因汇率变动而可能出现的账面损失。

（3）经济风险：因意料之外的汇率变化对未来企业的经营收益产生的潜在损失。

对于外汇风险，通常可以采取如下的管理方法：

（1）规避风险：采取风险管理措施将风险转移或锁定。

（2）降低风险：采取一定措施将风险程度降低。

（3）分散风险：将部分或全部风险进行分散。

作为企业而言，通常是多种方法一起使用，并且往往是对整体风险进行统筹管理。虽然大家都称“风险管理”为“套期保值”，可这比单一的套期保值需要跟多的积极主动性。在外汇工具的使用上，可以用外汇远期合约对合同中定价货币波动风险进行控制，除了利用外汇远期合约，同样可以利用外汇互换，这属于套期保值范围；在海外的投资，无论是实体资产还是虚拟资产，均可以运用外汇工具对汇率波动进行规避；某些大型的跨国企业，可能背负一定程度的其他货币债务，可以合理使用一些外汇工具，避免汇率波动对合并财务报表中的影响等等。其实我们可以看到，对于不同的企业，面临的风险都不太一样，具体的案例会在之后的问题中一一详细说明。而风险管理中比较重要的意义在于减少风险对自身经营活动或者利润的影响。尤其是当企业具备一定规模或者需要进行风险管理的资产较大时，可以把它们当作一个整体，运用一个或者多个外汇工具进行风险管理，这比分散成单个或者单独使用一个工具而言具有一定优势，尤其是某些类似外汇远期合约或者汇率掉期，具备成本较低的优势，而汇率掉期本身还具备期限结构调整的作用。对于不断使用外汇资产进行经营活动的企业而言，汇率掉期不仅能够规避风险，而且具有一定的借贷意义。

我们拥有很多的金融工具或者非金融工具对冲或者减少风险，那么外汇工具在其中又具有哪些优势呢？首先，对于风险管理的主体——企业或者公司来说，外汇工具能够进行风险管理的范围比较大，即可以细致到合同中的交易货币，也可以针对整个公司的海外战略规划。就困难程度而言，既可以普通到对交易货币平抑风险波动，也可以复杂到利用互换等工具对企业各国资产或者负债未来面临的未知风险进行管理。其次，对于能够参与外汇交易主体的金融中介。期货公司、投资管理公司或者风险管理子公司而言，外汇工具可以是一个创新的工具，也可以是为相关企业进行风险管理的工具。尤其是外汇远期、掉期这些场外交易需要中介的辅助。因此，对于这些中介，风险管理不仅仅是维护机构客户利益的需要，也是对自己研发能力和金融综合能力的挑战。

相比传统的套期保值，风险管理的范围更为宽广，其使用的方法工具更多，所管理的风险也趋于整体。传统的套期保值理念偏重完全锁定风险；风险管理则突出了转移风险以及对风险预警的重要性。从远期合约开始，减少风险管理成本（这并不意味着远期合约的风险不超过期货合约）；汇率掉期则从企业经营整体看待风险，而期权开始了风险预警以及风险转移（期权本身便是权利和义务的分离）。风险管理在企业经营中的意义已经不仅仅是锁定风险敞口，而是深入到企业日常经营活动中，成为一种管理机制，大大增加了企业的自主能动性，也增加了企业对外部风险的抵御力。

【案例9-1】 外汇远期合约在风险管理中的应用

某企业为一家国内制造家具的企业。其在1月签订一笔对外贸易合同，价值为100万美元。合同约定在3个月后该企业必须交付价值100万美元的产品，而海外公司则分两次支付100万美元，第一次是3个月后按照合同约定支付60万美元，第二次是在第一次支付完后1个月再将剩余的40万美元支付完毕。1月，市场面临人民币未来继续升值的可能，该企业认为两次付费使得自身美元外汇面临贬值风险。为了避免未来产生更多的汇率损失，此家具制造企业可以怎么做？

该企业可以选择远期合约对人民币升值造成汇率损失进行锁定。简单来说，可以分别出售3个月和4个月的远期美元进行套期保值。

某金融机构报价如表9-1：

表9-1　　报 价 表

	买价/卖价（单位：元/美元）
即期美元兑人民币的汇率	6.8430/6.8460
3个月的远期汇率	6.8380/6.8395
4个月的远期汇率	6.8360/6.8380

利用远期交易，该企业使用3个月远期汇率6.8380以及4个月远期汇率6.8360。出售美元未来人民币无论如何升值，对该企业而言，该合同下收入 = 6.8380 × 60 万美元 + 6.8360 × 40 万美元 = 683.72（万元人民币）。

在案例9-1中，我们需要注意的是：

（1）金融机构的信用度。对于远期合约而言，交易对方的违约风险始终是存在的，一般在国内以银行的信度相对较高，违约可能较小。但是随着资本市场的开放，未来不排除非银行金融机构参与外汇场外市场，企业须注意此风险。

（2）远期合约锁定收入，规避风险，但并不能保证企业收入最大化。这也强调了在外汇风险管理上，除了整体考虑外，还需要企业有一套专业的风险管理体系，其中一点便是对未来汇市的预判，从过去被动的管理方式转向积极的管理方式。

［**案例9-2**］汇率掉期在风险管理中的应用

某公司为一家国内设备制造公司，为了扩张海外业务，希望以并购海外企业或者部分项目这种形式进军海外。该公司在某年3月参与德国一家当地家族企业某项业务并购的竞争，而最终竞争结果会在6月知晓。与该公司一起竞争的其他企业实力较弱，故而此项目顺利并购完成的可能性比较大。但是若并购成功，则需要一次性支付80万欧元，对于该公司而言，这笔款项对现金流会形成一定压力，故公司在6月前就开始着手准备相关付款事项。6月，公司接到并购成功的消息，但是对方因其他原因，付款时间和项目交接要延长至2个月后。此时欧元兑人民币汇率在8.10～8.30附近，未来人民币波动无法预知。该公司目前已经准备好80万欧元，但是在未来2个月内该公司还有其他支付业务，占据这笔外汇会使公司现金流变得紧张。那如何操作来规避汇率波动风险以及付款延期风险呢？

该公司可以采取的策略之一就是采用汇率掉期工具将上述两个风险转移至市场

中。首先，该公司可以先在即期外汇市场抛出这80万欧元获得对应的人民币，并且同时签订一份两个月后到期的外汇远期合约，远期购入80万欧元本质上该公司除了交易成本外并没有在资产上损失什么，但是通过汇率掉期成功将80万欧元延期至2个月后。

【案例9-3】 外汇期权在风险管理中的应用

欧洲一家投资公司认为美国股权市场处于金融危机之后的复苏阶段，此时介入此类资产，未来收益会比较丰厚，打算持有相关股票至少3个月。当时欧元兑美元汇率在1.42附近，而未来欧元兑美元走势并不明朗。该公司担忧自身美股盈利会因汇率波动造成损失，故而在寻求如何较好解决此类问题的方法。

虽然目前无法准确判断欧元兑美元走势，但是对于该公司而言，若欧元相对美元升值，则会产生一定汇兑损失。面对这类情况，该公司比较好的选择是首先计算海外资产规模，留下一定风险敞口，以执行价1.43购入3个月后到期的欧元看涨期权，增加该公司的选择自主权。若欧元兑美元走高至1.50，则可以选择在到期日行使看涨期权赋予的权利，以1.43的汇率价格购入欧元，减少因欧元升值带来资产的损失。若欧元兑美元在未来走低至1.40附近，则该公司可以选择不执行该期权赋予的权利，成本只是当时购入期权的权利金费和相关交易费用用而已。

二、什么是外汇掉期?

首先我们解释一下概念，什么是外汇掉期？外汇掉期又称“货币掉期”，是指一种货币的买入和卖出交易同时发生，买卖的金额相同，但是交割期限不同。外汇掉期交易包含即期对远期的掉期交易以及远期对远期的掉期交易。即期对远期的外汇掉期交易是在即期做一笔外汇交易，并同时做一笔远期的外汇交易。远期对远期的外汇掉期交易，则是同时做了两笔不同期限的远期外汇交易。外汇掉期交易一般分为两类：一是纯粹掉期，即交易者同另外一个交易对手进行掉期交易；二是制造掉期，由两笔单独进行的交易组成，每笔交易的对手方并不是同一个。市场中一般以纯粹掉期的交易比较多。

外汇掉期交易的特点如下：

（1）场外衍生品交易，故而合约并非标准化。非标准化也意味着个性制定合约。企业可以根据自身需求和对手方一起制定。

（2）除了一些交易成本之外，对双方资产规模而言本身并没有改变。它对于交易双方而言是调整自身货币的头寸，也意味着在一段时期之内规避该货币的波动。

（3）汇率是提前确定的。汇率的锁定等于规避了未知的风险。

图 9－1 为以欧元兑美元外汇掉期为假设例子的示意图：

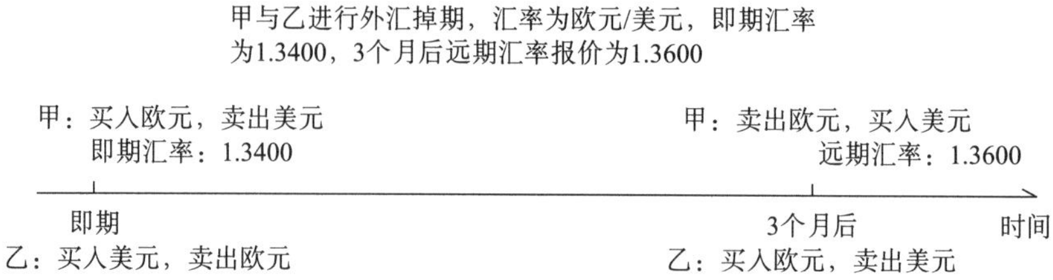

图 9－1　假设的欧元/美元外汇掉期示意图

三、在哪些情况适合运用外汇掉期?

通俗来讲，外汇掉期的意义在于改变了交易者货币的期限，实现了货币头寸的调整。从这个层面上来看，外汇掉期交易本身便有了帮助企业转移风险的可能。在整体风险管理上，外汇掉期具有低成本和灵活性的优势。在运用外汇掉期工具的时候，首先需要注意的是适用的条件。无论是否使用汇率工具进行风险管理，企业必须有明确的风险管理相关的规章制度以及计划。匆忙涉及风险管理势必使得管理效果打折甚至出现负面作用。其次，面对不同的风险管理对象以及中短期的汇率波动，企业也须有明确的整体判断，切不可盲目入场。这些是风险管理的先决条件。外汇掉期一般使用的条件是涉及某货币现金流时。若企业的外汇资产有稳定现金流时，可以利用外汇掉期规避或转移风险（见表 9－2）。

表 9－2　　外汇掉期实现的风险管理类型及介绍

管理未来外汇收支	交易者所付出的成本或者获得的收益是确定的	此类交易适合未来需要平抑汇率波动不确定性的一方通常在企业需要进行汇率锁定、有外汇应收款和应付款并存的时候等
管理外汇头寸	交易者利用不同货币的交换调整自身外汇头寸	此类适合需要临时调整外汇头寸的一方，例如银行或者其他金融机构 通常在维持某类货币或者在有意外新增货币资产或者负债时候，需要维持以某类货币为主。当然在资产管理中也会用到
管理同种货币的期限	交易者利用掉期的期限不同，改变货币的期限结构	此类适合重视外汇期限的机构 通常在借贷款延期或者提前的时候

(一) 管理未来外汇收支

【案例9－4】

某企业为一家进出口公司，在海外有多个子公司。5月，该企业某子公司在某地获得一项目，在二季度会获得价值50万美元的订单，并在季度末该公司须交付相应货物。此进出口企业因为这项业务较为稳定，即使在金融危机期间也未取消，因此非常重视和当地的联系，随着交易次数增多，该订单金额增加至100万美元。同期该企业还签订一笔贸易合同，进口价值为80万美元的货物，约定在5月底交付货款。随着人民币的继续升值，必须关注该项目汇率升值风险形成的损失。

人民币对美元升值过程只要没有停止，即使1个月的远期也可能造成汇率上的明显损失，降低企业利润。对于该企业，可以使用外汇掉期进行风险管理。因为在季度中旬会有两笔应收款，可以运用外汇掉期转移人民币升值风险。假设企业在5月下旬做一笔外汇掉期业务，具体操作如下：

(1) 企业以即期美元/人民币汇率用人民币买美元，即卖出人民币，买入100万美元，并将这100万美元用于支付80万美元的贸易合同。

(2) 同时，企业购入美元/人民币1个月远期汇率合约，用美元买入人民币，即买入人民币，卖出100万美元。

某金融机构的报价见表9－3：

表9－3　　报　价　表

	买价/卖价（单位：元/美元）
即期美元/人民币汇率	6.7340/6.7480
一个月的远期汇率报价	6.7250/6.7410

企业即期买入100万美元抛出674.8万元人民币（6.7480×100万美元），同时做一笔远期合约，根据约定汇率抛出100万美元，购入人民币，即以6.7250约定汇率抛出100万美元获得相对应的人民币。这样来看，对于该企业而言，远期人民币升值风险已经被转移。未来第二季度末，该企业执行远期合约，以6.7250汇率卖出100万美元获得672.5万人民币（6.7250×100万美元）。在这笔汇率掉期交易中，该企业付给某金融机构2.3万元（674.8－672.5），这称为该企业在汇率掉期中的“成本”。当然，企业还需要支付一定的交易费用（见表9－4）。

表9－4　　交易明细表

时间	交易	
即期	买入：100万美元	卖出：674.8万元人民币
远期	卖出：100万美元	买入：672.5万元人民币
		支出：2.3万元人民币

若第二季度末，美元/人民币即期汇率为6.6910/6.7030，在不进行风险管理操作

下，企业100万美元的收入换算成人民币则为669.1万元（6.6910×100），和之前操作外汇掉期业务下100万美元兑换成的人民币金额相比，少获得3.4万元（672.5－669.1），已经高于此笔外汇掉期的“成本”，对于该企业而言，汇率升值风险基本得到转移。

【案例9－5】

德国某贸易公司，在全球均有贸易往来。3月该公司与非洲某公司签订一份贸易合同，当月月底进口一份货物，但必须在4月底支付金额80万美元。同时，该公司在3月底将此货物转卖给亚洲一家公司，预期3个月后获得收入100万美元。该德国贸易公司认为目前欧元汇率不太稳定，需准备采取风险管理来避免未来汇率风险可能带来的损失。

该公司1个月后需支付80万美元，而3个月后会获得100万美元。为了避免汇率波动，该企业可以用欧元/美元的外汇掉期来转移风险，管理未来外汇收支。具体操作为：

（1）按照1个月欧元/美元远期汇率，用欧元买入美元，即抛出欧元，买入80万美元。

（2）同时按照3个月远期汇率，用美元买入欧元，即抛出80万美元，买入欧元。

某金融机构报价见表9－5：

表9－5　　报　价　表

	买价/卖价（单位：美元/欧元）
1个月远期汇率报价	1.4070/1.4130
3个月远期汇率报价	1.3930/1.4010

该公司买入1个月期80万美元所需要的欧元为56.859万欧元（80万美元/1.4070），即花费约56.859万欧元购入了80万美元，用于4月底的支付。

3个月后，该公司一方面能够获得100万美元的收入；另一方面按照约定的3个月远期汇率卖价1.4010抛出美元买入欧元，所获得欧元金额为57.102万欧元（80万美元/1.4010）。

在此交易中，该公司等于获得了0.2435万欧元（57.102－56.859）的“收益”（见表9－6）。

表9－6　　交易明细表

时间	交易	
1个月远期	买入：80万美元	卖出：56.859万欧元
3个月远期	卖出：80万美元	买入：57.102万欧元
		收入：0.2435万欧元

假设该公司并未进行外汇掉期的风险管理措施：

(1) 若未来3个月后的即期汇率为1.3710/1.3780，则80万美元会兑换得到欧元金额为58.055万欧元（80万美元/1.3780）。

(2) 若未来3个月后的即期汇率为1.4110/1.4190，则80万美元会兑换得到欧元金额为56.377万欧元（80万美元/1.4190）。

从上述假设情况来看，该公司对于80万美元的风险管理做得比较到位，面对未来可能的汇率波动，此笔掉期业务将风险控制在适当的范围内。需要关注的是，该公司的风险管理并没有对所有头寸都操作，而是留了20万美元的风险敞口。这显示出企业是基于整体风险的考量，并且预留了自主的空间。若欧元/美元变动方向对自身有利，可以继续等待；若汇率方向对自身不利，则可以继续使用其他工具进行风险规避。

（二）管理外汇头寸

【案例9－6】

某公司为一家跨国公司，在一些发达国家均有子公司，例如美国、日本、德国等。由于国际性的业务关系，该公司管理层倾向于以美元形式持有资产或者负债。现此公司在日本有约10亿日元的贷款，在德国等欧元区有200万欧元的贷款。公司认为日本未来可能会继续维持宽松货币政策，因而未来日元汇率会继续贬值；而欧元区面临各种不确定的因素，未来汇率波动风险在累积之中。

该跨国公司持有日元负债和欧元负债，若将此两种外汇头寸兑换成美元，则两种货币的汇率风险将得到转移。因此，该公司可以做两笔外汇掉期业务：一笔为美元/日元外汇掉期；一笔为欧元/美元外汇掉期。

第一笔：即期卖出日元买入美元，即买入美元/日元汇率；同时卖出期限为1年的远期美元/日元汇率，到期日则买入日元卖出美元。

第二笔：即期卖出欧元买入美元，即卖出欧元/美元；同时买入期限为1年的远期欧元/美元汇率，到期日为买入欧元卖出美元。

通过这样的操作，该公司将两笔非美元贷款全部转化为美元贷款，并且锁定了未来汇率，将汇率波动风险转移给市场。

然而在本例中需要强调的是，因为日元未来长期面临贬值的可能，因此持有日元负债是比较“划算”的，而欧元方面采取掉期交易是比较合理的一种风险管理方式。因此，该公司在做风险管理的时候可以不用完全将自身汇率风险转移，尤其是对于日元负债，可以采取暴露一定敞口的方式。因为这两笔外汇是贷款得来，因此该公司可以选择掉期交易锁定一定比例的汇率波动，而剩下的风险敞口可以以其他管理工具或者日后等待汇率走势明确后而定。这样既能享受到一定预期升值下的成本节约，也使得自身风险管理处于更积极的状态之中。

【案例9-7】

国内某家小型银行，其一项重要的业务且为进出口企业提供临时性外汇贷款。通常放款和收回之间为两个月。因海外业务繁多，遇到的各种非美货币机会也较多。目前该银行遇到欧元、澳元和英镑的贷款需求，为避免其他货币汇率波动影响其经营活动并且自身可能并没有足够的澳元和英镑，该银行该如何做?

该银行可以在银行间进行折借，但是考虑到非美货币的汇率波动影响，此银行可以通过汇率掉期市场，以欧元/美元、澳元/美元和英镑/美元三种汇率进行掉期业务。这样该银行可以利用自身美元外汇储备的优势获得欧元、澳元和英镑，并且通过远期汇率合约将三类货币的外汇波动风险进行锁定。通过外汇掉期业务，该银行成功调整自身外汇头寸，并进行三类非美货币的放贷业务，避免因货币短缺面临经营风险。

（三）管理货币的期限结构

【案例9-8】

某公司为一家国内饰品贸易公司，每年在三、四月贸易合同签订较为频繁，而延期的情况也有，往往给该公司带来一定的困扰。在3月底，该公司能获得总价为150万美元的收入，同时须支付80万美元的支出。受各种因素影响，该公司3月的总收入有50万美元被延期至1个月后收到。近年来人民币升值，延迟收入美元将给该公司带来一定程度的汇率损失。

面对此类付款延期的情况，该公司可以使用外汇掉期工具对货币期限进行调整。因为该公司在3月底还有80万美元需要支出，故在此例中，该公司可以向金融机构买入一份美元/人民币外汇掉期产品。具体操作为：

（1）按照即期美元/人民币汇率，用人民币买入美元，即抛出人民币，买入50万美元。

（2）同时，购入一个月远期汇率合约，用美元买入人民币，即抛出50万美元，买入人民币。

该某金融机构报价见表9-7：

表9-7　　　　报 价 表

	买价/卖价（单位：元/美元）
即期美元/人民币	6.5780/6.5890
1个月美元/人民币远期汇率	6.5700/6.5830

该饰品贸易公司以即期汇率买入50万美元，卖出人民币，需要付出人民币金额为329.45万元（50×6.5890）。同时，买入1个月后到期的美元/人民币远期合约，即在1个月后卖出50万美元，按照约定汇率6.5700获得人民币，金额为328.50万元（50×6.5700）。在此交易中，该公司付出的“成本”为0.95万元（329.45-328.50）

（见表9－8）。

表9－8　　交易明细表

时间	交易	
即期	买入：50万美元	卖出：329.45万元（人民币）
远期	卖出：50万美元	买入：328.50万元（人民币）
合计		支出：0.95万元（人民币）

这个“成本”既是该饰品贸易公司为了避免1个月后人民币汇率升值而影响50万美元延期收入，也是将美元收入延期后的一个费用。

【案例9－9】

某公司为一家非银行金融机构，外汇储备以美元和日元为主。该金融机构管理层认为三季度日本资本市场会出现比较明显的投资机会，届时可能需要使用1亿日元投资于日本股权市场。目前这家金融机构持有的外汇储备美元和日元均有一定程度的闲置。而经过此机构研究部门仔细分析，从二季度末开始，日元有可能开始贬值，因此，除了三季度会出现日本资本市场的繁荣外，日元有可能提前开始走弱。

面对这种情况，该金融机构需要解决的问题有两点：闲置外汇头寸的利用和对日元贬值的风险管理。当然重点在于对闲置外汇头寸的管理，因为日元贬值的风险不仅可以通过汇率远期合约进行管理，还可以通过适当投资日本来规避。在这样的情况下，相对比较好的方法是利用美元/日元的外汇掉期进行外汇头寸以及对贬值风险的管理。具体操作为：

（1）该金融机构即期用日元买入美元，即抛出1亿日元，买入美元。

（2）该金融机构同时买入3个月（或者2个月，视该金融机构策略情况而定）远期美元/日元汇率，即买入1亿日元，抛出美元。

此处不再具体计算其中过程，但是通过这样的风险管理，我们可以发现该金融机构的资产上有如下变化：

（1）对于该金融机构而言，除了必要的日元储备外，闲置的日元均兑换成了美元，3个月汇率远期合约到期后，该公司以美元换回了日元，并可以用这1亿日元进行投资。此风险管理操作之中，通过外汇掉期工具调整了外汇储备中日元的期限结构。

（2）该金融机构执行外汇掉期合约时，自身外汇储备美元增加，日元减少，通过汇率掉期工具调整了自身外汇头寸。

（3）该金融机构因为通过远期汇率合约锁定了日元波动风险，同时解决了日元贬值带来的风险。

当然面对该例子，该金融机构在做风险管理的时候可以针对风险敞口做出一定计算，若日元贬值趋势性明显，还可以通过其他汇率工具，例如外汇远期合约、外汇期货和外汇期权填补风险敞口甚至获利。

通过上述例子，我们可以知晓外汇掉期在风险管理的过程中能起到重要的管理作用，甚至能够管理多方面的汇率风险。外汇掉期业务中的成本相对比较小，例子中的“成本”和“收益”是由远期升/贴水形成，其实质上是因为高息货币利息的提前预支和获得，从风险管理角度来看，可以认为是一种对风险的锁定。外汇掉期在对汇率风险管理上的范围较大，使得外汇掉期比外汇远期合约更具有灵活性，这也给企业在风险管理中提供了自主能动性。

四、企业如何运用外汇掉期进行风险管理?

外汇掉期本身除了掉期交易的“成本”或者“收益”和交易成本外，其实最终并不改变整体资产规模。这使得企业在风险管理时重点是分析自身资产结构，而外汇掉期本身自带的汇率远期合约也暗示了自身具有一定短期融资功能。在了解了外汇掉期的概念、使用条件和基本的风险点之后，我们来分析几个例子或案例，从中深入了解该工具的用途。

【案例 9 - 10】

国内某进出口公司主要业务为代理国内公司进行原材料、设备和商品等买卖交易。伴随着我国加入 WTO 以及经济高速发展，该公司的业务量与日俱增，年进出口额超千万亿美元。随着人民币汇率改革的推进以及外围市场复杂程度的增加，该进出口公司面临波动较大的外汇市场以及本币人民币升值的趋势。起初，该公司并未对汇率风险管理有足够认识，随着人民币汇改开始，该公司因人民币升值导致的汇兑损失占据其利润的 10% 左右。因而该公司迫切需要加强其汇率方面的风险管理措施。该公司主要海外客户分布于欧洲、美国和日本，在非洲也与部分国家有进出口贸易往来。通常公司会预留 200 万 ~ 400 万美元的现汇。某年 6 月，该公司代理某家具公司出口一批价值 50 万欧元的家具至法国，并代理某制造业企业进口一批价值 80 万美元的原材料，同时代理一家工厂订购一批来自德国的设备价值约 30 万欧元。和法国的合同约定 4 个月后收款，而原材料这笔合同约定 2 个月后付款，从德国引进设备的合同约定在 2 个月后付款。即期汇率方面，欧元/美元在 1.24 ~ 1.29 之间波动，美元/人民币在 7.99 ~ 8.02 之间波动，但是美元/人民币汇率具有明显的升值态势。在人民币升值预期的前提下，该公司如何应对?

在人民币升值预期下，该公司的美元风险敞口是比较大的。其目前面临的风险点有如下几个：

（1）预留美元现汇的行为是对自身贸易有利，但是从总金额来看未必合理。

（2）目前并没有组建相关的汇率风险管理团队，也没有向相关金融机构咨询，对未来汇率走势并不清楚，只了解美元/人民币走势，并不清楚其他货币和人民币之间汇率走势，无法正确把握外汇管理的要点。

（3）对外汇风险管理工具认识不足。对于该公司而言，适合的工具有：外汇期权、外汇期货、汇率掉期、外汇远期合约等。但是公司对这些工具不熟悉导致无法正确衡量使用哪种工具规避风险比较适合。

（4）财务配套方面并没有做好准备，公司对于汇率风险管理的成本没有认知。

该进出口公司是有一定财务实力和管理需要的，因此需要组建一支汇率风险管理团队来管理公司整体外汇波动风险，并同时设计相关财务管理制度与该风险管理团队匹配。对于未来外汇走势，需要根据当时的外部形势进行判断。公司汇率风险管理重点在于对出口外汇收入的管理上；同时针对50万欧元的外汇敞口，是否全部进行风险规避可以根据公司自身情况进行设计。

根据上述情况，金融机构提出如下几个方案：

方案一：使用远期合约或者外汇期货。

（1）减少美元现汇持有量，增加人民币持有量，将美元现汇减少至通常业务需要即可。

（2）对4个月后收到的50万欧元进行风险规避，采取使用远期合约或者外汇期货的形式。远期合约以欧元/人民币汇率为标的，期限为4个月，卖出50万欧元。以芝加哥商业交易所下的外汇期货合约来看，因为没有欧元/人民币汇率期货，因此可以采取做空欧元/美元的同时做空美元/人民币的形式进行组合。

方案二：使用欧元/人民币外汇掉期。

（1）减少美元现汇持有量，增加人民币持有量，将美元现汇减少至通常业务需要即可。

（2）寻找金融机构做期限为2个月的欧元/人民币的外汇掉期，以即期汇率买入欧元50万元，抛出对应的人民币，并在2个月之后以约定的远期汇率抛出50万欧元买入人民币。

（3）该50万欧元用于2个月后对德国的部分付款。

方案三：使用欧元/美元外汇掉期和美元/人民币远期合约。

（1）减少美元现汇持有量，增加人民币持有量，将美元现汇减少至通常业务需要即可。

（2）寻找金融机构做远期对远期的欧元/美元外汇掉期，期限分别为2个月和4个月。选择2个月后到期的欧元/美元外汇远期合约，即以2个月后的欧元/美元远期汇率买入50万欧元，抛出对应的美元；并同时选择4个月后到期的欧元/美元外汇远期合约，即以4个月后的欧元/美元远期汇率卖出50万欧元，买入对应的美元。

（3）与金融机构做一笔美元/人民币期限为4个月的远期合约，金额为80万美元和50万欧元对应的美元金额。

（4）用2个月后到期的欧元/美元外汇远期合约中买入的50万欧元作为对德国支付的部分货款。

上述三种方案，整体是在人民币远期会保持一定的升值趋势的前提下提出的。也正因为如此，所以特地强调了美元现汇持有量的控制，避免因持有过量美元现汇而产生公司自身资产贬值的损失。

面对三种选择，方案一显得稍许简单，但是能够有效规避50万欧元风险敞口。因为我国尚未开通外汇期货，故通过海外衍生品市场进行风险规避也是一种选择。若我国已开设与人民币相关的外汇期货，则该进出口公司可以直接介入欧元/人民币期货的空头。

方案二利用外汇掉期的优势，提前锁定欧元/人民币的汇率。方案本身简单，所占用的风险管理成本较低，适合针对单一业务或者少量业务中涉及的外汇。

方案三则充分利用了闲置的美元现汇，通过欧元/美元的外汇掉期业务，在一段时间内改变了自身外汇头寸组成。该进出口公司通过锁定未来欧元/美元的汇率，直接锁定了未来美元收入。因美元在全球外贸交易中的重要地位，这样的风险管理其实是站在了公司整体经营的角度。若涉及大量进出口业务，则通过锁定和美元的汇率，可以锁定未来人民币的收入。锁定人民币收入的方法可以选择美元/人民币的远期合约，也可以选择外汇期货等不同的措施。这样公司自身闲置的美元现汇也得到一定程度的保值。

从公司风险管理角度来说，自然是选择第三种方案比较好，既能灵活运用自身现汇头寸，也强调了积极主动的风险管理方式，这些给公司整个经营带来积极的一面。金融机构可以将上述方案的优缺点向该进出口公司进行细致的陈述，最后由该公司决定使用哪种方案，在了解该公司的风险管理需求上，也尽量做到细致体贴，在可操作的范围内提供最优的建议。

【案例9－11】

国内某制造业公司之前主要业务在国内，因此对外汇市场和海外贸易并不熟悉。随着国内经济发展以及对外贸易繁荣发展，该制造业公司也逐渐开始开发海外市场。该公司经过几年开发，主要客户集中在欧洲地区。经历过2008年下半年爆发的金融危机以及2009年经济逐步复苏，该制造业公司逐渐加大了对欧洲地区的贸易往来，其外汇账户内以美元和欧元现汇为主。公司认为随着经济复苏，未来欧洲地区对自身产品的需求会增加，同时欧元可能相对人民币表现比较坚挺。因此在年初签订了价值约50万欧元的贸易合同，约定在4月底前交付货物并在5月底前支付该公司50万欧元。并在同期与意大利一家贸易商达成一笔专利技术引进业务，约定在三月中旬买入价值约80万欧元的技术，最迟付款日在3月底。因在2009年之后美元/人民币汇率保持稳定以及预期欧元相对人民币走强，该制造业公司未作汇率方面的风险管理。

农历新年过后该制造业公司从澳洲某矿业公司那里引进一批价值为50万美元的原材料，约定在5月底付款。同期欧元区逐渐传出负面消息，对欧元区经济未来的担忧导致了欧元汇率的波动。欧元/美元在一季度跌落至1.35附近，而在年初欧元/美元汇率维持在1.38至1.45之间。而欧元/人民币同样随之下滑，从年初的9.80附近跌至3月的9.20附近。同期美元/人民币维持在6.82附近，走势比较稳定。公司管理层认为当前欧元区虽然面临不确定性，但是离5月也仅2个月的时间，欧元波动对其影响不是很大，目前9.20的汇率仍然可以接受，此外若施行套保，将产生一笔费用，增加财务成本。故仍然未作相关欧元保值操作。最终，在五月底，随着希腊提出援助等不利消息之下，欧元/美元汇率跌破1.30，至1.23附近，而欧元/人民币汇率则跌至8.40附近。若按照年初9.80的汇率来计算，该制造业公司在汇兑上的损失约人民币70万元。

案例分析：

对于该制造业公司而言，不熟悉外汇市场的波动和造成的潜在损失，是其此次汇兑损失的重要原因。在外汇市场上，许多因素往往能在一段时间内影响该货币汇率走势，在预期未来可能发生的汇率波动风险情况下，最佳的策略就是使用外汇方面的工具进行风险管理。不能因为产生了相关费用成本便置之不理，殊不知这样极可能产生较大的汇兑方面的损失。

此外，对于外汇风险管理介入时机，公司应当建立一套风险管理机制，其中包含公司自身贸易合同上货币的风险预警。在本案例中，若在欧元区爆发危机之初，开始进行风险管理操作，即使未来欧元区风险并不严重，对欧元波动影响也较小，仅仅损失一笔费用成本，却能较好地锁定了未来汇率，管理了汇率波动风险。

另一方面，该制造业公司可以利用美元/人民币汇率稳定的状态，多持有美元，减少欧元的持有。

解决方案：

根据前述情形，若3月份，该公司希望解决此类风险，可提出如下方案：

方案一：使用外汇远期合约。可在外汇市场形势发生重大改变之时，和金融机构签订欧元/人民币外汇远期合约，以远期欧元/人民币汇率锁定未来50万欧元的风险敞口。

方案二：使用欧元/美元外汇掉期：

(1) 该公司在3月即期买入50万欧元，卖出对应的美元，并同时购入一份欧元/美元的远期合约，约定在2个月后卖出50万欧元，以约定汇率购入对应的美元。

(2) 该公司利用到手的50万欧元作为专利技术引进所需资金的一部分。

(3) 2个月之后通过该外汇掉期收入美元可用于原材料引进的支出。

方案讨论：

以上两种方案是基于外汇行情发生转变的情况下采取的措施。基于欧元区出现风险后，欧元大幅贬值的预期以及美元/人民币汇率保持稳定的预期。

对于方案一，可能比较适合初始对外汇风险管理没有多少经验的公司使用。外汇远期合约操作起来较为简单，能有效锁定汇率波动的风险，当然也可以使用外汇期货进行规避。

对于方案二，这里可以使用欧元/人民币外汇掉期，同样也可以使用欧元/美元外汇掉期。使用前者的话，便是直接锁定了远期欧元的汇率波动风险。而使用后者的话，是一种对外汇组成结构的调整，通过锁定远期欧元/美元汇率，规避了欧元对美元贬值的风险，并调整了自身外汇头寸组成比例，在欧元贬值风险增大的预期下，增加美元头寸比例，降低了公司外汇储备的风险。提前获得的50万欧元可以用于支付技术引进，而后续获得的对应的美元可以用于支付原材料的进口。无论选择哪个汇率进行掉期业务，都是从管理外汇头寸和未来外汇收支两个角度去考虑的。

假设该进出口公司按照第二种方案进行操作：

某金融机构报价见表9-9：

表9-9　　报　价　表

	买价/卖价（单位：美元/欧元）
欧元/美元即期汇率	1.3480/1.3500
欧元/美元2个月远期汇率	1.3390/1.3420
欧元/人民币即期汇率	9.2420/9.2500

按照第二种方案，公司通过该金融机构按照即期汇率先付出美元：1.3500×50万=67.5万元，并获得50万欧元。同时公司介入欧元/美元的远期汇率合约，约定未来以1.3390的汇率抛出50万欧元，获得对应的美元。公司获得50万欧元后立即进行结汇，获得人民币：9.2420×50万欧元=462.1万元。

在两个月后，该公司按照约定抛出50万欧元，获得美元：1.3390×50万欧元=66.95万美元。在这笔外汇掉期的交易中，公司付出的成本为67.5万美元-66.95万美元=0.55万美元。

而按照2个月后欧元/人民币汇率在8.40附近，该公司在贸易中获得的50万欧元仅能兑换成人民币约：8.40×50万欧元=420万元人民币。比在3月份就即期进行结汇的金额少了约42.1万元。而公司付出的成本仅为0.55万美元，折合成人民币约为

3.75 万元左右。

可见在进行风险管理之后，该公司仅用人民币 3.75 万元便锁定了远期欧元汇率，减少汇兑损失约 42.1 万元。

【案例 9－12】

国内某中型纺织服装企业，经营业务包括服装设计、纺织以及服装贸易。其主要出口的国家和地区为美国、东南亚和欧洲地区。而其通常需要从国外进口一些高端设计的服装。对于该企业而言，经常面临外汇波动对其经营利润的影响。该企业年贸易额超过 2 亿美元，出口比较多，单笔合同金额来说为进口比较大。而伴随国内产业升级和改革进程的深入，服装行业的利润率逐年下降。随着 2005 年人民币汇改之后，该企业还面临人民币升值给其出口业务带来的巨大影响。经过 2 年多时间的摸索，该企业形成了自身独特的外汇风险管理制度，常年留存的外汇储备有约 30 万 ~50 万美元。在 2011 年 10 月，该企业接到欧洲一笔订单，合同起先约定以欧元作为计价货币，在 1 个月后交付价值约 10 万欧元的货物。同月，该企业因业务发展需要，急需提高国内高端服装市场的占有比，因此向美国购进价值约 20 万美元的货物，约定在 1 个月后收到货物并付款。该企业为了规避欧元汇率波动风险，在 10 月就购入 1 个月后到期的欧元/人民币外汇远期合约。

1 个月后，随着欧洲方面经济逐渐陷入危机，该欧洲企业因经济走软导致在 11 月底前无法付款。在和该服装企业协商之后，约定将付款延期至 3 个月后。面对这样的情况，该企业着手分析应对策略。对于欧元而言，9 月之前面临持续的利空消息，而欧洲政坛则面临多种不确定性，欧元/美元和欧元/人民币均出现一波下跌行情。在 10 月中旬，欧元区因出现部分利好消息，欧元/美元出现一定的反弹，欧元/人民币则加大了波动范围。该纺织服装企业担忧日后欧元/人民币波动范围持续扩大，有可能欧元/人民币因面临人民币升值以及欧元区经济担忧而大幅度下跌，从而出现未来欧元收入的汇兑损失。为了规避 10 万欧元收入的延期，该企业决定使用欧元/人民币外汇掉期。

（1）按照即期欧元/人民币汇率购入 10 万欧元，付出对应的人民币金额。该笔业务是为了支付前期做风险规避的 11 月到期的欧元/人民币外汇远期合约中约定支付的 10 万欧元。

（2）同时向金融机构买入一份 3 个月后到期的欧元/人民币远期外汇合约，以约定汇率卖出 10 万欧元，获得相应的人民币金额。

通过该外汇掉期业务，该企业将延期支付 10 万欧元的汇率波动风险进行了风险管理，同时也将 10 万欧元的收入进行了展期操作。企业避免了收入延期可能造成的汇兑损失和违约风险。

案例分析：

该纺织服装企业的外汇风险管理做得较为妥当。根据当时欧元走势，进行 1 个月的汇率风险规避是很有必要的。同时，面对 10 万欧元收入的延期支付，企业也采取了合适的外汇衍生品工具进行了风险转移以及收入展期。在未来欧元可能相对人民币和美元贬值的情况下，该企业首先使用了 1 个月外汇远期合约锁定了 1 个月内欧元汇率波动，其次在知晓了可能收入要延期 3 个月的情况后，该企业并没有手足无措。公司利用欧元/人民币外汇掉期成功调整了欧元收入的期限，并且同时锁定了 3 个月后欧元汇率，而即期兑换的欧元也用于支付外汇远期合约中所约定的 10 万欧元支出。

通过上述三个案例分析，我们可以大致了解在遇到相关情形时候，企业可以采取什么措施来规避外汇波动风险。当然在外汇风险管理中相关外汇衍生品工具的使用上，三个案例均首先对外汇市场进行了行情预期。可以说这个预期在风险管理中起到了相当重要的作用。外汇掉期在使用上具有较强的灵活性，在选择何种汇率时候，企业需要针对自身情况具体分析才能决定。虽然选择的都是外汇掉期工具，但是如果汇率本身选择有问题，可能会在风险管理的效果上起到一定负面作用。汇率本身的选择也需要企业从自身整体的角度出发考虑。例如企业可能面临多种货币的收入或支出，管理起来较为复杂，可以选择将他们换成美元头寸统一管理，这样汇率波动风险重点考虑美元即可；若企业面临两三种货币的收支情况，则可以通过使用这些货币之间的外汇掉期来管理自身外汇头寸，避免单纯兑换成人民币后增加汇兑方面的成本。总之，外汇掉期在外汇风险管理的运用上具有重要的作用。

五、货币互换和外汇掉期有什么差别？货币互换能够实现哪些风险管理功能？

前面介绍过外汇掉期，货币互换和外汇掉期类似，均有交换的概念在里面。货币互换就是指将一种货币的本金和利息与另一货币的等价本金和利息进行交换。也就是说，除了交换本金外，还进行该货币的利息交换。但是和外汇掉期稍有不同的是，目前而言，在货币互换中前期交换和后期收回的本金金额通常是一致的。两者差别见表 9 - 10。

表 9 - 10　　货币互换与外汇掉期的差异

	货币互换	外汇掉期
期限	一般为 1 年期以上的交易	通常为 1 年以内的交易
交换内容和形式	一般包含货币互换以及各自货币的利率互换 前期交换和后期收回的本金金额一致	一般为货币互换，分为即期对远期和远期对远期两种形式 前后交换和后期收回的本金通常不一致，由约定的汇率所决定

因此对于货币互换而言，在进行风险管理时候具有如下作用：

（1）对外汇资产或负债进行管理；

（2）降低外汇资金借贷成本。

简单来说，货币互换交换的一个重点是各自货币的利率，因为其互换的本金金额是相等的，因此各自不同货币的利率交换可以近似看作利率方面的收入和支出。通常来说，对于涉及海外负债，尤其是贷款的企业而言，货币互换或许是一种帮助企业规避汇率波动的方式。而对于降低双方贷款成本而言，只要双方在不同货币的贷款利率上存在比较优势，则通过货币互换能够降低双方贷款成本。货币互换有时候能够同时发挥其锁定远期利率规避汇率波动风险以及降低外汇贷款成本、减少财务付出的双重作用。

1. 管理外汇资产或负债

【案例 9－13】

某企业为一家进出口贸易企业，为了在日本进行贸易往来，向日本银行贷了一笔日元的款项，约定付息频率为半年。但是该企业担心日元长期汇率走势不稳定，影响自身日元负债。因此企业需要一种外汇工具能够将自身的日元负债换成美元或者人民币负债，减少汇率风险。

对于该企业，可以向金融机构进行货币互换，用日元和人民币进行互换，或者根据企业需要用日元和美元进行互换。初始日元贷款的本金可以用于和银行交换，在到期日该企业可以重新获得这笔日元金额，意味着该企业锁定了远期相关汇率，这就直接规避了远期汇率波动风险。而获得的日元利息可以用于支付其在日本的贷款利息。这笔交易，使得公司将日元负债成功换成了其他货币的负债，不仅规避了汇率波动风险，同时也改善了自身资产结构。

【案例 9－14】

某国内航空公司为了提升市场份额，向海外购买了数架民用飞机以及相关设备，希望以优质的服务和先进的机型给客户带来最好的体验。此次购买花费了约 1.5 亿欧元。由于购买费用较大，因此该航空公司向国内银行贷款 1.5 亿欧元，期限为 10 年，每年付息一次，年贷款利率为 5%。因该航空公司主要业务收入计量货币为人民币和美元，因此在还款欧元利息的时候会遇到汇兑上的问题。近年来，欧元经济区复苏脚步较为坎坷，欧元/人民币以及欧元/美元的汇率走势比较不稳定，目前即期欧元/人民币汇率在 8.50 附近，但是过往数月欧元/人民币汇率在 8.30～8.80 之间大幅波动，这给该航空公司财务带来巨大不确定性和风险。该公司如何应对此种情况来规避长期汇率风险？

该公司面临的问题其实是担忧因欧元汇率变动使得巨额欧元负债可能给公司财务带来不必要的损失。对于长期外汇贷款的公司而言，汇率大幅波动或者本币贬值均会给公司财务形成一定的压力。而对于该航空公司而言，其业务收入主要计量货币为人民币和美元，因此，可以考虑将欧元负债转换成人民币或者美元负债。风险管理部门给出介入欧元/人民币互换合约、互换本金以及利息的解决方案：

选择欧元/人民币货币互换，即是把欧元负债转换成人民币负债，这样能完全规避远期汇率风险。而一开始交换本金的时候，等于同时锁定了长期欧元/人民币的汇率。该公司将欧元负债转换成的本币负债后，可以用国内业务收入来直接还款，对公司财务状况而言一定程度上减轻了负担。

该公司和某银行达成欧元/人民币互换合约协议，期限为 10 年，初期以 1.5 亿欧元和等额的人民币（1.5 亿欧元 ×8.50 = 12.75 亿元人民币）进行互换，该公司获得人民币 12.75 亿元人民币并同时支付给该银行 1.5 亿欧元。利率方面，该公司支付 8.5% 的人民币利率，接收 6.5% 的欧元利率，至期末，则再次将 1.5 亿欧元和 12.75 亿元人民币进行交换，该公司到那时则可重新获得 1.5 亿欧元（具体见表 9 – 11）。

表 9 – 11　　欧元/人民币货币互换明细表

	某国内航空公司	某银行
期初：本金等额互换	付出 1.5 亿欧元，按照当时即期汇率收取等额人民币 12.75 亿元	收取 1.5 亿欧元，支出人民币 12.75 亿元
互换期内：利率互换	支付人民币利率 8.5%	支付欧元利率 6.5%
	收取欧元利率 6.5%	收取人民币利率 8.5%
期末：本金等额互换	收取 1.5 亿欧元，支出人民币 12.75 亿元	付出 1.5 亿欧元，收取人民币 12.75 亿元

通过该货币互换协议，该国内航空公司将欧元负债转化成为人民币负债（向银行支付人民币利率），通过利率互换也将每年付息时候的汇率波动风险也规避了。而到了期末，再次交换本金也意味着长期欧元/人民币汇率也锁定在了期初的水平，将长期汇率波动风险也规避了，这样稳定的汇率水平，对公司的经营而言，也起到了一定积极作用。

2. 降低外汇资金借贷成本

【案例 9 – 15】

某国内服装品牌公司过去数年积极推进其海外扩张战略规划，先期在意大利和德国建立分公司成功打入两个国家的市场，占据一定份额。根据规划，该公司未来将在美国推出分公司，希望在美国也能够占据一定市场份额。4 月，该公司和美国客户达成协议，将在未来几年和该客户合作开设分公司，总投入资金约为135万美元。因先期在欧洲扩张，该公司主要业务外汇收入为欧元，目前需要向市场融资135万美元，期限为3年。某国内进出口贸易企业之前客户主要集中在美国，为了扩张其他地区的客户，该企业有计划在德国设立分部，方便与德国的客户建立贸易往来。该企业须先期投入100万欧元用于开拓德国市场以及建立分部，因而需要从市场融资100万欧元，期限为3年。目前双方是分别可以获得美元贷款和欧元贷款的两家公司，但是由于评级关系，服装公司的评级高于进出口企业，双方各自贷款成本如表9－12。

表9－12　　贷款成本

	某国内服装品牌公司	某国内进出口贸易企业
美元贷款利率	4%	5%
欧元贷款利率	7%	10%

服装品牌公司如果需要获得美元贷款，则需要付出4%的贷款利率成本；而进出口贸易企业如果要获得欧元贷款，则需要付出10%的利率成本。服装品牌公司因财务成本要求，想要降低其美元贷款成本，而进出口贸易企业负担的欧元贷款成本也较高，同样希望能够降低其欧元方面的贷款成本。经过对其两个货币上的贷款利率差比较发现，服装品牌公司与进出口贸易企业相比，在欧元贷款利率上存在比较优势，因此通过货币互换不仅能够降低双方贷款成本，也能够锁定远期欧元/美元汇率，减少汇率波动风险（见表9－13）。

表9－13　　双方贷款利率差计算

	某国内服装品牌公司	某国内进出口贸易企业	利率差（进出口企业贷款利率－服装品牌公司贷款利率）
美元贷款利率	4%	5%	1%
欧元贷款利率	7%	10%	3%
欧元贷款利率差－美元贷款利率差			3%－1%＝2%

经过某金融中介撮合，通过利用各自在两种货币上的利率比较优势，双方可以降低共约2%的贷款成本。国内服装品牌公司选择和国内进出口贸易企业签订货币互换协议（假设中介不从中收取相关费用，即双方公司分享2%的总体融资利率减少收益，费用以其他方式获取）。

当下欧元/美元即期汇率在1.35附近，该服装品牌公司向市场获取100万欧元的贷款，利率为7%，期限为3年。而进出口企业向市场获取135万美元的贷款，利率为5%，期限也为3年。根据双方协议，通过货币互换协议，服装品牌公司以当下欧元/美元汇率1.3500交换100万欧元，获得135万美元。同时，该公司支付给进出口企业美元利率5.5%，进出口企业支付给该服装品牌公司欧元利率9.5%。到期日之后，该服装品牌公司用100万欧元换回135万美元本金，而进出口企业则换回其100万欧元本金。

对于服装品牌公司而言，通过外汇互换，其美元负债的实际利率成本为：7% - 9.5% +5.5% =3%，比其能获得的美元贷款利率4%低1%。

而对于进出口企业而言，通过货币互换，其欧元负债的实际利率成本为：5% - 5.5% +9.5% =9%，比其能够获得的欧元贷款利率10%低1%。

具体情况见图9-2。

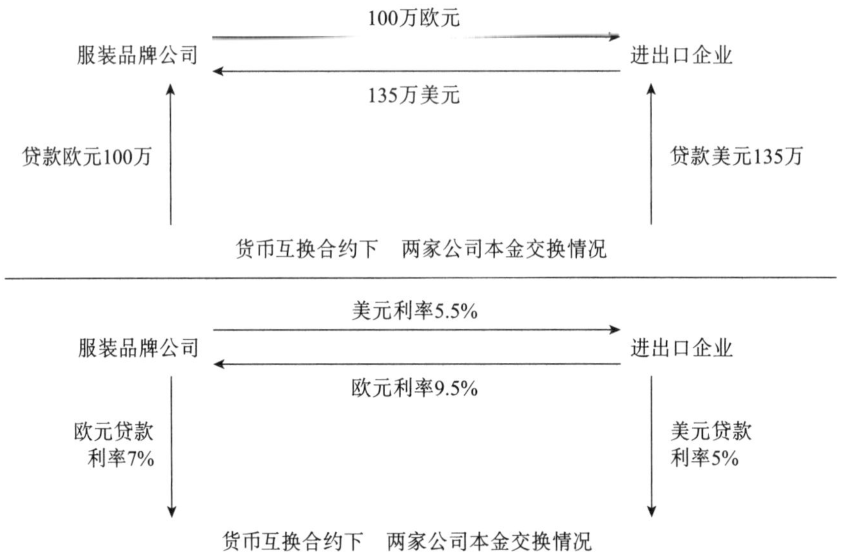

图9-2　货币互换下两公司本金和利率互换情况

这样，通过货币互换，双方成功锁定了远期欧元/美元远期汇率（为期初互换本金时候的即期汇率），而且还获得了比市场贷款利率低的利率，成功实现了降低外汇债务成本，锁定远期汇率的作用。

总体而言，货币互换比外汇掉期少许复杂一点，其在风险管理里的作用和外汇掉期类似，尤其适用于一些外汇管治的国家或地区。随着外汇市场的壮大，货币互换的成交金额也在上升，可见此项业务在外汇市场中的地位也在增加。作为风险管理工具来说，货币互换能够较好地管理企业或公司的资产结构，降低其贷款利率成本。

六、企业如何运用货币互换来实现风险管理?

货币互换相比较外汇掉期增加了利率的互换，这一点增加了货币互换的复杂性。而其交换本金的特点和外汇掉期类似，因而对于货币互换而言，本身并不改变整体资产的规模，而其适合长期风险管理的特点，在使用该工具进行风险管理的时候，须明确企业自身的需求，若考虑不慎，其长期性会给企业带来一定的损失。在了解了货币互换的概念、使用条件和基本的风险点之后，我们来分析几个例子或案例，从中深入了解该工具的用途。

【案例 9-16】

某国内汽车零部件制造公司每年均会在海外采购专用设备和材料在国内进行组装。在和某澳大利亚供应商经历几年的友好合作之后，双方确立了长期合作关系。该零部件制造公司准备在澳大利亚建立分公司用于和德国供应商的联系及深入合作，并且在该年和德国供应商签订了价值约 500 万澳元的先进设备和技术引进项目。该公司高层经过讨论规划之后，将德国建立分公司的预算设定在约 300 万澳元左右。对于该制造公司，其外汇储备以美元为主，收入则以国内销售收入为主，也即以人民币收入为主要的收入来源。公司并无大量的澳元外汇储备，并且一时也无法拿出 800 万澳元等价的人民币或美元现金。因此，该公司向国内某银行贷款 800 万澳元，期限为 3 年，约定一年付息一次，利率为 6.2%。对于该汽车零部件制造公司而言，澳元负债金额较大，利息较高，且需要将人民币收入转化成澳元操作。目前澳元/人民币汇率在 6.47~6.80 的范围内波动，预期未来波动会加剧，且澳元对人民币可能会有升值情况出现，这会给其公司带来较大的汇兑损失，增加其财务方面的支出，目前即期欧元/人民币汇率在 6.55 附近。

案例分析：

针对上述情形，该零部件制造公司背负 800 万澳元的外债并不额外增加其公司负担，但是由于近年来澳元的汇率走势较为不稳定，波动增大，长期来看，就澳元/美元汇率来说，有走强的趋势，这对于未来澳元/人民币汇率走势不好判断。由于澳元还是高息货币，若长期持有，恐会增加其财务负担。此外，由于每年需要付息一次，而该公司主要业务收入为人民币收入，因此在兑换澳元方面也不方便。

解决方案：

对于此类外汇负债问题，如果是中长期的，则比较适合使用货币互换的方式来将外汇负债转换成本币或者其他货币的负债，用以规避原货币负债可能带来的汇率波动风险。由于该公司主要收入来源为人民币收入，因此比较好的方案是介入澳元/人民币货币互换合约，期现为 3 年。

和某金融机构签订澳元/人民币货币互换合约，期限为 3 年，按照即期澳元/人民币汇率交换 800 万澳元和对应等值的人民币数额（800 万澳元 ×6.55 =5 240 万元人民币）。在合约生效期间，该零部件制造公司付出 8.2% 的人民币利息，收取 6.8% 的澳元利息，在 3 年到期后，将期初交换的本金再进行互换，该公司最终付出期初得到的人民币金额5 240万元，并收回800万澳元。具体交换本金、利息情况见表9－14。

表9－14　某零部件制造公司签订的澳元/人民币货币互换明细表

	某零部件制造公司	某金融机构
期初：本金等额互换	付出800万澳元，按照当时即期汇率收取等额人民币5 240万元	收取800万澳元，支出人民币5 240万元
互换期内：利率互换	支付人民币利率8.2%	支付欧元利率6.8%
	收取澳元利率6.8%	收取人民币利率8.2%
期末：本金等额互换	收取800万澳元，支出人民币5 240万元	付出800万澳元，收取人民币5 240万元

方案讨论：

从方案设计来说，这是针对规避该家零部件制造商800万澳元负债汇率波动风险的方案。澳元近年来对美元处于强势地位，和人民币类似，同样处于对美元的升值过程中，因此未来澳元/人民币的汇率方向并不明显。但是我们知道澳元是高息货币，其利息高也使得进行澳元贷款融资方面临一定难处，尤其是那些收入非以澳元为主的公司，不仅承受高利息的还款压力，还承受未来因澳元走强可能带来的汇兑方面的损失。因此，针对该家企业比较稳妥的风险管理措施，是将澳元负债转化成人民币负债。一是等于将未来澳元/人民币汇率波动风险规避（期末交换本金，将远期澳元/人民币汇率锁定在期初即期汇率的水平上）；二是有利于该公司还款，降低还款成本。

【案例9－17】

某国内中型宝石加工企业在海外享有一定声誉，尤其在意大利、美国、澳大利亚等地均有销售平台供出售国内加工的精美饰品，其中澳大利亚为新开发的市场。该企业在部分地区已经做出了自身的品牌，其收入来源主要有美元、欧元和小部分澳元方面的收入。该宝石加工企业为了拓展高端市场，决定投入500万澳元在澳大利亚开设多家精品店用以占领市场份额。某国内一家设备制造企业其原材料来源为国内，而其成品主要销售至澳大利亚地区。为了扩张期海外市场，并适当降低销售成本则希望在美国直接开设分厂用以在美国地区打开销量，这需要公司直接投入约450万美元。即期澳元/美元汇率在0.9附近，两者借贷成本见表9－15。

表9－15　借贷成本

	宝石加工企业	设备制造企业
美元贷款利率	5.5%	7.6%
澳元贷款利率	8.5%	9.8%

两者若各自进行贷款，则该宝石加工企业的澳元借贷成本为8.5%，而设备制造

企业的美元贷款为7%。该宝石加工企业认为，远期澳元汇率走势不太确定，对于其澳元负债而言持有风险增加，同时其澳元贷款成本较大，因而该企业担忧未来会增加本企业财务成本。而另一家设备制造业企业，也因为其本身评级因素导致美元贷款成本也较大。

案例分析：

目前该宝石加工企业面临的风险即是远期因澳元汇率走势不确定而可能增加企业财务成本的担忧，同时因为澳元贷款利率较高，可能其日后还款压力较大。而该设备制造企业因评级导致美元债务利息较高，希望降低利息成本。观察两者借贷成本，宝石加工企业在美元贷款成本上具有比较优势：宝石加工企业在美元贷款利率上比设备制造企业低2.1%，而在澳元贷款利率上比比设备制造企业仅低1.3%（见表9－16）。

表9－16　双方贷款利率差计算

	宝石加工企业	设备制造企业	利率差（设备制造企业－宝石加工企业）
美元贷款成本	5.5%	7.6%	2.1%
澳元贷款成本	8.5%	9.8%	1.3%
美元贷款利率差－澳元贷款利率差			2.1%－1.3%＝0.8%

宝石加工企业主要营业收入为美元和欧元，而设备制造企业的主要业务收入为澳元，因此两者可以通过澳元/美元货币互换协议将双方的借贷成本总体降低0.8%（2.1%－1.3%＝0.8%，假设中介不从中收取费用），并且宝石加工企业锁定了远期澳元/美元的汇率，规避了澳元汇率波动的风险。

解决方案：

介入澳元/美元货币互换合约，双方互换本金以及利息，期限为3年。

双方在各自具有比较优势的借贷市场中进行融资。宝石加工企业融资450万美元，年利息为5.5%，期限为3年，一年付息两次；而设备制造企业融资500万澳元，年利息为9.8%，一年付息两次。根据澳元/美元货币互换合约约定，宝石加工企业以即期澳元/美元汇率0.90交换450万美元，获得500万澳元；同时，宝石加工企业支付给设备制造企业澳元利率8.5%，设备制造企业支付给宝石加工企业美元利率5.9%。到期日之后，宝石加工企业用500万澳元换回450万美元本金，而设备制造企业则拿回其500万澳元本金。

具体情况见图9－3。

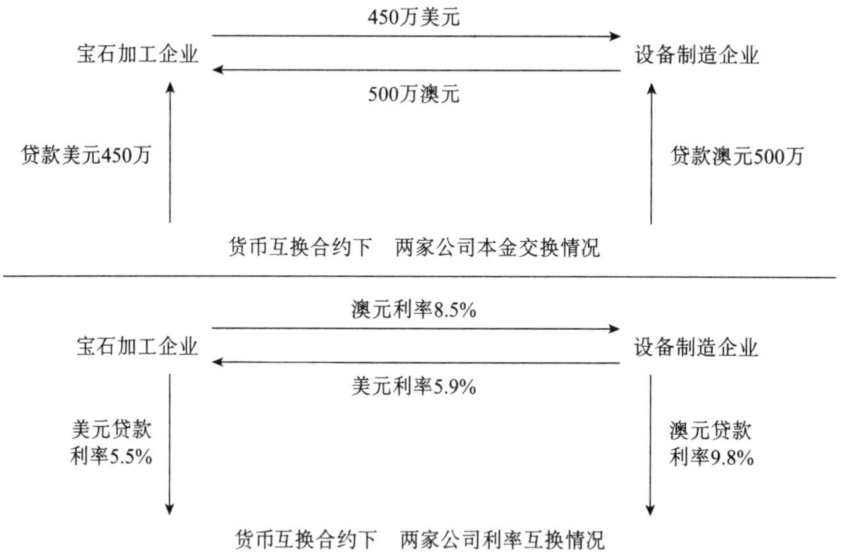

图9-3　货币互换下两公司本金和利率互换情况

方案讨论：

此方案能将双方彼此实际贷款利率成本进行一定程度的降低。

对于宝石加工企业公司而言，通过货币互换，其澳元负债的实际利率成本=5.5%-5.9%+8.5%=8.1%，比其能获得的澳元贷款利率8.5%低0.4%。

对于设备制造企业公司而言，通过货币互换，其美元负债的实际利率成本=9.8%-8.5%+5.9%=7.2%，比其能够获得的美元贷款利率7.6%低0.4%。

由于双方都进入一个新的市场，彼此的融资其实也处于一定的汇率波动风险之中，各自的贷款成本也相对较高，通过澳元/欧元外汇互换协议，彼此可以先在各自熟悉的市场中融资，从汇率和该币种来说对于双方而言都是非常熟悉的，在熟悉的市场和熟悉的外汇、汇率之中能一定程度降低外汇风险。而货币互换中的利率互换过程，彼此实际贷款成本都有所降低，因此对于这个方案，对双方而言均是一种共赢状态。不仅降低了彼此的贷款实际成本，也锁定了远期汇率。可以说该方案是比较符合双方当下面临的情况所需要的解决办法的。

通过上述两个案例分析，我们对货币互换这个外汇衍生品工具有了进一步的了解。在外汇风险管理中，货币互换使用的频率并不少，通过本金和利率互换降低融资成本也是许多公司所乐意见到的，并且货币互换能够规避长期汇率波动的不确定性，同样适合对远期汇率进行管理。整体来看，货币互换本身虽然有一定程度复杂，但是其在外汇风险管理能中起到明显的风险管理作用。

七、什么是外汇期权？外汇期权适合进行哪些风险管理？

我们先来了解下什么是外汇期权。顾名思义，外汇期权就是以外汇为标的物的期权。外汇期权是一种选择权，期权的买方有权在协定的日期以约定的价格买入或者卖出一定数量的外汇。期权因本身具备了权利和义务分离的效果，故而有比较明显的转移风险，作为一种“保险”的作用。通常来说，期权的交易策略比较多，但对于风险管理而言，外汇期权作为一种工具而言，能够给企业以较少的成本（或者说某种意义上的“保险费”）获得风险转移的权利，还能够通过各种策略组合管理汇率预期。当然，此处所说的外汇期权是场内外汇期权。目前全球同样还有场外外汇期权。因场内外汇期权具备合约标准化、违约风险小等特点，适合大多数交易者，故在本章所说的外汇期权指场内外汇期权。

在谈及何时使用外汇期权这个工具进行风险管理之前，先简单介绍下外汇期权的一些特点：

1. 外汇期权合约同其他期权合约类似，是标准化合约。至少包含以下内容：

（1）执行方式，既是欧式期权还是美式期权。欧式期权指期权买方只能在规定的到期日才能执行权利；美式期权是指期权买方可在到期日前任何一天执行权利。

（2）标的资产和合约规模。标的资产是某个货币对或者其衍生品；而合约规模大小则是标准化的，事先确定的。CME 集团下的外汇期权合约规模见表 9－17。

表 9－17　　CME 集团外汇期权合约规模

汇率	合约大小
欧元/美元	125 000 欧元
日元/美元	12 500 000 日元
澳元/美元	100 000 澳元
英镑/美元	62 500 英镑
加元/美元	100 000 加元

来源：CME 集团。

（3）到期日。通常来说，外汇期权的到期日会明确写进合约。

（4）执行价格。执行价格也称为敲定价格，指期权买方执行权利时具体买卖标的资产的价格。

（5）期权类型。有看多期权和看空期权，目前也称看多期权为买权，称看空期权为卖权。

2. 外汇期权本身是权利和义务分离的一种衍生品。

外汇期权买方只有权利没有义务，而外汇期权卖方只有义务而没有权利。外汇期权买方在获得权利前只需要给卖方一定权利金即可。

3. 外汇期权本身包含了内在价值和时间价值。

期权本身均包含内在价值和时间价值。内在价值是指立即履行期权合约时即可获得收益。时间价值是指期权至到期日之间的时间价值，通常时间价值总为正。一般而言，期权可分为价内期权、平价期权和价外期权。价内期权也称实值期权，是指具有正的内在价值的期权。平价期权一般指内在价值为零的期权，偶尔因为执行价格的关系，该期权是指离当下标的物价格最为接近的执行价格的期权。价外期权也称虚值期权，通常指代没有内在价值只有时间价值的期权。

简单介绍了外汇期权的特点之后，我们可以知道期权本身就是一种避险工具，尤其是期权的买方。而期权的构成可以给企业提供各种组合可能，不仅可以用于投机，更可以用于风险管理之中。外汇期权也有一些缺点，不同执行方式的期权其定价是不一样的。美式期权定价较为复杂，对于风险管理而言有一定的困难。而期权的权利金因包含了内在价值和时间价值，随着时间的推移，期权买方的时间价值其实是减少的，这也意味着过早使用外汇期权很容易造成账面亏损。

期权特性有优势也有缺陷，因此使用外汇期权这个工具时需要整体计量企业自身的风险以及期限问题。最重要的是，使用外汇期权时，企业本身需要对未来一段时期内的汇率有一个大致的预判（见表9－18）。

表9－18　　外汇期权实现的风险管理类型及介绍

管理不确定性风险	期权本身的特性，付出一定权利金即可获得一份“保险”，理论上未来任何不利的方向对企业而言其风险均被转移而有利的方向也不至于得不到任何收益。但是在执行价的选择和期限上的选择上需要注意	通常面对货币的套期保值以及未来不确定性较高的海外项目竞争时，可以运用外汇期权来规避汇率波动风险或者项目不确定性风险
管理汇率预期	期权本身有特殊策略可以在一定程度上锁定波动风险，例如牛市价差套利或者熊市价差套利，此策略最大收益和最大亏损可提前算出，并且一定程度上能够减少风险管理成本。同时外汇期权因为执行价格的不同，而给企业提供了不同汇率预期下的风险管理方法。此外期权卖方还能提供一定融资作用，从而降低整个期权的成本，甚至达到“零成本”	通常适合企业预期汇率将在一定范围内波动，或者为了降低风险管理成本等类似情形

从上述分析可以得知，在选择外汇期权作为风险管理工具的时候，一般是对未来行情有一个预判之后以一定的成本转移自身外汇资产的头寸，这样获得的一个权利使

得企业自身在遇到有利条件的时候不至于无法获利。当然，外汇期权自身的特性使得企业在入场的时候尤为需要考虑清楚，平衡时间价值的损失和风险管理获益之间的关系。在使用外汇期权的时候，可以以需要管理的所有风险作为一个整体，从而减少风险管理的平均成本。我们来看以下几个例子：

1. 管理不确定性风险

【案例 9－18】

某公司为一家美国进出口公司，6 月和法国一家贸易商达成一项贸易合约，约定在 3 个月后支付对方 90 万欧元的贸易货款。随着美国货币政策维持高度宽松，美元对欧元持续贬值，但是往年 9 月通常美联储的会议纪要会对外汇市场造成较大的波动，而该美国进出口公司恰好要在 9 月付款，货币还是欧元。因此面对此类情况，该公司可以如何做？

通常面对此类情况，该公司可以选择外汇期货或者外汇远期合约，但是面临 9 月巨大的不确定性，该公司若选择上述两个工具可能灵活性就会降低。因此，该公司选择了欧元/美元汇率期权作为风险管理的工具用以规避欧元/美元汇率风险。对该公司而言，如何具体操作呢？

该美国公司因担心美元贬值，故选择买入欧元/美元的欧式看涨期权。执行价格如何选择，则需要看该公司本身对汇率未来走势的判断以及自身可承受的汇兑损失成本而定。

假设 6 月欧元/美元的汇率在 1.3700～1.4300 之间波动，即期欧元/美元汇率在 1.3950 附近。已知相关报价见表 9－19。

表 9－19　　　　期权类型：欧式期权

看涨期权	执行价格	看跌期权
0.0295	1.3800	0.0136
0.0265	1.3850	0.0156
0.0238	1.3900	0.0178
0.0212	1.3950	0.0202
0.0188	1.4000	0.0227
0.0166	1.4050	0.0255
0.0146	1.4100	0.0284

该公司认为如果选择平价期权的话，基本上未来美元贬值风险均得到转移。根据 CME 集团的欧元/美元期权合约大小来看（125 000 欧元），90 万欧元大约可以用 7 手期权覆盖其风险，留有大约 25 000 欧元的风险敞口。当然如果采取更加保守点的策略，那么买入 8 手看涨期权也是可以的。经过分析，该公司选择买入 7 手执行价位

1.3950 的欧元/美元看涨期权，付出的权利金 = 125 000 × 0.0212 × 7 = 18 550 美元，留有风险敞口 25 000 欧元。

未来欧元/美元无论汇率如何波动，A 企业至少对 875 000 欧元的汇率波动风险已经规避。

若 9 月，欧元/美元出现一波相对较强的上升行情，即美元贬值幅度较大，至 1.4800 附近，那么该公司到期完全可以执行期权，以 1.3950 汇率买入 875 000 欧元，所需美元 = 1.3950 × 875 000 = 1 220 625 美元，而如果没有买入该期权，则该公司买入 875 000 欧元的成本 = 1.4800 × 875 000 = 1 295 000 美元，该公司需多花费 74 375 美元的成本。而买入该期权的成本仅为 18 550 美元，这对于该公司而言，此次风险管理是很成功的。

若 9 月，欧元/美元因各种因素影响，出现欧元贬值情形，即期汇率至 1.3800 附近时候，该公司到期完全可以不执行期权，那仅仅最多损失了 18 550 美元。

这个例子仅仅讨论了简单的情形。在现实中会遇到相对复杂的汇率市场，若该美国进出口公司认为 9 月上旬之后欧元/美元因美联储货币政策因素影响而见顶，则完全可以在 9 月上旬平出全部或者部分看涨期权多头仓位（假设彼时该期权已经处于价内期权阶段）。若该公司认为 9 月将继续美元贬值，那么完全可以再加 1 手看涨期权合约，除了将风险敞口完全覆盖外，到期日前或许还有盈利的可能。可见，期权作为权责分离的衍生品工具，对企业管理汇率风险上起到了相当大的帮助，其灵活性是超过前面介绍的几个衍生品工具的。

【案例 9-19】

某公司为一家国内软件公司，之前多在国内进行业务开拓。因公司整体规划发生部分改变，该公司管理层希望能够多开拓一些海外市场。因过去并没有多少海外业务，该公司没有多少外汇储备。但是为了未来开拓过程能顺利进行，该软件公司使用部分人民币现金兑换成美元作为外汇储备。4 月，该公司在意大利竞标一个项目，须在 7 月才能够确定项目是否中标。该项目能够帮助该软件公司打开欧元区市场，但是面对实力类似的其他公司，该公司没有把握能够竞争到该项目。该公司同时担忧，一旦中标之后须先支付 25 万欧元，而在当年 1 月至 4 月，外汇市场欧元/美元汇率走势并不稳定，波动范围在 1.2660 至 1.4660 之间，上下振幅超过了 15%，有可能公司会在 2 个月后因为汇兑风险而产生不必要的损失。

面对这样的情况，该公司可以选择欧元/美元的外汇期权对项目不确定性和汇率不确定性风险进行规避。假设即期欧元/美元的汇率在 1.3140 附近，该公司可以选择介入平价期权，即买入执行价在 1.3150 的看涨期权，权利金为 0.0195 美元每欧元。

根据 CME 集团的欧元/美元期权合约大小，正好只需要购买 2 手看涨期权即可，则总共权利金的费用 =0.0195×2×125 000 =4 875 美元。

2 个月后，该软件公司会面临四种可能：

(1) 该公司项目中标，须支付 25 万欧元，同时到期日欧元/美元汇率超过 1.3150。此时，该公司只需要等待期权到期日行权，即能以 1.3150 的汇率兑换 25 万欧元。

(2) 该公司项目中标，须支付 25 万欧元，同时到期日欧元/美元汇率低于 1.3150。该公司之前支付的权利金无法收回，但是能够以更加低的成本购入欧元。此时，权利金作为风险管理成本。

(3) 该公司项目未能中标，同时到期日欧元/美元汇率超过 1.3150。既然未能中标，该公司不需要使用到欧元。此时，该公司可以平仓这笔看涨期权的多头。虽然未能中标，却能够获利。

(4) 该公司项目未能中标，同时到期日欧元/美元汇率低于 1.3150。这种情况下，B 公司只能选择平仓，最大亏损为权利金 4 875 美元。

在此例子中，通过介入外汇期权，该软件公司将未来：一是选择付款欧元；二是选择哪个汇率买欧元。这两个选择权掌握在了自己的手中，既能够应对项目是否中标的不确定性，同样也控制了未来欧元/美元的汇率，达到了多层次管理风险的效果。

2. 管理汇率预期

【案例 9 –20】

某公司为一家国内瓷器贸易商，其主要出口国家为美国和英国。目前手中持有一定数量美元和英镑，以美元储备为主。从近一个多月走势来看，英镑/美元的走势有继续走低的可能。9 月份时候该公司获得英国的一笔订单，在 1 个月后收入 50 万英镑的货款。即期英镑/美元汇率在 1.5600 至 1.6000 之间震荡，该公司认为短期英镑/美元汇率难以跌破 1.5400 一线支撑，但是反弹空间也不会很大。

该公司在获得英镑的情况下，英镑升值对其是有利的。该公司经过仔细研究分析，认为虽然英镑/美元汇率仍有走弱的可能，但是英镑在 1.5400 一线可能获得支撑后，很可能在 1.5400 ~1.5700 之间震荡。因此该公司需要能够规避英镑在 1.5400 ~1.5700 之间震荡不确定的风险。对于这样的情况，看涨期权的熊市价差套利恰好能够保护公司在区间震荡的情况下规避风险。

那看涨期权的熊市价差套利原理是什么呢？看涨期权的熊市价差套利是指买入高执行价格的看涨期权，同时卖出低执行价格的看跌期权。在该策略中，因看涨期权高执行价的权利金小于低执行价格的看涨期权权利金，所以在交易初始，操作该策略的交易者是获得资金的。该策略所能获得的最大利润是两个期权权利金之差，而最大亏损则是两个执行价格之差减去所获得的期权权利金之差（见图9-4）。

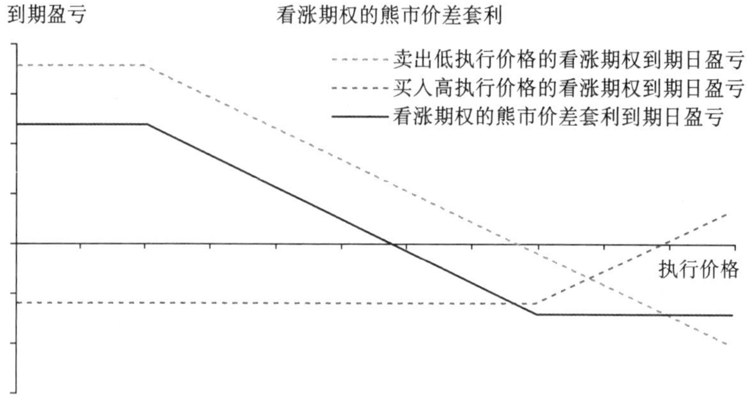

图9-4 看涨期权熊市价差套利示意图

我们通过图9-4可以观察到，该策略能够减少在一定范围内的不确定性风险，避免公司在类似的环境中损失。因此，该公司在风险管理工具上可以选择看涨期权的熊市价差套利对英镑预期的汇率波动范围进行风险管理。

对该贸易公司而言，具体方法如下：

假设该公司为25万英镑进行风险管理，则等于250 000/62 500=4手期权合约，即期英镑/美元汇率在1.5640附近。

（1）买入执行价格为1.5700，1个月后到期的英镑/美元看涨期权，权利金为0.0096美元/英镑。

（2）卖出执行价格为1.5400，1个月后到期的英镑/美元看涨期权，权利金为0.0285美元/英镑。

这样，该公司获得初始金额=（0.0285-0.0096）×250 000=4 725美元。

我们来看一下未来其可能的盈亏状况（见表9-20）。

表9-20　　　　交易明细

英镑/美元汇率	最终盈亏（美元）
>1.5700	-2 775
1.5650	-1 525
1.5589	0
1.5450	3 475
<1.5400	4 725

从表9-20来看，只要汇率低于1.5589，整个交易仍有盈利，尤其是前期通过看涨期权的熊市价差套利策略获得初始资金，这和我们一般做风险管理的时候是不太一

样的。我们注意到，若英镑/美元站稳 1.54 但是反弹力度未超过 1.5589，则和该瓷器贸易公司之前的判断一致，这样的操作规避了英镑弱势反弹下公司可能的汇兑损失（见图 9-5）。而该公司通过对汇率预期的判断，合理进行风险管理，体现了外汇期权管理汇率预期的重要作用。这里比较强调对于未来汇率走势的研判，若英镑/美元跌破 1.54，恐未来仅仅能获得部分补偿（4 725 美元）；若英镑/美元上涨超过 1.57，则只损失 2 775 美元。

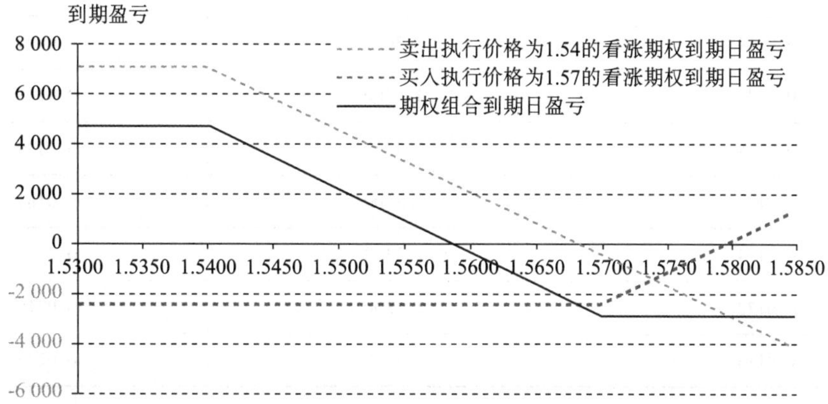

图 9-5 期权组合到期日盈亏状况（单位：美元）

【案例 9-21】

某公司为国内一家跨国快速消费品类公司，其本身的外汇的风险管理风格偏向稳重。该公司持有美元、欧元等外汇，因其海外业务重点在欧元区，因此其使用欧元的金额较大。近几年爆发的欧元区债务危机以及全球货币宽松政策也使得其欧元的汇率波动较大，对未来的走势较难把握。若欧元/美元汇率过高，则会影响该公司的美元储备。整体上，该跨国公司仍然希望欧元的波动范围在可控范围内。同时，受财务经理观念以及财务报表影响，该公司希望风险管理成本能够尽可能低，最好是零成本。该公司对于欧元/美元汇率波动在 1.23 至 1.33 之间是可以接受的。

通常来说，该跨国公司的风险管理可以采取外汇远期合约、外汇期货以及买入看涨期权进行风险规避。但是外汇远期合约无法管理汇率波动范围，外汇期货又要占据一定的保证金，而买入看涨期权也是需要花费一定权利金。理论上当然是买入看涨期权为比较好的风险管理方法，其风险转移比较彻底且无需承担其他风险。面对该公司这样的需求，可以通过期权卖方获得权利金的方式填补期权买方权利金的付出，这样至少可以降低成本，甚至出现零成本。

具体操作如下：

假设即期欧元/美元汇率为 1.3180，选择 3 个月后到期的欧元/美元外汇期权。

市场中报价见表 9-21。

表 9－21 期权类型：欧式期权

看涨期权	执行价格	看跌期权
0.0408	1.2850	0.0045
0.0369	1.2900	0.0056
0.0332	1.2950	0.0068
0.0297	1.3000	0.0083
0.0264	1.3050	0.0099
0.0233	1.3100	0.0118
0.0204	1.3150	0.0139
0.0178	1.3200	0.0162
0.0154	1.3250	0.0187
0.0132	1.3300	0.0215
0.0113	1.3350	0.0245

因公司担心的是欧元/美元汇率上涨使得其使用欧元的成本增加，故而希望能够锁定 50 万欧元的 3 个月后远期汇率，该公司认为在 1.3300 之上必须入场进行套期保值。而在卖出期权里，能够覆盖大部分买入期权权利金的看跌期权有两个执行价格——1.3150 和 1.3100。经过该跨国公司风险管理部门的讨论，决定卖出执行价格 1.3150 的看跌期权。

（1）买入看涨期权，执行价格为 1.3300。

付出权利金＝0.0132×50 万＝6 600 美元

（2）卖出看跌期权，执行价格为 1.3150。

获得权利金＝0.0139×50 万＝6 950 美元

（3）整体持仓获得收益＝6 950－6 600＝350 美元

从这个案例来看，该跨国公司对其自身购入欧元的汇率范围是进行了锁定，范围在 1.3150 至 1.3300，帮助了该公司合理管理远期汇率的波动范围，同时降低了汇率波动对其影响。该公司可以继续使用相同策略进行风险管理操作。全年来看，对其财务报表起到相当好的稳定作用，避免因汇兑产生损失或汇率波动对其海外资产产生影响。只不过需要注意的是，在卖出期权的时候，本身是需要一定的保证金的，但是本身相对期货而言，具有一定优势，而且该公司也拥有一定美元外汇，风险可控（见图 9－6 和表 9－22）。

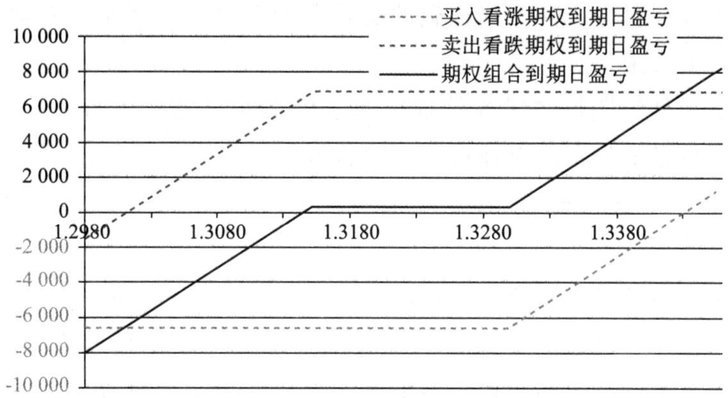

图 9－6 组合期权到期日盈亏状况（单位：美元）

表 9－22 3 个月后不同汇率情况下的可操作情形

3 个月后即期汇率	操　作
高于 1.3300	该公司行使执行价格为 1.3300 的看涨期权的权利，公司能以 1.3300 的价格买入欧元，同时公司获益 350 美元
1.3150 至 1.3300 之间	该公司可以按照即期汇率买卖欧元，并能获得 350 美元的收益
低于 1.3150	此时该公司不行使执行价格为 1.3300 的看涨期权的权利，却要按照看跌期权约定的执行价格 1.3150 付出美元买入欧元，当然该公司仍有 350 美元的收益，只是在其外汇储备中多增加了 50 万欧元，其购入汇率为 1.3150

通过上述几个例子，我们可以看到外汇期权本身使用的灵活性，在风险管理上可以通过各种搭配组合选择适合自身风险管理的组合。外汇期权可以管理远期汇率预期的作用大大加强了风险管理的有效性。当然，外汇权利金的付出均是显而易见的成本，往往也让企业或者公司在财务管理方面颇为头疼，但是同样卖出期权也会有一定融资功能。必须注意的是，卖出期权往往形成有限的收益却有无限亏损的可能，因此在风险管理方面必须对此特别注意。总之，外汇期权给公司的风险管理带来了巨大的便利。

八、外汇期权如何转移帮助企业实现风险管理?

外汇期权一般来说需要企业对未来的汇率走势有一个判断，并对自身需要进行风险管理的资产做一定的分析，是否需要用外汇期权工具进行风险管理。在确定这个步骤之后，入市操作即可。只不过期权本身时间价值会衰退以及价格变化非线性的特性决定了企业必须密切注意外汇期权价格的变化，尤其在进行价差套利的时候，往往涉及一个或者多个期权卖方，注意保证金的变化尤为重要，这其实对企业对这些资金的管理提出了一定的要求。

在基本了解了外汇期权在风险管理中的适用条件之后，我们来看几个具体案例，具体了解外汇期权是如何帮助企业进行风险管理的。

【案例 9－22】

国内某大型制造业公司在国内和海外均有工厂，其海外资产占总资产的四成左右，主要集中在德国、法国和美国这三个国家。目前该公司利用其海外工厂的优势，在当地开发客户，提升公司品牌以及占有市场份额。为了应对外汇收支，该制造业公司主要的外汇储备为美元。两年前，该公司在德国获得一批项目投资，价值约 100 万欧元。时至今日，该公司在这上面的项目投资开始有了回报，每年 6 月底可给公司提供价值约 30 万欧元的收入。此外在年初，该公司还和法国签订了一笔贸易合同，约定在 6 月出口一批设备，价值为 20 万欧元，在 6 月底获得所有货款。为了保障财务方面的稳定，公司希望在外汇风险管理上尽量避免增加较多的财务负担，比较倾向于尽量少的管理费用。近年来，欧元区的债务危机使得欧元/美元的汇率走势变得不稳定，波动率增大。面对每年不确定的欧元走势，公司外汇风险管理正在思索使用何种外汇工具比较妥当。对于该制造业公司而言，每年在年初会决定该年汇率波动可接受范围，超过范围，公司风险管理团队会对单个合同或者一系列合同进行风险管理，使用不同外汇衍生品工具进行套期保值或采取风险规避。目前确定欧元/美元的可接受波动范围为 1.30 至 1.35 之间。而即期欧元/美元在 1.33 附近，距离 6 月底约有 6 个月。

案例分析：

该制造业公司每年可稳定在 6 月底有 30 万欧元的收益，但是因每年经济环境不同。所以欧元/美元的汇率也不同。若欧元/美元呈上升趋势，也即欧元升值的状态下，对于该公司而言是个利好，因其外汇储备重点在美元，因此在欧元升值状况下能给公司带来额外的汇兑收益。若欧元贬值，则可能会使得公司将欧元兑换成美元时产生汇兑损失的状况。而目前公司能够接受的欧元/美元的波动范围为 1.30 至 1.35 之间。而当下面对未来不确定的欧元汇率，并没有明确的一个方向，因此公司风险管理团队只是担忧欧元/美元汇率运行至可接受范围外，并且同时因财务方面的需求，尽量减少风险管理成本也是该团队需要考虑的，目前的欧元风险敞口为 50 万欧元。

某金融机构即期对欧元/美元的看涨和看跌期权报价见表 9－23。

表 9－23 **期权类型：欧式期权** （单位：美元/欧元）

看涨期权	执行价格	看跌期权
0.0468	1.3000	0.0112
0.0193	1.3500	0.0330

解决方案：

方案一：买入欧元/美元汇率的看跌期权，适时使用外汇远期合约。

（1）买入欧元/美元汇率看跌期权，执行价格为 1.3000。

（2）若远期外汇合约中欧元/美元汇率达到 1.35 以上，适时介入，锁定欧元/美元汇率。

方案二：同时买入欧元/美元汇率的看涨期权和看跌期权（买入异价对敲）（见图 9-7）。

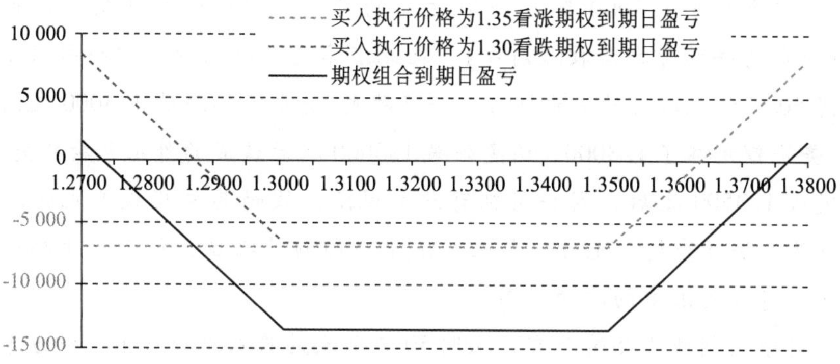

图 9-7　方案二期权组合到期日盈亏状况（单位：美元）

（1）买入欧元/美元汇率看涨期权，执行价格为 1.3500。

（2）买入欧元/美元汇率看跌期权，执行价格为 1.3000。

方案三：同时买入看跌期权和卖出看涨期权（见图 9-8）。

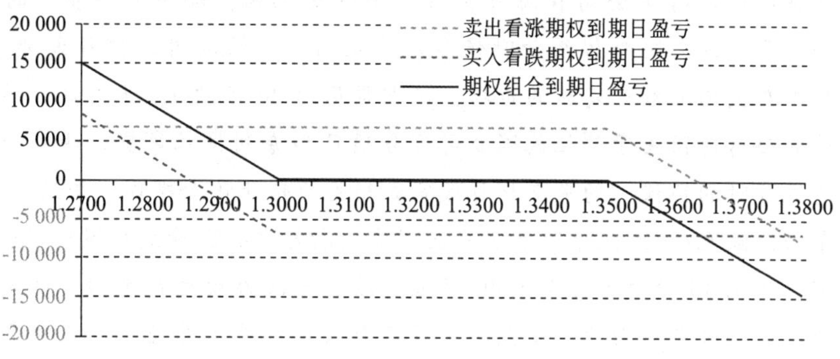

图 9-8　方案三期权组合到期日盈亏状况（单位：美元）

（1）买入欧元/美元汇率看跌期权，执行价格为 1.3000。

（2）卖出欧元/美元汇率看涨期权，执行价格为 1.3500。

方案讨论：

对于方案一，买入看跌期权能够成功化解当下的难题，即未来 50 万欧元的收入，并且通过对外汇市场关注确保未来在 1.3500 附近能够有效锁定远期汇率。但是这样的方法较为被动不够灵活，并且买入期权需要付出权利金，这对于该公司而言或许不是最优的方案。

对于方案二，通过异价对敲的期权策略能够成功锁定未来超过 1.3500 和低于 1.3000 的汇率波动的风险，但是对于该方案而言，最大的问题在于其成本过高。该策略下付出的权利金金额约为单一期权权利金的 1 倍，即使未来该策略能够有效锁定汇率波动范围，管理远期汇率预期，但是过重的权利金势必使得该公司无法接受这个方案。

对方案三来说，通过期权之间的组合，降低了该方案下风险管理成本。我们发现，在欧元/美元汇率处于 1.3000 至 1.3500 之间的时候，该策略能产生稳定的小额收益（或许再加上相关手续费之后收益消失）。在此汇率波动范围内，该公司只需要通过现汇市场换得 50 万欧元对应的美元即可。一旦欧元/美元汇率跌破 1.3000 之后，成功将远期欧元/美元锁定在了 1.3000，避免跌破 1.3000 之后造成的外汇兑换损失。若欧元/美元汇率突破 1.3500 之后，因公司拥有欧元现汇，故而其兑换成美元的汇率锁定在 1.3500。虽然无法享受到欧元升值带来的汇率上的额外收益，但是对于公司而言，却有效管理了自身欧元汇率的波动范围。

因此，对于该制造业公司而言，远期 50 万欧元的收入可以用第三种方案进行风险管理。该方案不仅规避了欧元汇率大幅波动对公司经营的影响，也降低了自身外汇风险管理的成本。

【案例 9 – 23】

某总部在国内的跨国公司在海外拥有多个分支机构，每年主要涉及的外汇有美元、欧元和日元。该公司整体经营时候多以美元为主，故其外汇储备大部分为美元。年初，该公司在德国准备开发新的市场，预期费用约 20 万欧元。3 月底，该公司和德国一家制造业公司协商关于转让德国公司部分项目和专利技术事宜，两家企业在协商多日之后达成暂时的协议，约定在 9 月底完成相关的转让售卖操作，并完成支付 15 万欧元。在年初，欧元/美元汇率随着欧元区经济逐渐好转，欧债危机显见曙光，欧元开始逐渐升值，从 1.30 附近运行至 1.40 附近。该公司认为欧元在年初已经见底，未来继续向上的概率比较大，因此为了预防 9 月底因欧元对美元升值而在汇兑方面多支付美元，该公司对这 15 万欧元进行了套保措施，买入 6 个月后到期的欧元/美元远期合约，约定以 1.4150 的价格买入 15 万欧元，支付对应的美元。

在 8 月初，德国公司突然告知该国内公司，3 月达成的暂时协议可能会被取消，另外一家美国企业可能出更高的价格购买其专利技术。该公司管理层采取应急措施，在公关团队和市场团队的联系沟通下，8 月底，德国公司给出回复，该国内公司和美国公司共同竞争该专利技术，9 月下旬前敲定该专利技术转卖给哪方，而之前该德国公司的部分项目仍然按照当初约定卖给该国内公司，价格为 5 万欧元。该跨国公司对这项专利技术可接受的价格不超过12万欧元。

面对这样的突发状况，国内公司并没有采取相应的风险管理措施，最终在9月下旬未能获得该项专利技术。面对之前买入的远期欧元/美元外汇合约，该公司不得不买入15万欧元，而当期因市场再次担忧欧元区经济，欧元/美元汇率下跌，至9月底时，跌至1.34附近。因为未能及时采取外汇风险管理措施，这笔外汇远期合约给公司造成一定汇兑损失。

案例分析：

该案例中，国内公司面临的风险点在于未来这笔15万欧元是否需要支出。因该公司提前介入欧元/美元的远期汇率，若公司无需支付这15万欧元则很可能通过远期汇率锁定的欧元汇率给公司带来不必要的支出以及可能的汇兑损失。因此在该情况下，该国内公司是需要使用外汇工具进行风险管理的。公司需要一种解决方案，能够帮助公司在欧元/美元汇率跌破1.4150之时化解可能的汇兑损失，摆脱必须付出美元获得15万欧元的境况。因而，介入外汇期权或许是比较好的方法。

解决方案：买入看跌期权。

付出权利金买入执行价格为1.4150的看跌期权，期限为1个月。

方案讨论：

选择买入看跌期权是因为该公司可以规避在欧元/美元汇率跌破1.4150之后对于远期合约头寸的汇率波动风险，规避了未来对15万欧元头寸买入不利的方向。而如果未来欧元/美元汇率比1.4150高，则该公司选择不行权，买入15万欧元即能获得额外的收益。

其次买入看跌期权则意味着到期日可以行权也可以不行权。若未来该专项技术无法买入，则将这笔付出的权利金视为风险管理的成本。具体状况如下：

1. 获得买入专项技术的资格

（1）欧元/美元汇率>1.4150，不行权，以约定的远期汇率买入15万欧元，减少欧元买入成本。

（2）欧元/美元汇率<1.4150，行权，在现汇市场中以即期价格买入15万欧元，并以执行价格1.4150卖出15万欧元获得对应的美元，这其中的差额即为行权后的收益。然后，按照之前外汇远期合约中约定的汇率1.4150购入15万欧元。

2. 没有获得买入专项技术的资格

（1）欧元/美元汇率>1.4150，不行权，以约定的远期汇率买入15万欧元，或用于公司外汇储备或直接在现汇市场卖出15万欧元获得对应的美元，因即期汇率高于买入的汇率，因此公司从这笔外汇交易中获得额外的收益。

（2）欧元/美元汇率<1.4150，可行权或不行权。不行权的话在交割前卖出该笔看跌期权即可，获得收益可用来弥补以1.4150汇率购入15万欧元所需要的美元成本。

若行权也可，在看跌期权中获得的收益同样可以弥补购入 15 万欧元所需要的美元成本。

此方案虽然简单，却能充分体现出外汇期权这个工具在风险管理中的优势。期权本身的权利义务分离恰恰能够化解除汇率波动风险以外的其他风险，尤其是这种未来的不确定性情况。公司所需要付出的仅仅是买入期权的权利金，这笔费用可以看作未来对汇率和选择的不确定性的一份保险费用。若该跨国公司在当时按照这样的方案去操作，这笔汇兑损失也是可以避免的。

【案例 9－24】

某国内投资机构主要投资于国内和海外资本市场。经历了 2008 年金融危机之后，该机构认为未来欧元区股市将随着美国经济复苏和中国经济复苏带动，走出较强的复苏步伐。因此该机构准备先期投入 200 万欧元，建仓时点初步定在 5 月至 6 月间。同期欧元/美元汇率逐渐见底走强，从年初的 1.26 附近走至 3 月的 1.30 附近。该投资机构分析认为汇率市场的表现有可能是市场对于欧元区经济恢复的预期，为了避免未来欧元/美元汇率上升使得自身用美元兑换成欧元的金额增多，该投资公司和某金融机构签订了一份 2 个月后到期的远期欧元/美元汇率合约，约定以 1.3130 的汇率购入 100 万欧元。然而在 5 月初该机构认为欧洲股市经过一阶段快速上涨之后逐步进入压力位置，若在此时入场可能会面对不利的价格。但是该机构面临即将在 5 月到期的远期合约，而 5 月初欧元已运行至 1.32 附近，涨势仍然不减。因此，该投资机构需要规避剩下的 100 万欧元在不确定期限的远期汇率上涨风险。该机构风险管理团队根据当下汇率市场形势提出如下方案：

1. 使用欧元/美元外汇掉期

（1）介入两个月期限的欧元/美元远期合约：以约定的汇率两个月后买入欧元，卖出对应的美元。

（2）若在这两个月之间，该机构入场买入股票，则在买入当天即可再做一笔欧元/美元外汇掉期：即期买入 100 万欧元，卖出对应的美元。同时介入欧元/美元远期合约，以约定的汇率在到期日卖出欧元，买入对应的美元。

2. 使用欧元/美元外汇期权

（1）买入两个月后到期的欧元/美元看涨期权，期权类型选择美式期权（在期权到期日前也可以进行交割）。

（2）在这两个月的期限内，看涨期权可以随着该机构入场时平仓。若方向对自己有利，可继续持有至到期获得额外收益。

该投资机构最后决定使用第二种方案。5 月初，即期欧元/美元汇率为 1.33，该机构买入执行价格为 1.33 的欧元/美元看涨期权。某金融机构报价为 0.0174 美元，总共付出 1.74 万美元。进入 5 月之后，该机构一直迟迟未能开始建仓，直至 6 月中旬，该投资机构终于入场，此时欧元/美元汇率在 1.38 附近，金融机构报价为 0.0510 美元。该投资机构平仓该看涨期权多头头寸并以即期汇率购入 100 万欧元。对这 100 万欧元，该机构的买入成本在 1.33 附近。

案例分析：

该金融机构设计的两个方案都可以用于规避不确定期限的汇率波动。相对来说，第二个方案更简单一点，第一个方案则是两种外汇衍生工具的组合运用，虽然复杂却也能有效锁定外汇波动的风险。该金融机构面临的风险点如下：

（1）随着欧元继续升值的预期存在，远期 100 万欧元的兑换成本在增加。

（2）未来入场时间点不确定。

因此，我们选择美式期权可以有效规避交割时间的不确定性以及控制未来欧元汇率升值的风险。在此情况下，该金融机构的风险管理措施做得是不错的。我们从这个案例里可以看到，之前使用的是欧式期权，即买入方只能在期权到期日时才能交割，这其实不太适合这个案例，而美式期权在交割日期上的灵活使得该投资机构可以自由选择平仓时间。因此选择正确的风险管理工具可以给管理带来方便。

外汇期权在外汇风险管理中起到非常重要的作用，在应对未来不确定性以及解决汇率波动风险方面有着独特的帮助。在整个风险管理中，对汇率的预期非常重要，而外汇期权恰好能够管理未来汇率波动预期，使公司涉及外汇的经营业务能够处在平稳可接受的汇率波动范围内。而期权本身具备一定融资属性也给公司减少风险管理成本带来一定的可能性，这使得外汇期权能适应更多不同的公司。当然对于期权的卖方来说，因为在期权盈亏上面临亏损无限大的可能，在做相关期权组合时候还需要注意风险控制。整体来看，外汇期权本身在外汇风险管理中有着重要的应用。

九、运用外汇及其衍生品工具的时候需要注意什么风险？

我们知道目前外汇及其衍生品主要分为场外和场内两大类。外汇远期合约、外汇掉期和货币互换属于场外衍生品。外汇期货和外汇期权属于场内衍生品。

（一）在考虑介入场外外汇及其衍生品工具时，需要注意的风险

（1）信用风险，即对手方可能因各种原因而违约造成的意外损失。这类风险是场外衍生品交易中最受关注的风险，因为场外衍生品交易的对手方是自己选择的，并无其他第三方监督，因此若对方选择违约，极可能对企业利益造成损害。

（2）流动性风险。场外衍生品交易通常合约的制定都是双方协商的结果，因此合约具有个性化的特征。合约到期时，若方向不利于自身，可能会无法在其他市场对冲风险。同时，因为缺乏其他市场的支持，无法流通，会形成流动性不足的状况，在整体上构成流动性风险。

（3）法律风险。场外衍生品监管通常不如场内交易，因此面对诸如违约之类的情况，无法得到事先监管保障。而对于场外交易，监管上也可能面临突如其来的法律条约变更。

如果考虑介入的是场内外汇及其衍生品工具，则不需要过多担心上述风险，因为其监管及合约设计都最大限度地降低了上述风险发生的可能性。

企业事先需要了解使用这些工具可能面临的风险，也需要注意在介入交易之后可能面临风险。

（二）对于场外交易而言需要注意的风险

（1）操作风险。此类风险往往因为操作不当导致，给公司或者企业带来损失。场外合约具有流动性差的特性，一旦操作失误极可能面临违约或者向不利于自身情况的方向发展。尤其是一些不熟悉此类场外衍生品工具的企业，在操作上会遇到一些不可预知的情况。在合同条约的设置上，因没有明确的标准，故企业可能会在条约设立上遇到状况。因而，企业在准备运用汇率掉期工具进行风险管理时，须对此工具多多了解。

（2）管理风险。在管理上企业需要从财务、风控、交易方面统筹规划，以避免使用场外衍生品工具之后可能发生的管理混乱状况。也就是说，最好事先能够有专门的风险管理部门参与进来。

对于外汇场内衍生品而言，在交易之后可能面临的风险除了上述两点风险之外，还有资金管理风险。和场外衍生品不同的是，场内衍生品比较依赖资金管理，期货和期权均有每日结算制度。因此，若企业判断时机出现偏差极可能形成对现金流的压力（见表9－24）。

表9－24　　外汇衍生品面临的风险点

考虑介入时候需注意的风险点	使用这些工具可能面临的风险点
信用风险	操作风险
流动性风险	管理风险
法律风险	资金管理风险

（三）如何防范这些风险

（1）选择合适的交易对手。企业必须对自己的对手方有一个明确的了解，无论是通过自身寻找还是因第三方中介撮合而成，企业对对手的信用等级、公司以及背后的控制方信息必须了解。我国法律监管在这个层面尚没有细致的监管，在相关法律条款正式出台前，企业必须注意选择交易的对手。

（2）注意条约条款。企业相关法律或者合规部门在和对手方签订协议时要注意条款的设定。场外衍生品的合约没有严格的标准，每个合约的设定都是双方协议而成，因此若合同条约没有严格审查，对企业而言该笔交易的风险会陡然上升。

（3）选择合适的交易平台或第三方中介。企业首先须对该中介的相关信息有一定程度的了解，尤其是其资本实力以及过往历史。一般来说，第三方中介并非一定要存在，很可能第三方和交易对手其实是一个主体，例如银行等，因此企业就更需要在事先做好准备。

（4）做好事先风险管理。企业须事先做好风险管理各种准备，比如风险预警、资金管理和交易等等。使用这些工具对企业本身管理要求比较高，需要对各个状况有预判。积极主动地应对未来可能发生的风险事件，同样需要企业具备一套风险预案。

当然除了上述外汇衍生品本身的风险外，在风险管理中运用外汇衍生品工具之前，对未来行情的判断和预期是非常重要的。若选择不合适的外汇衍生品工具，可能给公司带来不必要的损失。总之，公司需要在明确了解这些外汇衍生品风险点之后，再考虑是否使用，避免因对风险不了解而造成的可能损失和影响（见表9-25）。

表9-25　各个外汇衍生品需要注意的不同风险点

外汇衍生品各自风险点	
外汇远期合约	注意期限匹配，违约风险
外汇期货	注意资金管理
汇率掉期、外汇互换	注意互换时候本金金额、期限和实际风险管理需求
外汇期权	注意期权策略组合时，期权卖出头寸的风险测度变化

纵观中外金融市场，总有一些相关实例给我们带来一些启示，我们通过分析几则案例来仔细了解一下相关风险。

[案例9-25]　广东国际信托投资公司破产

1. 背景介绍

广东国际信托投资公司（以下简称“广东国投”）是全国首例非银行金融机构破产案。广东国投在1980年7月经广东省人民政府批准在广州市工商行政管理局注册成立，系全民所有制企业法人。1983年经中国人民银行批准为非银行金融机构并享有外汇经营权；1984年3月经广东省工商行政管理局注册登记更改名称为“广东国际信托投资公司”，注册资金为12亿元。其规模曾仅次于中国国际信托投资公司，是当时我国第二大国际信托投资公司。随着广东国投经营规模扩大，凭借其“窗口公司”以及海外评级公司评价的信用，在全世界范围融资超300亿元人民币，其中80%以上是海外负债。

2. 破产经过介绍

1992年以来，广东国投由于经营管理混乱，存在大量高息揽存、账外经营、乱拆借资金、乱投资等违规经营活动，导致不能支付到期巨额境内外债务。广东国投长期过度对外举债，且在其对国内和国外发放贷款时没有严格审查债务人的资信和偿债能力，其发放的约130亿元贷款出现较大比例的坏账。在亚洲金融危机爆发后，广东国投在新的宏观环境下已无力为新项目融资贷款，而是向海外进行融资用于借新还旧。

1998年，广东国投面临一个偿债高峰年，其到期外债超过12亿美元。1998年10月6日，中国人民银行决定关闭广东国投，并组织对其进行关闭清算。1998年10月6日至1999年1月6日为期3个月的关闭清算查明，广东国投总资产为214.71亿元，负债361.65亿元，总资产负债率168.23%，资不抵债146.94亿元。1999年1月11日，中国银行发布《关于清偿原省国投自然人债权的公告》，鉴于广东国投已严重资不抵债、无力偿还巨额债务，对自然人债权的清偿，只支付本金，不支付利息；中国银行清偿广东国投自然人债权后，中国银行广东省分行代广东省财政厅依法申报债权，以普通债权人的身份按破产清偿顺序受偿。

3. 案例启示

（1）汇率大幅不利变动导致到期还款压力骤增。人民币汇率形成机制在20世纪80年代至90年代较为多变，从1980年到1994年，中国是双重汇率制度。1981年至1984年，初步实行双重汇率制度，即除官方汇率外，另行规定一种适用进出口贸易结算和外贸单位经济效益核算的贸易外汇内部结算价格。该价格根据当时的出口换汇成本确定，固定在1美元兑换2.80元人民币的水平上。人民币兑美元的官方汇率则由1981年7月的1.50向下调整至1984年7月的2.30。随后在1985年1月又调整至2.80，之后又多次下调。到了1994年，调整至8.619附近。从整个20世纪80年代至90年代的汇率波动来看，整体趋势是人民币对美元贬值的。1994年开始，人民币开始与美元非正式挂钩。至1998年广东国投破产之际，人民币对美元小幅升值，至1998年的8.30附近。除了过度举债之外，在公司海外债务（尤其是美元债务）的持有期内，人民币对美元的大幅贬值，使得公司在偿还本金时面临很大的财务压力。按照人民币粗略计算，其偿还美元本金的金额是其贷款美元本金金额的约3倍，加上其国内在放贷方面的损失，广东国投在1998年偿债高峰期内，无力归还本金也在意料之中。

如此类债务问题，在如今可以利用货币互换协议，将长期汇率锁定，无论未来汇率如何变动，公司自身财务成本并不增加。

（2）风险管理是企业经营的重要组成部分。对于广东国投这样的大型金融机构，其风险管理并没有做到位。一是没有对汇率风险进行风险管理。对于长期海外债务，没有对汇率走势长期判断，没有做相关风险管理规划，导致其巨额外汇头寸暴露在汇率波动风险之中。其最后资不抵债有一部分原因是因人民币大幅贬值造成的。二是对外借债超出其承受能力范围之外，在发放贷款时候没有进行资格、资信审查，导致坏账比例较大。对外盲目大规模举债，扩张公司规模，却忽略了未来无法偿债的风险；而发放贷款时候评审、风险控制不到位，导致其坏账损失，严重影响其现金流。三是整体风险管理失职，盲目追求业务扩展和机构扩张。在相关破产审理过程之中，公司高层甚至不清楚到底有多少家子公司，贷款程序也得不到认真执行。对于中小型企业，本身抗风险能力就比大型企业低，更应该在外汇市场中重视风险管理。

（3）资产管理混乱经不起危机考验。如果不是亚洲金融风暴，或许广东国投不会这么快就申请破产，但是其资产管理的混乱迟早会给公司带来巨大的经营风险。虽然在1994年之后，人民币基本盯住美元，至1997年人民币还小幅升值，但是其过度举债，盲目扩张业务导致资产错配，负债币种不匹配、利率不匹配等等在金融危机中难以渡过，甚至长期债务引发汇率风险。最后广东国投只能借新还旧。

对于涉外企业来说，除了加强风险管理外，对于公司整体规划、资产配置要有目标，不能过于混乱；从风险管理角度来说，从公司外汇资产整体进行风险管理效果要远比单个业务就进行风险管理有效得多。在资产配置时应当注意负债的比例，注意期限的比例。可以利用一些外汇衍生品工具，例如外汇掉期、货币互换来调整自身外汇资产或者负债的期现。

总体来说，对于广东国投这个案例，是我国金融市场中一个深刻的教训。加强风险管理、合理配置自身资产、加强法制监管，此类事件才有可能在日后得到规避。

[案例9-26]　中信泰富衍生品事件

1. 背景介绍

中信泰富（267.HK）在中国香港上市，是恒生指数成分股公司。其致力于发展三大主营业务：特钢制造、铁矿开采和在中国内地开发房地产。中信泰富的控股股东为中国中信集团公司，拥有58%的权益。中信泰富的历史可追溯至1987年。当时，以北京为基地的中国国际信托投资公司（现为中信集团）在香港创办了全资附属公司——中信（香港）集团有限公司（中信香港）。20世纪90年代初期，中信香港购入在香港拥有数个物业并在香港联合交易所上市的泰富发展49%的股权。大概同一时间，中信香港向泰富发展出售其所拥有的香港物业，并收购当时刚起步的港龙航空38.3%的股权。

泰富发展于1991年易名为“中信泰富有限公司”，并加快脚步增加其在航空业务的投资，使其投资组合更趋多元化。中信泰富最初开拓基础建设业务，是以合伙方式获得兴建及营运香港西区海底隧道的专营权。1996年年底，中信泰富已成为拥有多元化业务的综合企业。当时，公司盈利19%来自于基础建设，5%来自发电业务，27%

来自航空业务，17%来自电讯业务，10%来自贸易分销及消费信用，16%来自物业，只有1%盈利来自工业制造。

中信泰富于21世纪的开初几年，强化在中国内地房地产的投资和开发，尤其是上海及快速发展的长江三角洲城市。2006年初，中信泰富为了确保集团在中国内地钢厂有长期稳定的铁矿石来源，在澳洲皮尔巴拉地区收购了一个10亿吨磁铁矿的全部开采权，并拥有50亿吨的开采及认购权。2007年，中信泰富取得了西澳洲另外10亿吨铁矿石的开采权。但是至2008年，集团因用以对冲澳洲铁矿开采项目开支的杠杆式外汇合约而出现港币146亿元的亏损。中信集团增购25亿元港币的股本，其于中信泰富的股权增至58%。截至2012年12月31日，中信泰富三大主营业务占总资产的比例超过70%，其中，铁矿开采占33%，特钢占22%，中国内地房地产开发占17%。

2. 中信泰富外汇投资亏损介绍

2008年10月20日，中信泰富突然发布盈利警告，称集团为了降低西澳洲铁矿项目面对的货币风险，签订若干杠杆式外汇买卖合约以对冲风险。2008年9月7日，察觉到该等合约带来的潜在风险后，公司终止了部分合约。但在2008年7月1日至10月17日，公司已因此亏损8.07亿港元。当时仍在生效的杠杆式外汇合约按公平价定值的亏损为147亿港元。

而根据此份盈利警告，发现了中信泰富签订的与澳元相关的两份有最大收益终止的远期合约：

（1）中信泰富签订的具有有限利润无限亏损的杠杆式单币种外汇远期合约，最高可按照合约赎回90.5亿澳元。合约规定，约定未来远期以澳元/美元加权平均价为0.87买入澳元。但是在这些合约中，限定了最高获利为5 150万美元。

（2）中信泰富签订的具有有限利润无限亏损的杠杆式双币种外汇远期合约，可接收澳元或者欧元（视哪种更疲软），最高可赎回约2.9亿澳元或1.6亿欧元。合约规定，约定未来远期以澳元/美元加权平均汇率为0.87买入澳元，或以欧元/美元加权平均汇率为1.44买入欧元。但是在这些合约中，限定了最高获利为200万美元。

中信泰富在与澳元相关的衍生品合约上的巨亏触发原因是，在2008年的金融危机中，澳元/美元、欧元/美元汇率大跌，导致其买入的这几类衍生品均出现巨额亏损。

最终，中信泰富不得不求助于中信集团。中信集团提供15亿美元备用信贷，中信泰富股票遭受重创。

3. 案例启示

（1）在风险管理中须合理使用外汇衍生品。中信泰富2008年的外汇巨额亏损看起来是因为遇到金融危机，导致汇率走势朝不利方向运动形成巨额亏损。但是实际上对于相关涉外企业，运用外汇衍生品进行风险管理的思路是正确的，只是除了要有风险管理的想法外，本身对于未来汇率走势预估错误、对复杂外汇衍生品不熟悉以及使用风险管理工具不恰当也是需要反思的。

一是对于未来远期汇率走势预判，是设计风险管理方案需要做的最重要的准备事项。若没有对未来汇率走势的预判，就无法做好相关的风险管理。中信泰富在该案例中，事先所做的判断在当时来看是错误的，但是以2012年底情形来看，中信泰富预判的澳元/美元汇率走势是正确的，虽然澳元/美元汇率从2008年7月0.97附近跌落至2008年10月0.65附近，但是到了2009年7月澳元/美元汇率便回到了0.80附近，2010年7月则回到了0.93附近，2011年7月回到1.07附近。截至2012年年底，澳元/美元汇率还在1.03附近。因此，从中长期来看，这是能够有效规避澳元升值风险的。

二是对复杂外汇衍生品不熟悉。通过中信泰富自身对这两个产品的描述来看，这个衍生品是组合的，具备最高利润获得以及无限亏损可能。也许是中信泰富对于外汇市场和衍生品过于自信，因此选择此类工具进行风险对冲。过于复杂的衍生品会让企业或者投资者只关注可能获得的利润，却忽视了可能面临的风险。因此，面对此类衍生品工具，企业一定要全方位考察。对于一般企业而言，切莫追寻太过复杂的衍生品工具用于外汇风险管理。在使用工具前，认清这个工具可能带来的风险，至少在开始便可以规避此类风险。因此，有必要在使用相关衍生品工具之前，对该衍生品工具做细致认真的准备，要多角度全方面去理解这类衍生品工具。

三是使用风险管理工具不恰当。若中信泰富只是希望对冲未来澳元/美元汇率上升风险，其可以选择澳元/美元期货、普通的澳元/美元外汇远期合约以及外汇期权等方式。但是中信泰富选择的是复杂的衍生品，并且具备了盈利有限亏损无限的条件。不恰当的风险管理工具可能会给公司造成巨大的损失，因此在风险管理中建议公司选择合适的外汇衍生品工具。

（2）加强内部监管。中信泰富购入的一系列合约所面临的风险并不是只有在实际发生了澳元/美元汇率大幅下跌的时候才能够被发现。在一开始签订合约的时候就应该注意到。作为公司内部风险控制以及监管来说，是存在失职情形的。公司内部监管对这类风险的“漠视”等于将公司放置在未知风险之中。因此，企业有必要在内部监管和风险控制方面保证其职责完整，履行其监管义务。

从中信泰富这个案例中我们可以看到，公司虽然有风险管理、套期保值的想法和行动，但是没有对相关衍生品工具、内部监管等做全面准备。但也不能因噎废食，外汇风险管理是涉外企业保护自身利益比较重要的一个途径，应提倡合理利用外汇衍生品工具进行风险管理套期保值。

总之，在风险管理中，公司应当完善各个环节，加强内部监管，强化风险意识。公司需要在使用相关衍生品工具之前，对这些衍生品有详细的了解和认识，熟悉相关风险点。在实施风险管理之后，配套加强对相关市场和头寸的盈亏监控。

第十章　企业利用外汇衍生品案例

一、不同类型企业对外汇衍生品的需求有何区别？

随着经济全球一体化的不断深入，外汇汇率波动也愈加频繁，相关企业若对汇率波动所带来的风险认识不足，或没有有效的风险防范办法，则易遭受汇率风险。例如，在20世纪90年代，中国不少企业拥有较多的日元外债，当日元升值时，这些企业的利润便被上涨的日元汇率所吞噬。虽然近年来“汇率风险”一词已被企业熟悉，但很多企业对于汇率风险的意识依然不强。想要在日益激烈的国际竞争中站稳脚跟，国内企业需要全方位地加强汇率风险意识。首先是观念改变，汇率波动造成的损失并非是国内企业传统认为的“不可抗拒的力量”，而是可以进行管理的；其次是方法上，进入浮动汇率时代后，如何规避汇率波动以保障企业的稳定经营，已经成为相关企业无法回避的问题。

1. 进出口企业

进出口企业所面临的外汇风险主要来自于汇率的波动：出口型企业出口产品收取外币货款时，面临本币升值或外币贬值的风险；进口型企业进口产品、设备支付外币时，面临本币贬值或外币升值的风险。因此，进出口企业对外汇风险规避策略的要求是：能够平抑汇率波动风险以减少收支外币不确定性带来的损失。

2. 对外投资

近年来，随着我国经济发展和与国际社会联系愈发密切，在海外的投资数量也与日俱增。对外投资已经逐渐成为部分企业的一个重要业务和盈利点。对于这些对外投资类型企业，可能面临如下问题：

（1）汇率波动风险。和普通的进出口企业类似，对外投资的企业或面临远期投资购汇时汇率风险，或面临获取收益结汇时的汇率波动风险。若汇率波动较大，那么投资收益会面临巨大的影响。不同项目面临的资本投入量和频率不同，因此看似通常的汇率风险也会比较复杂。

（2）投资项目的不确定性。有可能是一国国内政策出现变化或者市场竞争等等，这些同样是对外投资企业面临的风险。这里的不确定性主要是项目是否立项、中标以及到期收益面临可能的提前或者延迟收益。值得注意的是，并非所有不确定性都和外汇有关。

对于对外投资类型的企业而言，需要能够帮助他们实现平抑汇率波动风险以及减少投资不确定性带来的风险的外汇衍生品。对外投资是我国逐步走向全世界融入全球经济的重要一步，在未来会有更多相关企业需要运用外汇衍生品来解决问题。

3. 对外融资

对外融资企业在海外的融资业务涉及许多外汇交易，或通过股权市场，或通过债券市场等等方式进行融资，此类企业可能面临的问题有：

（1）融资的利息支付。通过债券之类的方式进行融资需要按时偿付本息，而汇率波动极易给企业带来财务成本上的负担。

（2）汇率风险。融资过程中，对融入资金的运用可能面临汇率风险。

对外融资类型的企业可能更多地需要外汇衍生品工具来平抑外汇波动风险，解决外汇利息偿还所需要的现金流等。

二、进出口企业如何利用外汇衍生品管理外汇风险？

进出口企业的外汇风险在签订进出口合同时已经存在，为了避免外汇风险，企业必须及时采取有效的外汇规避策略。但由于一般进出口企业对外汇市场和金融市场的了解不深，往往处于被动地位，难以积极主动地改变自己的风险处境。外汇风险的规避策略和方法多种多样，较为复杂，一般进出口企业也难以理解。因此，本章首先从传统方法入手，介绍融资方法规避汇率风险的原理，其次介绍利用金融衍生品规避进出口企业外汇风险的原理。

（一）融资套期保值

融资套期保值又称“货币市场套期保值”或“即期套期保值”，是指通过在货币市场上的短期借贷以建立配比性质或抵消性质的债务、债权，从而达到抵补外汇应付、应收账款所涉及外汇风险的目的。常见的融资套期保值有 BSI 法及 LSI 法。

1. BSI 法

BSI 法，就是“借款—即期交易—投资法”（Borrow - Spot - Invest），是指有关经济主体通过借款、即期外汇交易和投资的程序，争取消除外汇风险的风险管理办法。

其操作步骤为：拥有应收账款的出口商，为了防止汇率变动，先借入与应收外汇等值的外币（以此消除时间风险）；同时，通过即期交易把外币兑换成本币（以此消除价值风险）；然后，将本币存入银行或进行投资，以投资收益来贴补借款利息和其他费用。届时应收款到期，就以外汇归还银行贷款。或者，拥有应付账款的进口商，为了防止汇率变动，先借入与应付账款相应数量的本币，同时以此购买结算用的外币，然后以这笔外币在国际金融市场上做相应期限的短期投资。付款期限到期时，进口商收回外币投资并向出口商支付货款。

可见，利用 BSI 法，从理论上讲可消除外汇风险。

【案例 10－1】

某中国鞋类出口企业在 1 个月后有一笔 50 000 美元的应收款。为防止将来收汇时美元贬值（人民币升值）带来损失，该公司向银行借入一个月期限的 50 000 美元借款。

假设外汇市场的即期人民币汇率为 1 美元＝6.8297 元人民币，该公司借款后将 50 000美元兑换为 341 485 元人民币，随即将所得人民币进行 1 个月的投资。1 个月后，该企业以收回的 50 000 美元应收款归还银行贷款。

由案例 10－1 可见，该企业在签订贸易合同时，通过借款、即期外汇交易和投资三种方法的综合运用，在合同签订时即锁定汇率，完全消除外汇风险。但若该企业的银行借款投资收益低于借款的利息成本，则该企业将损失一定的费用。

【案例 10－2】

某中国大豆进口企业在 1 个月后有一笔 100 000 美元的应付账款。为防止将来收汇时美元升值带来损失，该公司向银行借入 1 个月期限的686 650元人民币（即期人民币汇率为 1 美元＝6.8665 元人民币）。该公司借款后立即将 686 650 元人民币兑换为 100 000 美元，随即将所得美元进行 1 个月的投资。1 个月后，该企业以收回的 100 000 美元支付货款，同时归还银行人民币贷款。

2. LSI 法

LSI 法，就是提早收付—即期交易—投资法（Lead－Spot－Invest），是指具有应收外汇账款的公司，征得债务方的同意，请其提前支付货款，并给其一定折扣。

其操作步骤为：具有应收外汇账款的公司，在征得债务方同意后，以一定折扣为条件提前收回货款（以此消除时间风险）；并在即期外汇市场上将外汇兑换成本币（以此消除价值风险）；然后，将换回的本币进行投资，所获的收益用以抵补因提前收汇的折扣损失。

【案例 10 - 3】

某中国塑料制品出口企业在 3 个月后有一笔 50 000 美元的应收款。为防止将来收汇时美元贬值（人民币升值）带来损失，该公司征得美国进口商的同意，在给其一定付现折扣的情况下，要求其立即付清款项。

设外汇市场的即期人民币汇率为 1 美元 = 6.2896 元人民币，该公司拿到货款后将 50 000 美元兑换为 314 480 元人民币，随即将所得人民币进行 3 个月的投资。

由案例 10 - 3 可见，通过提前收付，消除了时间风险，通过即期外汇交易，把美元变成等价值本币，又消除了价值风险。以本币进行投资，将来不再有真正的外汇流动，仅有一笔本币的回收。

（二）金融衍生品套期保值

参照国际市场尤其是发达国家经验，随着金融市场的不断发展，利用金融工具管理汇率风险将成为规避外汇风险的主要手段。可利用的金融工具包含外汇远期合约、外汇期货、汇率掉期及外汇期权等。

利用外汇远期套期保值，与利用期货市场进行套期保值的原理一样。两种方案的不同之处在于交易场所不同。远期外汇交易多为场外交易，而外汇期货交易则为场内交易，其他差异诸如保证金、流动性、信用风险、灵活性均与此有关。两者的优缺点我们在第五章已经详细论述。在此我们主要从应用的角度，重点介绍进出口企业利用外汇期货套期保值规避外汇风险的策略。

对于出口企业而言，若其应收账款是外币（以外币计价），此时出口企业面临的主要外汇风险是本币升值（外币贬值）。这是因为一旦发生本币升值（外币贬值），则意味企业收到外币账款后，能兑换的本币更少了。因此，出口企业是天然的本币多头套期保值者，或者说，其在外汇市场上的操作应该是买入本币外汇期货合约，以防范本币升值（外币贬值）带来的风险。

【案例 10 - 4】

某国内企业与美国客户签订一单总价 1 000 000 美元的照明设备出口合同，约定 3 个月后付汇，签约时人民币汇率 1 美元 = 6.7979 元人民币。

此时该出口企业面临的风险是人民币兑美元的升值风险。由于目前人民币兑美元升值趋势明显，因此该企业应该对这一外汇风险敞口进行风险规避。

前面我们介绍过，出口企业是天然的本币多头套期保值者，因此该企业应该在期货市场根据自身外汇敞口大小，选择多头套期保值即买入（做多）人民币/美元期货对汇率风险进行规避。

考虑到3个月后将收取美元货款，因此该企业选择CME期货交易所RMB/USD主力期货合约进行买入套期保值，成交价为0.14689（见表10－1）。

表10－1　　买入套期保值相关计算

	套期保值相关计算
期货合约面值	100万元人民币
保证金比例	2%
需进行风险管理的头寸	1 000 000美元
买入期货合约的手数	100万美元/0.14689/100万元人民币＝6.81手≈7手
保证金	7手×100万元人民币×0.14689×2%＝20 553.40美元

3个月后，人民币即期汇率变为1美元＝6.6490元人民币，该企业卖出平仓RMB/USD期货合约7手，成交价为0.15137。

细心的读者会发现，本案例实际就是本书案例5－1。该企业当时考虑现存部分符合合同的设备，其余设备生产周期较短，发货收汇周期应该不会太久。但实际交易过程中，该企业由于信用证迟迟未到使交货期一再推迟，结果3个月后才收汇，当日的汇率中间价已经变为1美元＝6.6490元人民币，企业的人民币收入为6 649 000元人民币，与签单时汇率计算相比，发生汇兑损失148 900元人民币。

该企业在收汇时间不确定的情况下，心存侥幸，未对汇率风险窗口采取任何风险规避措施，从而导致巨大损失。若该企业风险管理意识较强，及时利用期货进行套期保值，则不仅将规避汇率风险损失，还会获得一定的机会收益（见表10－2）。

表10－2　　套期保值效果评估

	损益计算
期货市场损益	7手×100万元人民币×（0.15137－0.14689）＝31 360美元 利用3个月后人民币即期汇率可计算对应的人民币损益＝31 360美元×6.6490 ＝208 512.64元人民币
现货市场损益	100万美元×（6.6490－6.7979）＝－148 900元人民币
套期保值后总损益	208 512.64元人民币－148 900元人民币＝59 612.64元人民币

出口企业是天然的本币多头套期保值者，那么进口企业则是天然的本币空头套期保值者。这是因为，进口企业所面临的主要外汇风险是本币贬值（外币升值）风险。一旦发生此类情形，则进口企业需要更多的本币以兑换数量不变的外币用以支付货款。因此，进口企业的套期保值过程是在外汇市场上卖出本币外汇期货合约，以防范本币贬值（外币升值）带来的风险。

【案例10－5】

某企业从欧洲客商处引进了一批造纸设备，合同金额为500 000欧元的银行贷款，即期人民币汇率为1欧元=8.5038元人民币，合同约定3个月后付款。

此时该企业面临的风险是人民币对欧元的贬值风险。前面我们介绍过，进口企业是天然的本币空头套期保值者，因此该企业应该在期货市场根据自身外汇敞口大小，选择空头套期保值即卖出（做空）人民币/欧元期货对汇率风险进行规避。

考虑到3个月后将支付欧元货款，因此该企业选择CME期货交易所RMB/EUR主力期货合约进行卖出套期保值，成交价为0.11772（见表10－3）。

表10－3　　卖出套期保值相关计算

	套期保值相关计算
期货合约面值	100万元人民币
保证金比例	2%
需进行风险管理的头寸	500 000欧元
卖出期货合约的手数	500 000欧元/0.11772/100万元人民币=4.25手≈5手
保证金	5手×100万元人民币×0.11772×2%=11 772欧元

3个月后，人民币即期汇率变为1欧元=9.5204元人民币，该企业买入平仓RMB/EUR期货合约5手，成交价为0.10486（见表10－4）。

表10－4　　套期保值效果评估

	损益计算
期货市场损益	5手×100万元人民币×（0.11772－0.10486）=64 300欧元 利用3个月后人民币即期汇率可计算对应的人民币损益=64 300欧元×9.5204 =612 161.72元人民币
现货市场损益	500 000欧元×（8.5038－9.5204）=－508 300元人民币
套期保值后总损益	612 161.72元人民币－508 300元人民币=103 861.72元人民币

可以看出，3个月后人民币兑欧元汇率向着不利于该进口企业的方向变动，若不采取风险规避措施，该企业将损失508 300元人民币。通过卖出RMB/EUR期货合约进行套期保值，该企业在外汇期货市场上获得612 161.72元人民币的收益，弥补了该企业的损失，较好地实现了对冲欧元外汇风险敞口的目标。

随着全球经济一体化的不断发展，国内越来越多的贸易企业往往涉及进口和出口两个方面，如进口设备或者原材料，出口产品。此类企业应如何利用外汇期货管理外汇风险呢？

【案例10－6】

国内某汽车零件生产企业于3月1日自美国进口价值1 000 000美元的生产设备，约定3个月后支付货款。另外2个月该企业将收到150 000欧元的汽车零件出口货款，

3个月后将收到200 000美元的汽车零件出口货款。即期汇率为：1美元=6.2988元人民币，1欧元=8.8097元人民币。

首先来看企业的收支结构，企业既有美元及欧元的收入，也有美元的支出，分币种来看，美元头寸时间上相匹配，但美元支出的金额远远大于美元收入的金额，多余的美元仍需要结汇用于国际支付（见表10-5）。

表10-5　　该企业的收支结构

5月1日	欧元应收账款	
	150 000欧元	
6月1日	美元应付账款	美元应收账款
	1 000 000美元	200 000美元

由于两笔美元头寸时间匹配，因此该企业可先利用前文提到的平衡法对冲部分美元外汇风险，即将200 000美元用以支付1 000 000美元，这样该企业面临的外汇风险敞口为800 000美元（1 000 000美元-200 000美元）的应付账款，以及150 000欧元的应收账款。

若人民币对美元升值，则该企业将从人民币升值中获利，但近期人民币兑美元汇率波动较大，甚至曾出现数日跌停，企业决定对美元应付账款进行风险转移。而目前市场人民币对欧元升值预期强烈，将对企业产业不利，企业决定同时对欧元应收账款进行风险管理。

该企业通过收支结构分析及汇率预期，决定利用人民币/美元期货进行空头套期保值，以规避人民币对美元贬值风险；同时利用人民币/欧元期货进行多头套期保值，以规避人民币对欧元升值预期。

（1）空头套期保值：卖出（做空）人民币/美元期货。考虑到6月1日将交付美元货款，因此在3月1日，该企业选择CME期货交易所主力RMB/USD期货合约进行卖出套期保值，成交价为0.15877。

6月1日，人民币即期汇率变为1美元=6.4592元人民币，该企业买入平仓RMB/USD期货合约6手，成交价为0.15481（见表10-6）。

表10-6　　卖出套期保值相关计算

	套期保值相关计算
期货合约面值	100万元人民币
保证金比例	2%
需进行风险管理的头寸	800 000美元
卖出期货合约的手数	800 000美元/0.15877/100万元人民币=5.04手≈6手
保证金	6手×100万元人民币×0.15877×2%=19 052.40美元

可以看出，至6月1日人民币兑美元汇率向着不利于该企业的方向变动，若只利用平衡法对冲掉部分美元风险，该企业仍然要面临外汇风险损失128 320元人民币。但该企业通过卖出RMB/USD期货合约进行套期保值，在外汇期货市场上获得

153 470.59元人民币的收益，弥补了该企业的损失，较好地实现了对冲美元外汇风险敞口的目标（见表10－7）。

表10－7　　套期保值效果评估

	损益计算
期货市场损益	6手×100万元人民币×（0.15877－0.15481）＝23 760美元 利用6月1日人民币即期汇率可计算对应的人民币损益 ＝23 760美元×6.4592＝153 470.59元人民币
现货市场损益	800 000美元×（6.2988－6.4592）＝－128 320元人民币
套期保值后总损益	153 470.59元人民币－128 320元人民币＝25 150.59元人民币

（2）多头套期保值：买入（做多）人民币/欧元期货。考虑到5月1日将收取欧元货款，因此在3月1日，该企业选择CME期货交易所主力RMB/EUR期货合约进行买入套期保值，成交价为0.11347。

5月1日，人民币即期汇率变为1欧元＝8.5534元人民币，该企业卖出平仓RMB/EUR期货合约2手，成交价为0.11694（见表10－8）。

表10－8　　买入套期保值相关计算

	套期保值相关计算
期货合约面值	100万元人民币
保证金比例	2%
需进行风险管理的头寸	150 000欧元
买入期货合约的手数	150 000欧元/0.11347/100万元人民币＝1.32手≈2手
保证金	2手×100万元人民币×0.11347×2%＝4 538.80欧元

可以看出，至5月1日人民币兑欧元汇率向着不利于该企业的方向变动，若不对欧元应收账款进行风险管理，该企业将面临外汇风险损失38 445元人民币。但该企业通过买入RMB/EUR期货合约进行套期保值，在外汇期货市场上获得59 360.60元人民币的收益，弥补了该企业的损失，较好地实现了对冲欧元外汇风险敞口的目标（见表10－9）。

表10－9　　套期保值效果评估

	损益计算
期货市场损益	2手×100万元人民币×（0.11694－0.11347）＝6 940欧元 利用5月1日人民币即期汇率可计算对应的人民币损益＝6 940欧元×8.5534 ＝59 360.60元人民币
现货市场损益	150 000欧元×（8.5534－8.8097）＝－38 445元人民币
套期保值后总损益	59 360.60元人民币－38 445元人民币＝20 915.6元人民币

进出口企业在实际贸易中往往无法找到相应风险外币的期货品种。如涉及澳元的外汇风险管理，由于目前国际市场上没有人民币/澳元期货的存在，无法通过直接的外汇期货品种实现套期保值。这时企业可以通过交叉套期保值来利用期货市场规避外汇风险。交叉套期保值，就是当套期保值者为其在现货市场上将要买进或卖出的现货商品进行套期保值时，若无相对应的该种商品的期货合约可用，就可以选择另一种与该现货商品的种类不同但在价格走势互相影响且大致相同的相关商品的期货合约来做套期保值交易。

【案例 10－7】

5 月 1 日国内某服装生产商向澳大利亚出口价值 150 000 澳元的服装，约定 3 个月后付款，合同约定 3 个月后付款。

该企业此时面临人民币对澳元升值的风险，若利用期货市场规避风险，该企业应买入人民币/澳元期货合约，但由于国际市场上暂时没有人民币/澳元期货品种，因此该企业可以考虑利用其他较为活跃的期货品种，通过交叉套期保值来规避汇率风险。

该服装生产商可以买入人民币/美元外汇期货，同时卖出相当头寸的澳元/美元期货，以达到间接实现对人民币/澳元进行多头期货套期保值的效果。

即期汇率为：1 澳元＝6.4125 元人民币，1 美元＝6.8260 元人民币，1 澳元＝0.93942 美元。

首先利用澳元/美元即期汇率计算可得出，要规避 150 000 澳元的汇率风险，需利用 140 913 美元头寸。买入 CME 期货交易所主力 RMB/USD 期货合约，成交价为 0.14647（见表 10－10）。

表 10－10　　买入套期保值相关计算

	套期保值相关计算
期货合约面值	100 万元人民币
保证金比例	2%
需进行风险管理的头寸	140 913 美元
买入期货合约的手数	140 913 美元/0.14647/100 万元人民币＝0.96 手≈1 手
保证金	1 手×100 万元人民币×0.14647×2%＝2 929.40 美元

其次卖出 CME 期货交易所主力 AUD/USD 期货合约，成交价为 0.93938。

因此，要规避 150 000 澳元的风险头寸，我们需要买入 1 手人民币/美元期货合约，同时卖出 2 手澳元/美元期货合约，以近似达到买入人民币/澳元期货合约的目的（见表 10－11）。

表 10－11　　卖出套期保值相关计算

	套期保值相关计算
期货合约面值	10 万澳元
保证金比例	2%
需进行风险管理的头寸	150 000 澳元
买入期货合约的手数	150 000 澳元/10 万澳元＝1.50 手≈2 手
保证金	2 手×10 万澳元×2%＝4 000 澳元

8 月 1 日即期汇率 1 澳元＝5.9292 元人民币，1 美元＝6.7718 元人民币。该企业卖出平仓 1 手人民币/美元期货合约，成交价格 0.14764；买入平仓 2 手澳元/美元期货合约，成交价格 0.87559。

表 10－12　　套期保值效果评估

	损益计算
期货市场损益	卖出平仓 1 手人民币/美元期货合约 1 手×100 万元人民币×（0.14764－0.14647）＝1 170 美元 利用 8 月 1 日人民币即期汇率可计算对应的人民币损益＝1 170 美元×6.7718 ＝7 923 元人民币
	买入平仓 2 手澳元/美元期货合约 2 手×10 万澳元×（0.93938－0.87559）＝12 758 美元 利用 8 月 1 日人民币即期汇率可计算对应的人民币损益为＝12 758 美元×6.7718 ＝86 394.62 元人民币
	期货市场总损益：7 923 元人民币＋86 394.62 元人民币＝94 317.62 元人民币
现货市场损益	150 000 澳元×（5.9292－6.4125）＝－72 495 元人民币
套期保值后总损益	94 317.62 元人民币－72 495 元人民币＝21 822.62 元人民币

可以看出，至 8 月 1 日人民币兑澳元汇率向着不利于该企业的方向变动，若不管理外汇风险，该企业要面临外汇风险损失 72 495 元人民币。但该企业通过买入 RMB/USD 期货合约，同时卖出 AUD/USD 期货合约进行套期保值，较好地规避了澳元汇率风险，弥补了国际市场上没有人民币/澳元期货品种的缺憾（见表 10－12）。

值得注意的是，利用期货合约进行套期保值时，由于大多数交易所的外汇期货品种只能进行整数手数的交易，那么在利用期货套期保值时容易产生额外风险。如案例 10－7 所示，在卖出 AUD/USD 期货合约时，通过计算得出需要卖出 1.50 手期货合约，恰好可以匹配需对冲的澳元头寸，但是由于只能卖出整数手数的期货合约，因此为了对冲风险，该企业卖出 2 手 AUD/USD 期货合约。但是如此一来，企业相当于多出 0.5 手 AUD/USD 空头期货合约，又给企业带来了风险。

一般来说，解决这种整数合约交易带来额外风险的方法有两种：一种是选取较小的期货合约进行交易。比如 CME 的迷你（E - micro）AUD/USD 期货合约的大小是每份 10 000 澳元，是 AUD/USD 期货合约的 1/10；CME 的迷你（E - micro）USD/RMB 期货合约的大小是每份 10 000 美元，不到 RMB/USD 期货合约大小的 1/10。利用迷你外汇期货合约可以很好地规避此类风险。第二种方法是对额外的风险头寸进行风险对冲。例如，可以对案例 10 - 7 当中多出的 0.5 手 AUD/USD 空头期货合约，再利用外汇远期交易进行对冲。另外在案例 10 - 7 中，该企业可以考虑利用远期外汇合约直接锁定澳元/美元汇率，而不利用澳元/美元期货，这样相当于通过人民币/美元期货合约与澳元/美元远期合约来实现交叉套期保值。这种方法我们会在后面进行介绍（参考案例 10 - 11）。

【案例 10 - 8】

某企业为一家陶瓷制造公司，在海外拥有多个分支机构负责海外业务。该企业某子公司在美国成功获得一项长期业务，签订了每年价值为 100 万美元的订单，约定在每年三季度末 A 公司须交付相应货物并收到货款。因为这项业务较为稳定，因此这家企业非常重视。随着互相合作加强，该订单金额增加至 200 万美元。在第三年，该企业在德国还签订一系列贸易合同，出口价值为 50 万欧元的货物，约定在 10 月底交付货款。当年 8 月，随着人民币继续升值，以及欧元/美元汇率波动比较大，对于这两笔进出口因汇率风险形成的损失开始被公司高层关注。

对于该家进出口公司而言，主要业务为出口，因此本币升值会对公司有较大的影响，尤其近年来随着汇率改革之后，人民币一直处于升值进程之中，这 200 万美元面临较大的汇率波动风险。该公司面临 10 月底 50 万欧元的出口，若人民币对欧元贬值，则有利于该进出口公司。但是未来行情难以判断，给公司汇率风险管理带来一定的困难。

该公司至少有两套方案用于规避进口汇率波动风险：

方案一：对 200 万美元收入进行套期保值，并根据欧元/人民币走势变化进行 50 万欧元的风险管理准备。

（1）对 200 万美元收入进行套期保值，可以选择美元/人民币外汇期货合约，或者选择场外交易，和金融机构签订美元/人民币远期合约，以约定的到期汇率卖出 200 万美元，买入对应的人民币。

（2）可以选择设计一套预警方案，若欧元/人民币有贬值趋势，则可以欧元/人民币远期合约的方式保值。若欧元/人民币汇率走势不稳定，波动较大，则可以买入欧元/人民币看跌期权，选择合适的执行价格即可。

方案二：选择远期对远期的欧元/美元汇率互换合约，对剩余的美元进行套期保值。

(1) 买入欧元/美元汇率互换合约，买入1个月后到期的欧元/美元外汇远期合约，以约定的汇率买入50万欧元卖出对应的美元金额；同时，介入2个月后到期的欧元/美元外汇远期合约，以约定的汇率在2个月后卖出50万欧元，买入对应的美元金额。

(2) 经过对剩余的美元进行套期保值，可以美元/人民币外汇期货合约或者以美元/人民币远期合约形式锁定汇率，规避人民币升值风险。

上述两套方案各有自身的优势特点。从公司角度来看，方案一较为灵活，运用两种外汇衍生品工具进行风险管理，其中对200万美元进行套期保值的方案能够锁定汇率波动风险。欧元/人民币期权一方面避免了远期欧元/人民币汇率走低导致出口收入因汇率变动而造成损失，另一方面也降低了汇率波动较大而影响公司进行风险管理的难度。而方案二，则合理利用了欧元和美元的收入，通过美元将欧元汇率锁定，一方面减少了相关的手续费，一方面也合理利用了自身外汇资产。若遇到合适的条件，可以选择类似方案二，不必通过本币而使汇率风险降低。

【案例10－9】

国内某公司为一家灯具出口企业，在3月和意大利一家公司达成一项出口贸易合约，双方约定在2个月后由意大利公司支付该公司50万欧元的贸易货款。国内汇率改革使得人民币兑美元处于升值态势，同样也带动人民币对欧元的升值。因此为了规避未来人民币升值对50万欧元结汇形成汇兑损失，公司立即介入了欧元/人民币远期合约进行套期保值。在4月底，意大利公司因自身现金流紧张无法按时付款，经过双方协商，意大利公司和该灯具出口公司达成协议，约定在6月底付清50万欧元。那公司如何应对当下的情况？

对于该公司而言，目前面临收款延迟的境况，而人民币始终没有停止升值的过程，因此拖延1个月支付就面临着到期汇兑损失。同时，该公司因为已经介入了欧元/人民币的远期合约进行套期保值，在5月底面临支付50万欧元的义务，这同样给该公司带来了现金流上的风险。因此，面对这两个主要的风险，有如下两个方案：

方案一：介入期限为1个月的欧元/人民币的外汇掉期。

可以在4月底选择远期对远期的外汇掉期，或者在5月底选择即期对远期的汇率掉期。此处介入后者。该公司在5月底介入欧元/人民币外汇掉期：

(1) 即期买入50万欧元，卖出对应的人民币。

(2) 同时买入期限1个月的欧元/人民币外汇远期合约，在1个月后以约定的汇率卖出50万欧元，买入对应的人民币。

方案二：介入期限为1个月的欧元/人民币的看跌期权多头。

即买入1个月的欧元/人民币的平价看跌期权，期限为1个月。在到期日，若欧元/人民币汇率走低，即人民币对欧元升值，则执行期权所赋予的权利；若欧元/人民币汇率走高，即人民币对欧元贬值，则不执行相关权利。

对于第一个方案，该公司不仅规避了现金流上的风险，同时转移了延期的人民币升值风险。方案二则没有解决现金流上可能的风险：若该公司有足够的现金，不会出现明显的现金流紧张；若该公司现金流较为紧张，则这个远期合约将给公司带来现金流危机。因此，方案一是解决公司当下问题的最佳方案。我们来看一下方案一具体是如何操作的。

假设在3月，该国内公司和意大利公司签订合约时欧元/人民币的汇率在9.30左右，介入的欧元/人民币远期合约的远期汇率为9.10。在4月底，欧元/人民币的汇率在9.00附近，此时公司采取方案一，介入欧元/人民币外汇掉期。某金融机构报价见表10－13。

表10－13　　报价表

	买价/卖价（单位：元/欧元）
即期欧元/人民币	9.0525/9.0750
1个月欧元/人民币远期汇率	8.9150/8.9440

该公司以即期汇率买入欧元50万，卖出人民币。

需要付出人民币＝50×9.0750＝453.75（万元）

并同时买入1个月后到期的欧元/人民币远期合约，即在1个月后卖出欧元50万，按照约定汇率8.9150获得人民币。

获得人民币＝50万×8.9150＝445.75（万元）

在此交易中，该灯具进出口公司付出的“成本”＝453.75－445.75＝8（万元）

交易情形见表10－14。

表10－14　　交易情形明细表

时间	交易	结果
即期	买入：50万欧元	卖出：453.75万元人民币
远期	卖出：50万欧元	买入：445.75万元人民币
合计		支出：8万元人民币

这个“成本”可以视为B公司为了避免1个月后人民币汇率升值而影响50万欧元延期收入，也是为了减少将欧元收入延期后的一个费用成本。

【案例 10 -10】

某企业为国内一家玻璃制造公司，其海外业务为出口本企业生产的玻璃制品。4 月和德国一家进口企业达成一项贸易合约，约定在 2 个月后将制造的产品出口至德国，对方支付 42 万欧元的货款。随着美国货币政策维持高度宽松，使得美元对欧元持续贬值，而欧央行为了稳定欧元汇率也开始走宽松路线。人民币虽然一直处于对美元的升值道路上，但是人民币对欧元走势并未显示出明显趋势，相反震荡幅度较大，未来走势不确定。该企业有哪些方案解决未来欧元/人民币汇率不稳定的风险？

通常面对此类情况，该企业可以选择外汇期货或者外汇远期进行汇率锁定，但是面临欧元/人民币汇率走势不确定性，该企业可以选择欧元/人民币外汇期权管理汇率波动风险，同时增加自身外汇头寸上操作的灵活性。由于目前市场中并没有场内欧元/人民币期货和期权，而 CME 集团提供的合约标的为人民币/欧元，因此只能用人民币/欧元外汇期权作为管理工具，那么根据所需要达到的要求，应该买入人民币/欧元平价看涨期权。而人民币/欧元期权合约大小为人民币 1 000 000 元，42 万欧元所对应的人民币金额约为 394.59 万元，接近 400 万元人民币。因此，可以买入 4 手人民币/欧元期权合约。

在 4 月，人民币/欧元整体运行在 0.1036 至 0.1075 之间，即期欧元/美元汇率在 0.1064 附近。按照之前方案，该企业决定买入 2 个月后到期的人民币/欧元平价看涨期权。

某金融机构给出的相关报价见表 10 - 15。

表 10 - 15　　　**期权类型：欧式期权**　　　（单位：欧元/人民币）

看涨期权	执行价格	看跌期权
0.0039	0.1030	0.0002
0.0030	0.1040	0.0004
0.0023	0.1050	0.0006
0.0017	0.1060	0.0010
0.0011	0.1070	0.0015
0.0008	0.1080	0.0021
0.0005	0.1090	0.0028

根据该企业选择的方案：买入执行价格为 0.1060 的看涨期权：

花费的期权权利金 = 0.0017 × 4 × 100 万 = 0.68 万欧元

按照此时的汇率价格，相当于人民币金额为 0.68 万 × 9.3950 = 6.3886 万元。

对于该企业而言，不管未来欧元/人民币汇率如何大幅波动，企业手中远期 42 万欧元的收入汇率波动风险已经基本规避。若人民币/欧元汇率朝着不利的方向运动，则执行人民币/欧元看涨期权赋予的权利即可；若人民币/欧元汇率朝着有利的方向变动，则这0.68万欧元的期权权利金费用可视为一份远期汇率规避的保险费用。

假设在6月底，该企业一方面面临持有的人民币/欧元外汇期权到期是否交割的问题，一方面按时收到了来自德国的42万欧元外汇收入。若此时人民币/欧元的即期汇率在0.1081附近，即欧元/人民币汇率在9.25附近，则该企业可执行到期的人民币/欧元外汇期权，从这笔交易中获得收益＝（0.1081－0.1060）×4×100万＝0.84万欧元。按照即期欧元/人民币汇率，则相当于收益人民币金额0.84万×9.25＝7.77万元。同时，在市场上以9.2500的汇率将42万欧元结汇，获得人民币388.5万元。相较于没有买入人民币/欧元外汇期权而言，本方案避免了人民币相对欧元升值而导致汇兑上的损失。该企业为此付出的成本为0.68万欧元，即6.3886万元人民币。

假设此时人民币/欧元的即期汇率在0.1053附近，即欧元/人民币的即期汇率在9.50附近，则该企业不执行手中持有的人民币/欧元外汇期权，而以市场即期价格9.50将42万欧元结汇，获得人民币399万元。相较于没有买入人民币/欧元外汇期权而言，该企业仅支付了0.68万欧元，即6.3886万元人民币的期权权利金。

通过这个案例可以发现，外汇期权很大程度上锁定了远期汇率波动风险，同时带来了一定程度的灵活性，在某些情况下，该企业还可能获利，给企业带来额外收益。当然对于普通进出口企业而言，外汇期权的权利金较为昂贵，企业可依据自身财务实力来决定是否使用该衍生品工具以满足公司的需求。

【案例10－11】

某公司为一家国内原材料进口公司，其主要从澳大利亚和美洲地区进口相关的原材料，因而其外汇储备主要为澳元和美元。该公司过去在澳大利亚获得一项长期业务，签订了每年价值为70万澳元的订单，约定在每年二季度末完成付款和收货。随着国内经济快速发展，国内对原材料进口量增加，该公司和澳大利亚出口方经过协商，双方约定将该项业务中的合同金额增加至150万澳元。之后该原材料进出口公司和美国某制造公司还签订一系列贸易合同，进口价值为30万美元的设备和技术，约定在6月底交付货款。从当年4月的外汇走势来看，因人民币升值态势未改，中长期的美元/人民币汇率处于下跌之中，而澳元/人民币汇率走势也同样跟随下跌。进入当年5月底，美元/人民币处于6.33附近波动，澳元/人民币汇率似有走高的可能。面对未来澳元对人民币可能升值导致以人民币计算的进口成本增加，该公司如何应对？

对于该公司而言，主要业务为进口，因此本币贬值会对公司有较大的影响。但是随着近年来汇率改革，人民币一直处于升值进程之中，对进口公司而言是有利的。但是对于另外一些货币而言，其和人民币之间的汇率走势在某些时候下较为独立。例如在本例中，澳元/人民币汇率走势在5月底朝着澳元升值的方向进行，对于该公司则需要用一个风险管理方案来规避1个月后澳元可能升值给公司带来汇兑上的损失。

根据该国内公司需求和现状，目前主要风险是规避远期澳元升值带来的汇兑损失，而在6月底又有30万美元的进口，美元/人民币汇率稳定在6.33附近使得该公司并不需要立刻入场对30万美元进行套期保值。因此，提出如下方案供该公司参考：

买入澳元/美元外汇期货，同时介入美元/人民币远期合约：

（1）买入6月底到期的澳元/美元外汇期货，规避150万澳元的汇率风险。

（2）介入1个月后到期的美元/人民币远期合约，其大小为150万澳元对应的美元金额再加上30万美元。以约定的汇率买入美元，卖出对应的人民币。

具体操作来看，以CME集团的澳元/美元外汇期货合约大小为例，150万澳元须用15手期货合约来规避。5月底，该公司买入15手澳元/美元外汇期货合约，价格为0.9730。

按照入场价格对应的美元 = 0.9730 × 150万 = 145.95万美元

介入美元/人民币远期合约的大小 = 145.95 + 30 = 175.95万美元

某金融机构报价见表10－16。

表10－16　　报价表

	买价/卖价（单位：元/美元）
即期美元/人民币	6.3290/6.3340
1个月美元/人民币远期汇率	6.3210/6.3275

该公司和该金融机构签订1个月期限的美元/人民币远期合约，约定以6.3275汇率价格买入175.95万美元，卖出对应的人民币。

1个月后，6月底，澳元/人民币汇率升至6.40附近，其他相关汇率即期报价如表10－17。

表10－17　　报价表

	买价/卖价
美元/人民币（元/美元）	6.3220/6.3270
澳元/美元（美元/澳元）	1.0120/1.0155

该公司美元/人民币的远期合约到期，以6.3275的汇率购入175.95万美元：

公司付出人民币 = 175.95万 × 6.3275 = 1 113.324万元

同期到期交割澳元/美元期货合约，以0.9730的价格买入150万澳元，付出美元145.95万元。剩余的30万美元用于支付进口的设备和技术。这意味着支付150万澳元和30万美元所花费的成本在人民币1 113.324万元左右。若不进行相关套保：

该公司须花费的成本 = 150万 × 6.40 + 30万 × 6.3270 = 1 149.81万元人民币

比实际多花费人民币33.486万元，约占总成本的3%左右。具体比较见表10－18。

表 10－18　　不同方案下资金差异情形表

	风险管理方案（1）	无风险管理方案（2）	两者差异
澳元：150万元	澳元/美元期货多头：汇率0.9730 美元/人民币远期合约：汇率6.3275 所需支出＝150万×0.9730×6.3275＝923.499万元人民币	6月底澳元/人民币即期汇率：约6.40 所需支出＝150万×6.40＝960万元人民币	情形（1）较情形（2）少支出36.501万元人民币
美元：30万元	美元/人民币远期合约：汇率6.3275 所需支出＝30万×6.3275＝189.825万元人民币	6月底美元/人民币即期汇率：6.3270 所需支出＝30万×6.3270＝189.81万元人民币	情形（1）较情形（2）多支出0.015万元人民币
			情形（1）较情形（2）总共少支出＝36.501万元－0.015万元＝36.486万元人民币

三、对外投资企业如何利用外汇衍生品管理外汇风险？

对外投资类型的企业以某些行业内大型企业以及投资机构为主，主要参与海外的资本运作，有帮助当地进行基础建设或者开拓海外市场；也有纯粹在一定时期内以获取资本收益为目的的。这些公司或者机构更看重的是如何避免到期收益因汇率波动而造成的损失。对于一些中小型公司和机构来说尤为重要，当涉及一些长期项目投资时，更注重对长期汇率方面的风险规避。

【案例10－12】

某公司为一家大型电力工程公司，常年承包国内外相关电力建设项目。随着我国外汇储备增加以及国家实力提高，该公司逐渐在全球建立了多个地区的电力工程合作关系。在6月，该公司在海外发现一项新的电力工程项目机会，需要该公司投入总共约1 000万欧元。但是该项目竞争较为激烈，该公司并没有明确把握获得该机会。通过双方进一步了解，该项目若中标，则需先期投入至少200万欧元。离最终获得竞标结果只有2个月的时间。目前欧洲复苏预期较为强力，欧元/人民币的汇率波动较大并且有可能欧元对人民币升值。为了应对当下这种情形，该公司应使用何种外汇衍生品工具规避相关风险？

针对项目是否能够中标以及未来汇率波动增大导致汇率风险增加，该公司急需采取相关预防汇率风险方面的措施。为此，风险管理部门给出了如下两套方案：

方案一：介入人民币/欧元期货空头。

对于200万欧元并不完全规避风险，因项目存在不中标的可能，因此只对部分欧元进行风险规避。

方案二：介入人民币/欧元看跌期权多头。

对200万欧元完全规避，要规避欧元升值的风险，买入人民币/欧元平价看跌期权。

经过比较，方案一利用外汇期货市场价格灵活，操作简单，但是外汇期货因无法管理未中标风险，因此对于200万欧元的汇率风险不能完全规避。方案二来说，外汇期权多头只要付出一定的权利金，就能获得远期以执行价格汇率买卖外汇的权利。因此，除了能够规避欧元/人民币汇率波动风险外，也能够规避未来不能中标的风险。

按照方案二，该电力工程公司选择买入人民币/欧元平价看跌期权。此时欧元/人民币即期汇率在8.38附近，人民币/欧元的即期汇率在0.1193附近。某金融机构报价见表10-19：

表10-19 **期权类型：欧式期权** （单位：欧元/人民币）

看涨期权	执行价格	看跌期权
0.0036	0.1160	0.0002
0.0028	0.1170	0.0003
0.0020	0.1180	0.0006
0.0014	0.1190	0.0009
0.0009	0.1200	0.0014
0.0006	0.1210	0.0021
0.0003	0.1220	0.0028

根据该电力工程公司的情况，选择执行价格为0.1190的看跌期权，人民币/欧元的期权合约大小为人民币100万元。200万欧元大约对应1 676万元人民币，对应大约16.76手期权合约。该公司选择介入17手人民币/欧元看跌期权多头：所花费的期权权利金 = $0.0009 \times 17 \times 100$ 万 = 1.53万欧元

按照当下汇率，相当于人民币 $1.53 \times 12.8214 = 13.19$ 万元。

2个月后，该公司会面临四种可能：

（1）公司项目中标，须支付200万欧元，同时到期日欧元/人民币汇率超过8.40，即

人民币/欧元汇率低于0.1190。

此时公司只需要等待期权到期日行权，即能以欧元/人民币汇率8.40兑换200万欧元。

（2）公司项目中标，须支付200万欧元，同时到期日欧元/人民币汇率低于8.40，即人民币/欧元汇率高于0.1190。

此时公司之前支付的权利金无法收回，但是能够以更加低的成本购入欧元，此时权利金作为风险管理成本。

（3）公司项目未能中标，同时到期日欧元/人民币汇率超过8.40，即人民币/欧元汇率低于0.1190。

既然未能中标，该公司不需要使用到欧元，此时公司可以平仓这笔看跌期权的多头。虽然未能中标，却能够获利。

（4）公司项目未能中标，同时到期日欧元/人民币汇率低于8.40，即人民币/欧元汇率高于0.1190。

这种情况下，公司只能选择平仓，最大亏损为权利金1.53万欧元。

在此例子中，通过介入外汇期权，公司将未来一是考虑选择付款欧元；二是选择哪个汇率买欧元。这两个选择权掌握在自己手中，既能够应对项目是否中标的不确定性，也控制了未来欧元/人民币的汇率变动风险。

【案例10-13】

国内某小型投资公司，其部分业务为投资海外债券市场，由于其资金持有期有限，因此以投资短期债券获取收益为主。经过其投资决策层讨论，针对近年来美国和欧洲部分国家债券市场的复苏，分别在美国和德国债券市场进行投资，预期6个月后收取总计100万美元和100万欧元的收益。由于近年来人民币升值，该公司担心其投资收益在汇兑环节上会有一定程度的损失，需要规避相关外汇风险。

对于该小型投资公司而言，若汇率出现巨大波动很可能给自身海外投资带来损失，但可以通过外汇衍生品提前锁定汇率或者规避波动风险。对于该公司有如下方案：

方案一：介入美元/人民币和人民币/欧元期货合约。

因须防范6个月后人民币升值的可能，建立美元/人民币期货空头、人民币/欧元期货多头（因目前CME集团没有设立欧元/人民币期货合约，只有人民币/欧元期货合约）。通过该方案可以规避本币升值带来的投资收益减少。

方案二：介入美元/人民币和欧元/人民币外汇远期合约。

介入6个月后到期的美元/人民币远期合约，以约定的汇率卖出100万美元，买入对应的人民币金额。介入6个月后到期的欧元/人民币外汇远期合约，以约定的汇率卖出100万欧元，买入对应的人民币金额。此方案能够锁定远期的相关汇率，规避本币升值带来的投资收益减少。

方案三：介入欧元/美元汇率掉期，介入美元/人民币远期合约或期货合约。

此方案将欧元汇率波动风险转移至美元上，并通过美元/人民币远期合约或期货合约规避人民币对美元升值的风险。介入欧元/美元期限为6个月的汇率掉期：即期买入100万欧元，根据汇率卖出对应美元。同时接入期限为6个月的欧元/美元外汇远期合约，以约定的汇率卖出100万欧元，获得相应的美元金额。最后根据两者美元金额，买入美元/人民币远期合约，锁定远期结汇时候的汇率。

从整体来看，这三个方案均有各自优势。对于该小型投资公司而言，其最主要的外汇需求就是降低投资获得收益时因人民币升值带来的汇兑损失。可以根据自身财务能力、抗风险能力以及对外汇风险预估程度不同角度对上述三个方案进行比较。场内交易降低了违约风险以及流动性风险，因此建议实施方案一。

四、对外融资企业如何利用外汇衍生品管理外汇风险?

对外投资和融资没有办法完全分割，往往对外投资项目较为巨大，单独靠企业或者机构来说无法拿出巨额现金，需要借助各种融资手段。对于对外融资企业来说，利息偿付和本金偿付会对其财务报表形成较大影响，因此稳定的汇率对他们较为重要。若涉及的时间跨度较长，则这些企业多适合以场外的外汇衍生品工具作为风险管理的方式；但是对于一些短期融资来说，可以考虑外汇期货或外汇期权等场内交易工具。我们来看以下几个案例。

【案例10－14】

国内某中型建筑材料公司因自身业务需要，打算开拓海外市场用来拓宽自身产品销量。近年来和欧洲、非洲等地的国家或地区密切合作，公司产品价廉物美，销量较好。随着在欧洲的销量增加，该公司打算在德国、法国和南非建立分厂降低运输成本和产品价格，短期（1年内偿还）需要约50万欧元和30万美元的资金。该公司主要收入货币为人民币和美元，现金流也较为紧张，因此向国内银行贷款50万欧元和30万美元，约定在6个月后偿还本金和利息。近年来美元/人民币汇率单向下跌的趋势较为明显，人民币对美元处于长期升值过程之中，对于持有美元的外债，该公司将会从人民币对美元的升值中获利。而欧元/人民币汇率因为短期内欧洲地区情形转为稳定，因此欧元/人民币汇率走势处于稳中有升的境地，公司如持有欧元负债，并不有利。

为规避远期欧元对人民币升值的影响，可以采取如下方案：

方案一：介入欧元/人民币远期合约或人民币/欧元期货。

此方案可以完全锁定欧元对人民币升值风险。因目前暂时没有欧元/人民币期货，故只能介入人民币/欧元期货。介入6个月后到期的欧元/人民币远期合约，以约定的汇率买入50万欧元，卖出对应的人民币；或者买入人民币/欧元期货空头。要防范的是欧元/人民币汇率上升的风险，因此在人民币/欧元期货上建立空头头寸。

方案二：介入欧元/美元远期合约或欧元/美元期货。

此类方案将远期的欧元和美元之间的汇率锁定，等于未来还款时全部用美元。因其主要资金收入包含美元，且人民币仍然处于对美元的升值通道之中，该方案可用。

最终方案的确定取决于公司财务方面的要求，因为期限为6个月，故介入外汇远期合约或外汇期货均可，若期限时间较短，因外汇期货流动性较高且开仓平仓较为方便，且降低了大部分违约风险，可适时介入外汇期货。

【案例10-15】

某公司为矿产加工类企业，其海外业务主要为在各个国家或地区进行贸易、项目开发等等，公司主要收入为美元。最近同澳大利亚某地区开展相关矿产资源合作开发项目，先期投入约800万澳元，后续会陆续投入约1 200万澳元。公司认为这项目如果合作成功，则可以每年给公司平均节省至少10%~15%的原材料成本。为了开发此项目，该公司寻求澳大利亚某银行贷款2 000万澳元，期限为10年，利率为5.2%，一年付息一次。因为澳元近年来一直处于对美元升值的态势，因此对于人民币而言，澳元/人民币的走势波动较大，没有明确的方向，该公司担忧这2 000万澳元到期还款以及利息偿付时受汇率波动而带来财务方面的损失，故寻求相关的帮助。

该公司担忧因澳元汇率变动使得澳元负债可能给公司财务带来不必要的损失。对于长期外汇融资的公司而言，是要对负债的币种进行外汇风险管理的，尤其是非美元或非本币货币。若这些货币对美元或者对本币升值，非常容易给公司带来汇兑上的损失，对公司财务形成一定压力。因此，风险管理部门给出如下解决方案：

方案：介入澳元/人民币或者澳元/美元货币互换合约，互换本金以及利息。

若选择澳元/人民币货币互换，财务结算较为方便，把澳元负债转换成人民币负债，即本币负债，完全规避汇率风险。

若选择澳元/美元货币互换，则将公司的澳元负债转换成美元负债。从长期角度来看，如未来美元/人民币汇率将处于下降态势，即人民币长期对美元升值，则对美元负债，从中可以获取汇兑方面的收益。美元为全球贸易结算货币，持有美元负债可以利用美元收入进行还款，避免汇兑方面的损失，保证负债的稳定性。

公司经过对自身业务和外汇使用方面的考虑，尤其是该企业收入通常以美元为主，选择了和某家金融机构进行澳元/美元的货币互换合约。初期以2 000万澳元和等额的美元进行互换，该公司获得等额美元。利率方面，该公司支付7.5%的美元利率，接受6.3%的澳元利率，至期末，则再次将2 000万澳元和等额的美元交换，该公司获得2 000万澳元（见表10－20）。

表10－20 澳元/美元货币互换明细表

	公司	金融机构
期初：本金等额互换	付出2 000万澳元，收取等额美元	收取2 000万澳元，支出等额美元
互换期内：利率互换	支付美元利率7.5%	支付澳元利率6.3%
	收取澳元利率6.3%	收取美元利率7.5%
期末：本金等额互换	收取2 000万澳元，支出等额美元	付出2 000万澳元，收取等额美元

通过该外汇互换协议，该矿场加工类公司将澳元负债转化成为美元负债（向金融机构支付美元利率），通过利率互换也将每年付息时的汇率波动风险规避了。到了期末，再次交换本金意味着长期澳元/美元汇率也锁定在了期初水平，将长期汇率波动风险也锁定了。

总体来说，不同类型企业在外汇方面面临的不同需求可以通过单个外汇衍生品或者通过多个外汇衍生品组合来满足。随着人民币相关汇率波动增加以及我国对外开放程度的加深，外汇风险规避、套期保值等业务对企业或机构而言越来越重要。

五、企业在外汇交易中可能遇到哪些风险？

在外汇交易中，因为杠杆较股票、商品等，因此在外汇市场中不乏一夜暴富和一夜巨亏的案例。对于企业和机构投资者而言，一般会遇到如下的风险：

（一）代理风险

代理风险指外汇交易中选择代理金融中介机构所带来的潜在风险。通常是因为一些金融中介机构自身风险控制没有做好，或者不具备相关资质而导致的风险。对于企业而言，因其交易金额较大，在中介的资质、安全、风险管理上会更关注。尤其是面对外汇市场，其高杠杆的特质使得投资者对资金安全更为重视。因而在准备介入外汇市场之前最好仔细审核该金融机构的资质、风险管理制度以及资本金和金融监管单位。

（二）操作风险

操作风险指在外汇交易中因人为操作失误或者计算机系统故障而带来的风险。操作风险对于企业或机构投资者而言始终存在，并且往往造成不必要的损失。同时，对交易账户、资金账户的安全管理不到位，也可能形成潜在的风险。

（三）市场风险

市场风险是指因外汇交易中价格发生剧烈变动而造成的可能损失。对于外汇市场而言，其受各国央行的货币政策、财政政策、政局等变动影响比较大，经常出现较大幅度的价格变动，尤其需要注意。

（四）现金流风险

现金流风险是指在外汇期货或者需要保证金的交易中无法维持最低保证金而导致的风险。外汇交易中的高杠杆对投资者的资金管理提出了比较高的要求。不恰当的资金管理容易造成投资者资金大额亏损形成现金流风险。对于企业或机构投资者而言，大部分交易包含套期保值或风险管理，因此必须在事先做好资金管理和风险预警，避免因不恰当的入场点给自身保证金带来风险。

（五）流动性风险

流动性风险是指外汇市场中缺乏交易对手而引发未来可能无法平仓或开仓的风险。流动性风险在一些极端行情中容易出现。例如在暴涨暴跌中，极可能因缺乏流动性而无法平仓造成损失；或者在出现重大消息，类似黑天鹅事件中，因市场反应过激，缺乏某些价位的对手盘，对企业而言开仓或平仓的价格会不利，从而形成不必要的损失。对于一些外汇场外衍生品而言，因合约比较个性化而缺乏对手盘，超常容纳以形成流动性风险，一旦方向对己不利，则无法有效及时平仓止损。

（六）法律风险

法律风险是指因违反相关法律规定而形成的风险。目前全球较大的外汇交易市场均有针对外汇交易的监管制度，一旦违反相关制度会给自身带来巨大的风险，故企业应尽量避免。

（七）场外金融衍生品相关风险

场外金融衍生品因监管较少以及合约个性化设计，所以面临着信用风险。简单来说，即对方存在违约的可能性，尤其是如果在选择对手交易前缺乏对交易对手有比较全面的了解以及没有相关风险控制措施，容易在对方违约之后损害自身利益。

六、如何规避外汇交易中可能遇到的风险？

（一）选择合适的交易商

企业需要注意金融中介机构的信誉，注意交易商的注册资本金、信誉、监管和风险控制等要素。

（二）熟悉交易品种

企业要熟悉相关货币，了解和交易相关的基本知识。外汇市场的不确定性以及受政策影响较大的特性，企业只有在熟悉了该货币汇率影响因素以及特殊性等情况下，才能做到不盲目投资，防止风险超出自身承受范围。

（三）做好资金管理

实践中，企业在资金管理上如果做得不好，往往会引发资金曲线的大幅波动，引起各种风险。首先，在交易之前做好交易计划。这是防范风险的方法之一，也是资金管理步骤之一。其次，为了避免流动性风险、市场风险和现金流风险，应尽量避免在宏观数据公布时入场交易。外汇的高杠杆特性，使得平常商品期货小幅度的波动影响因素都会对外汇期货或者现货产生足以造成巨大损失的风险影响。

（四）选择合适的交易策略，时刻提醒风险意识

对于企业或机构投资者而言，适合的交易策略要视机构在外汇市场中想要达到的目的是什么。例如进出口企业有可能需要进行套期保值和风险管理，而投资机构可能想要从交易中获取投机利益等，这两者使用的策略是不同的，对于风险防范的措施也是不同的。但并不是说套期保值和风险管理就万事大吉了，只要进入外汇市场，总存在一定的风险，无论何时都不能减少风险意识。

外汇期货市场基本功能之一就是规避外汇现货市场的风险，提供外汇风险管理的工具以及场所。但是因为外汇市场的高风险和高杠杆的特性，迫使企业要保持一定的风险意识，尽量做好风险控制，加强监管和风险教育。

参 考 文 献

1. 劳伦斯 · S. 科普兰:《汇率与国际金融》,地震出版社。

2. 国际货币基金组织:《国际收支手册》(第五版)。

3. 巴里 · 艾肯格林著、彭兴韵译:《资本全球化:国际货币体系史》,上海人民出版社。

4. 郑振龙等:《外汇衍生品市场:国际经验与借鉴》,科学出版社 2008 年版。

5. 吴丽华:《外汇业务操作与风险管理》,厦门大学出版社 2011 年版。

6. 余永红编著:《外汇风险管理》,中国人民大学出版社 2004 年版。

7. 凯茜 · 莲恩著、魏强斌译:《外汇日内交易与波段交易》,山西人民出版社 2012 年版。

8. 中国期货业协会编:《期货市场教程》(第六版、第七版),中国财政经济出版社。

9. 中国期货业协会编:《期货投资分析》(第二版),中国财政经济出版社。

10. 吕栋:《股票价格估算与投资方法》,中国经济出版社 2008 年版。

11. 韩立岩、王允贵:《人民币外汇衍生品市场:路径与策略》,科学出版社 2009 年版。

12. 项俊波:《金融市场知识手册》,中国金融出版社 2007 年版。

13. 张华:《金融衍生工具及其风险管理》,立信会计出版社 1999 年版。

14. 巴曙松:《中国外汇市场运行研究》,经济科学出版社 1999 年版。

15. 布莱恩 · 科伊尔:《货币风险管理》,中信出版社 2002 年版。

16. 周立:《金融工程在风险管理中的比较优势》,金融与经济,2001 (4): 8 - 10。

17. Black F, Scholes:《The Price of Options and Corporate Economy》, Political Economy, 1989, 4 (1): 21 - 26.

18. Markowitz H. Portfolio Selection [J]. Journal of Finance, 1952, 7: 77 - 91.

19. Sharpe W. A Simplified Model for Portfolio Selection Analysis [J]. Management Science, 1963, 9: 277 - 293.

20. Markowitz H. The Optimization of a Quadratic Function Subject to Linear Constraints [J] . Naval Research Logistics Quarterly, 1956, 3: 111 - 133.

21. http: //finance. qq. com/a/20081021/000855. htm.

22. http: //stock. hexun. com/2008 - 12 - 11/112213348. htm.

后　记

新版《金融衍生品系列丛书》适合于对金融衍生品感兴趣的投资者阅读，同时也可作为期货业内及相关领域从业人员的专业参考书使用。

新版《金融衍生品系列丛书》是在第一版丛书的基础上修订而来的。本次修订承继了第一版丛书的特点与体例，仍采用问答形式，并通过“小贴士”“延伸阅读”等内容增加信息量，提高阅读的趣味性、可读性、通俗性。另外，在内容上将《股指期货》纳入丛书体系。本次修订在第一版的基础上增加了新的金融衍生品品种的介绍，选取了新的金融衍生品实操案例，也更新了各种数据，以便更加符合金融衍生品市场发展现状。

与证券、债券等金融工具相比，期货作为风险管理工具，专业性更强，杠杆率更高，风险更大，这在客观上要求投资者具备更专业的投资知识、经济实力以及风险承受能力。

“期市有风险，入市需谨慎!”

作为《金融衍生品系列丛书》之一，本书由中国期货业协会组织编写，中国期货业协会原副会长李强负责拟定大纲并修改定稿。参加本书的编纂人员有阎石、邵永同、于凤芹，同时还要感谢本书第一版编写人员钟方醒、周弦、刘子豪、季成翔对本书的贡献。

因编写水平有限，书中难免存在错误与不足，敬请业内人士与广大投资者批评指正。

《金融衍生品系列丛书》编委会

2020 年 3 月